중국
전통 상업관행과
상인의식의
근현대적 변용

현대중국
연구총서

11

중국
전통 상업관행과
상인의식의
근현대적 변용

● 박기수 외 지음

본 도서는 한국연구재단(NRF-2013S1A5B8A01053894)의 지원으로 이루어졌다.

현대중국연구 총서를 내면서…

성균관대학교 현대중국연구소는 2009년도에 20회 생일을 맞이했다. 1989년 11월에 현대중국연구소를 창립하였던 초대소장 양재혁 교수님(현 동양철학과 명예교수)은 20주년 기념 축사를 하였다. 성균관대학교 내에 현대중국연구소를 설립하였던 동기는 중국의 "현대"를 연구하는 기관이 한국에 필요하였기 때문이라 하셨다. "현대"라 함은 마오쩌둥의 중국 공산당이 1949년에 중국을 통일한 이후라 정의하셨다.

1949년 중국공산당이 중국을 통일한 이후 중국은 20세기를 거쳐, 2010년 현재에 산천개벽의 변화를 겪었다. 성균관대학교 중국연구소도 그러하였다. 1997년 11월에 연구소장으로 부임한 경영대학 교수인 김용준이 현대중국연구소의 초기 중국 현대의 문사철 중심의 연구방향을 경제·경영학적 탐구로 전환하였다. "현대"의 개념도 좀 더 협의의 1978년 개혁·개방 이후로 조작적 정의를 하였다. 그 후로 약 10년 동안 중국 특색적 시장경제 사회주의를 표방하는 중국의 시장문화를 경영학적 관점에서 연구하였다. 중국의 시장문화인 중국 소비문화와 기업문화를 심층적으로 연구할수록 중국 전통 상업문화에 대한 이해와 탐구의 갈증은 더욱 강해져갔다. 이 학문적 갈증을 해소해줄 기회가 왔다. 그것은 2007년 11월에 한국연구재단의 중점 연구소로 선정되면서, 3년씩 3단계에 걸쳐서 9년 동안 "중국 전통 상업문화와 중국 현대 시장문화"를 연구할 수 있도록 터전이 생긴 것이다. 간절히 원하면 되나 보다! 특히 중국 전통 상업문화의 국내 최고 연구가인 성균관대학교 역사학과의 박기수 교수님과의 만남은 현대중국연구소가 비로소 한쪽 날개를 장착하는 진실의 순간이었다. 2008년 이후 8명의 대학교수와 6명의 전임 박사급 연구원이 뭉쳤다. 인문학 중심의 제1연구팀과 경제·경영 중심의 제2연구팀은 중국 황산에서 자물쇠를 특별히 구입하여 두 연구팀의 학제 간 연구 결약식을 맺었다. 그 자물쇠의 열쇠는 황산의 깊은 계곡의 안개 위로 던져졌다.

그 후 현대중국연구소는 7번의 국제학술대회, 약 80여 편의 논문과 9권의 연구저서를 발표·출판하였다. 매월 월례세미나와 연구팀별 특별 연구회는 각각 중국 전통 상업문화와 중국 현대 시장문화를 학습·토론·연구하였다. 특별히 박기수 교수의 책임하에서 역사학을 중심으로 연구하고 있는 제1연구팀과 김용준 교수 책임하의 경영학 중심으로 연구하고 있는 제2연구팀의 교류와 소통은 마치 중국의 전통과 현대의 단절된 역사를 구름다리 넘는 것과 같은 즐거움을 느끼게 해주었다. 다행히 두 연구팀 14명의 박사급 연구자들의 공통된 비전과 인내심은 조금씩 소통과 겸손을 통하여 학제적 연구의 새로운 모습을 만들어내고 있다. 이러한 통섭의 산출물이 "현대중국연구 총서"이다. 2010에 연구개시 3년 차를 맞이하여 현대중국연구 총서 제1권인 『중국 전통상인과 현대적 전개』와 제2권인 『중국 현대의 소비문화와 시장문화』를 출판하게 되었으며, 순차적으로 총 12권의 총서를 출판하게 되니 가슴이 벅차오르고 머리가 시원해진다.

현대중국연구 총서 제1권에서는 10여 편의 논문이 중국 전통상인의 현대적 전개에 관하여 역사학적·언어학적 관점에서 조명되고 새로운 연구의 가능성과 방향성이 제시되었다. 제2권에서는 10편의 논문이 중국 현대 소비문화와 시장문화에 대한 경영학적·경제학적·법학적 탐구와 실증연구를 통하여 새로운 사회과학 통찰을 제시하고 있다. 2011년에는 총서 3으로『중국 상업관행의 근현대적 전개』와 총서 4로『중국 현대기업문화의 변화』를 연구 업적물로 출판하였다. 2012년에는 총서 5로『중국 전통 상업관행의 동아시아적 전개』와 총서 6으로『중국 현대기업의 문화와 제도』를 출판하였다. 2013년도에는 총서 7로『중국 전통 상업관행과 금융발전』, 총서 8로『중국 현대기업과 상업관행의 변화』, 2014년에는 총서 9로『중국 전통 상업관행과 기업』, 총서 10으로『중국의 상업관행과 제도적 환경변화』를 출판하였다. 2015년에는 총서 11로『중국 전통 상업관행과 상인의식의 근현대적 변용』, 총서 12로『중국 시장문화와 현대 기업문화』를 출판하게 됨을 두 손 모아 감사드린다. 성균관대학교 현대중국연구소가 한국연구재단의 중점연구소로서 학제 간 연구 결과물인 이 총서가 중국 현대의 "미래의 기억"으로서 중국 전통이 연구되고, 중국 전통의 "과거의 상상"으로서 중국 현대가 연구되는 초석이 되리라 소망해본다.

아직은 거친 돌이지만 앞으로 중국 전통과 중국 현대를 연결하는 다이아몬드와 같은 연구총서를 출간하기 위하여 다시 한 번 옷매무

새를 다듬으며 독자들에게 예의를 올린다. 제1연구팀 책임연구자이
시자 현대중국연구소 부소장이신 박기수 교수님께 다시 한 번 존경
의 배를 올린다. 이 총서를 기획하고 만들어낸 현대중국연구소의 강
용중 박사, 이상윤 박사, 김주원 박사께 감사를 표한다. 또한 이 총
서를 출판해주신 한국학술정보㈜에도 감사드린다. 마지막으로 이러
한 연구기회와 연구총서를 낼 수 있도록 지원해주시는 한국연구재
단에 큰절을 올린다.

2015년 11월
성균관대학교 현대중국연구소장
김용준 교수

목차

총론: 중국 전통 상업관행과 상인의식의 근현대적 변용

박기수

1.

21세기 한국사회의 상업관행을 생각할 때 우선적으로 머리에 떠올려지는 어휘는 '갑질'이다. 2013년 한 우유제조업체(남양유업)가 대리점 점주들에게 폭언을 자행하고 물량 떠넘기기와 갈취를 일삼았던 사태가 폭로되면서 온라인에서 갑질에 대한 공분이 일기 시작했다. 그럼에도 불구하고 갑질의 행태가 끊이지 않고 출현하였다. 땅콩 회항 사건,[1] 백화점 모녀 갑질 등은 언론이나 인터넷에서도 뜨겁게 달구어진, 그러나 한편 한국사회의 치부를 드러낸 사건들이었다. 갑질은 갑을관계에서의 '갑'에 어떤 행동을 뜻하는 접미사인 '질'을 붙여 만든 말로, 권력의 우위에 있는 갑이 권리관계에서 약자인 을에게 행하는 부당 행위를 통칭하는 개념이라 할 수 있다.[2] 이러한

---

[1] 대한항공 086편 회항 사건은 2014년 12월 5일 존 F. 케네디 국제공항을 출발하여 인천국제공항으로 향하던 대한항공 여객기 내에서, 대한항공 조현아 부사장(당시)이 승무원의 마카다미아 너트 제공 서비스를 문제 삼아 항공기를 램프 유턴시킨 뒤 사무장을 강제로 내리게 할 것을 요구하고, 기장이 이에 따름으로써 항공편이 지연된 사건이다. 대한항공 이륙 지연 사건, 땅콩 리턴, 땅콩 유턴, 땅콩 회항 사건 등으로 불린다. 위키백과에서.

[2] [네이버 지식백과] 갑질(트렌드 지식사전, 2013. 8. 5., 인물과사상사).

불공평한 갑질 관행은 불평등한 사회일수록 기승을 떨치는 경향이 있다고 생각된다.

전통 중국사회에서도 이와 같은 갑질 관행이 존재했으리라 쉽게 생각할 수 있다. 물론 상업관행에서 이러한 부정적 관행만 있는 것은 아니다. 양자의 이익과 입장을 공평하고 평등하게 반영한 관행도 충분히 존재할 수 있는 것이다. 다만 그것은 양자의 세력관계가 균형을 이루는 경우, 양자가 평등한 관계에 있을 경우에 국한될 것이다. 하여간 이러한 갑질 논란을 통해 우리는 관행이라는 사회현상에 대해 다시 한번 반추해보게 된다. 중국 명청시대, 중화민국시대에는 어떤 관행이 존재했을까. 특히 경제관계의 일단을 보여주는 상업관행은 어떠한 모습을 보이고 있었을까? 그리고 그 속에서 상인들은 어떠한 대응과 전망을 가지고 있었을까? 이러한 문제의식에서 우리는 "중국 전통 상업관행과 상인의식의 근현대적 변용"이라는 제목의 연구총서 11권을 기획하게 되었다.

성균관대학교 현대중국연구소는 2007년 12월 한국학술진흥재단(현재의 한국연구재단)의 지원을 받아『중국의 전통 상업문화와 현대 시장문화』라는 9년짜리 중점연구소 연구과제 추진의 돛을 올렸다. 이제 6년간의 제1단계, 제2단계 연구과정을 종료하고 제3단계 제2년 차를 경과하고 있다. 우리 연구소의 제3단계 연구 주제는「중국의 전통 상업문화와 현대 시장문화의 연계성과 현대적 전개」이다. 제3단계에서도 제1, 2단계와 마찬가지로 역사・어학 분야를 중심으로 한 제1세부과제와 경영학・경제학 분야를 중심으로 한 제2세부과제로 나누어 연구를 진행하고 있다. 제1세부과제에서는「중국 전통상인문화의 근현대적 변용」이라는 주제하에 다시 "청대 중국 상인문화와 상업관행의 근현대적 변용", "전통 중국의 문학작품과 광고에 나타난 상인의식의 근현대적 변용", "근현대 중국의 상인자본 및 금융발전에서의 단절과 계승"이라는 소주제를 설정하여 연구를 진척시키고 있다.

2010년 7월 제1단계의 연구를 정리하여 사회와 소통한다는 의미에서 제1, 제2세부과제 팀이 각기 중심이 되어 각각 연구총서 제1권, 제2권을 간행한 이래 올해에는 연구총서 제11권과 12권을 간행하게 되었다. 어느새 12권에 이르게 되어, 시간이 경과함에 따라 연구총서 합계가 두 자릿수로 올라서게 되었다.

본 연구총서 제11권에 실린 글들은 두 가지 범주로 나누어볼 수 있다. 하나는 현대중국연구소 관련연구원들이 중점연구소 연구과제를 수행하면서 생산해낸 연구성과들이다. 현대중국연구소 제1세부과제의 공동연구원 4명[박기수(朴基水) 성균관대학교 교수, 정혜중(鄭惠仲) 이화여자대학교 사학과 교수, 홍성화(洪成和) 부산대학교 역사교육과 교수, 그리고 前 공동연구원 이화승 서울디지털대학교 교수)]과 전임연구인력 2명[강용중(姜勇仲) 연구원, 이호현(李浩賢) 연구원]의 제1세부과제와 관련된 연구 성과물이다.

다른 한 범주의 글은 우리의 제1세부과제의 연구주제와 유사한 문제의식을 지니고 연구하고 있는 국내 명청사 연구자의 논문이다. 최지희 선생(중국 南開大學 歷史系 박사과정)[3]의 논문이 그것이다. 최지희 선생의 논문을 제11권에 수록함으로써 우리의 연구총서가 보다 제목과 내용에 충실한 연구서가 되었음을 대단히 기쁘게 생각한다.

---

[3] 2009년 전남대학교 사학과대학원에서 석사학위를 취득하고 같은 해 전남대학교 대학원 박사과정에 입학하였었다.

2.

본서에는 모두 7편의 논문이 실려 있는데 내용의 상관성에 따라 2부로 나누어 구성·편제하였다. 제1부는 "근현대 중국 상업관행의 변용"에 관한 논문들을 모았다. 제2부는 "중국 전통 상업의식의 형성과 변화"와 관련된 논문들을 모았다. 이하 본서에 수록된 논문의 내용에 대하여 약술하여 본서의 성격과 구조를 설명하고자 한다.

제1부 "근현대 중국 상업관행의 변용"에는 네 편의 논문을 편제하였는데, 명 중엽 이후 동남 연해의 해상에서 활동한 여러 세력의 밀무역을 다룬 글, 청대 행상 중 최대의 자본을 보유했던 怡和行 오병감의 행상 내의 지위와 영국 동인도회사와의 경제관계를 서술한 글, 개항장을 중심으로 분석하는 기왕의 연구시각에서 벗어나 북방에서의 변화에 주목하고 근대화가 산서상인에게 미친 영향을 분석한 글, 근대 중국 영화사의 지배구조와 운영을 통해서 중화민국시기 중국 회사조직의 제도적 근대화 추세를 고찰한 글로 이루어져 있다.

(1) 이화승 교수(서울디지털대학교)는 「明 中期 이후, 東南沿海의 海上世界」[4]라는 글에서 명대 중엽 이후 동남 연해에서 왜구, 포르투갈인, 중국인, 조선인들이 어떠한 해상활동을 벌였는지 추적하였다.

旅美史家 故 黃仁宇 선생은 明代를 내성적이고 非競爭性을 가진 왕조라고 평가하여 학계의 주목을 받았다. 黃仁宇 선생이 명대를 그렇게 평가한 것은, 明太祖는 즉위 초부터 북방 변경과 동남 연해를 봉쇄하였고, 永樂帝시기의 鄭和의 출항을 제외하고 적어도 조정이 주도

---

4) 李和承, 「明 中期 이후, 東南沿海의 海上世界」, 『東洋史學研究』 127집, 2014에 실린 글을 수정 보완한 것이다.

하는 해상활동은 극히 적었으며, 公貿易은 제한된 범위 내에서만 진행되는 등 대외적 활동은 여느 왕조보다 소극적으로 운용되었기 때문이다. 唐宋 이래 활발하였던 해상무역의 길을 막아버린 것이다. 오랫동안 바다를 밭처럼 터전 삼아 살아가던 浙江, 福建, 廣東 연해 주민들은 생계에 큰 타격을 받았다. 주민들은 생존을 위해서 무엇인가 새로운 방도를 찾아야 했기에 삼엄한 경계를 뚫고 密貿易에 참여하였다. 明 中期까지 海禁 정책이 변화를 거듭하는 과정에서 연해 주민들의 해상무역 참여가 두드러지게 확대되었다. 富豪들이 자본을 대고 백성들이 총대를 멘 密貿易은 위험한 사업이었다. 관청의 감시와 해상 세계에서의 돌발 상황은 내륙 경제와 근본적으로 다른 양상이었기 때문이다. 내륙에서 문제를 일으키고 도망을 가거나 혹은 더 많은 돈을 벌기 위해 심지어 모험심으로 바다 무역에 뛰어드는 사람들이 늘어났고 이들은 奸民, 海賊, 海盜, 海寇, 더 일반적으로는 倭寇로 지칭되었다. 당시 동남 연해에는 이런 이름으로 불리는 중국인, 일본인, 조선인과 동남아시아시장을 거쳐 중국시장을 엿보는 포르투갈, 스페인 사람들이 뒤섞여 활동하고 있었다. 嘉靖 年間까지 활발하게 연해를 소란케 하던 일본 倭寇들은 이후 점차 감소하고 이후에는 중국인들이 주축이 된 海寇들로 해상의 주인공이 바뀌면서 연해는 새로운 양상을 띠었다. 萬曆 연간에는 潮州와 瓊州 등 廣東人들이, 天啓·崇禎 연간에는 漳州와 泉州 등 福建人들이 해상에서의 상업 주도권을 장악하였다. 이들은 어민들을 포함하여 농민, 사회 불만분자, 범죄자, 상인 등 출신이 다양하였고 상황에 따라 상인과 도적의 경계선을 넘나들었다. 福建 출신으로 이곳에서 오랫동안 관직생활을 한 周之夔는 이들이 "주로 바다에서 활동하지만 정신은 한 시각도 육지를 벗어나지 않았다; 정신은 육지에 있지만 본거지는 한 시각도 물을 떠나지 않았다"라고 그들의 정체성을 파악하였다. 이 글에서는 명대 3대 外患 중 하나로 동남 연해 사회 전반에 걸쳐 큰 영향을 미쳤던 왜구, 포르투갈인, 중국인, 조선인들을 살펴보았고, 연해 주민들과 지역문화가 해상 세계에 대해 어떻게 반응하였고 시각 변화를 가져왔는지를 통해 중국이 본격적으로 문을 열기 전의 동남 해상 세계를 살펴보고자 하였다.

(2) 박기수 교수(성균관대학교 사학과)는 「淸代 廣東行商 怡和行 伍秉鑑(1769-1843)의 활동과 그 위상」[5]이라는 글에서 19세기 전반의 대표적 광동행상이라 할 수 있는 이화행 伍秉鑑의 활동에 대해, 무역 중개상으로서 怡和行의 발전과정, 행상들 중에서의 怡和行 伍秉鑑의 위상, 그리고 동인도회사와의 관계를 통해 살펴보고 있다. 1783년 同文行 회계이던 伍國瑩은 자립하여 이화행을 창설하였다. 伍國瑩은 1792년 차남 伍秉鈞에게 怡和行을 물려주었고, 1801년 伍秉鈞이 병으로 사망하자 동생인 伍秉鑑이 怡和行을 계승하였다. 이화행은 주인이 바뀌면서도 꾸준히 성장하여 行商 내에서의 순위가 지속적으로 상승하였다. 1809년에는 오병감이 행상의 대표인 商總(總商의 前身)이 되었고, 이어서 1813년에는 總商이 되어 명실상부한 행상의 지도자, 최고의 행상으로 부상하였다. 伍秉鑑은 1826년 4남 伍受昌(즉, 伍元華), 1833년에는 5남 伍紹榮(즉, 伍元薇)에게 이화행을 맡겼지만 여전

---

[5] 朴基水, 「淸代 廣東行商 怡和行 伍秉鑑(1769-1843)의 활동과 그 위상－英國東印度會社와의 관계를 중심으로－」, 『中國史硏究』 제97집, 2015에 실린 글을 수정 보완한 것이다. 원저는 2015년 8월 21일 명청사학회와 고려대학교 민족문화연구원이 공동주최하여 개최한 학술회의(『동아시아상인 열전－商人의 눈을 통해 역사를 보다』)에서 「淸代 廣東 대외무역의 총아 廣東行商 怡和行 伍秉鑑(1769-1843)」이라는 제목으로 발표하였던 것의 일부를 수정했던 것이다.

히 原商으로서 이화행 경영에 관여하였다. 1840년 兩廣總督이 여러 行商들 중에서 오직 怡和行만이 殷實하다고 평가할 정도로 행상제도가 폐지될 때까지 번영을 구가한 것은 이화행뿐이었다고 한다.

행상집단 내에서의 이화행의 위상을 살피기 위해 필자는 먼저 東印度會社와의 무역계약에서 이화행이 차지한 무역 분담의 비중을 추산하였다. 모스의 편년체식 저술인 「The Chronicles of the East India Company Trading to China, 1635-1834」에서, 오병감이 이화행을 담당한 1801년부터 동인도회사가 중국무역독점권을 상실한 1833년까지의 기간 중 20개 연도의 행상들의 무역 분담액을 검출하였다. 필자는 여러 가지의 복잡한 계산과 추정을 통해 이화행이 행상 중 1위의 무역 분담액을 점한 것이 전체 20개 연도 중 14개 연도에 달한다는 사실을 확인하였다. 20개 연도의 이화행 분담액의 비중 평균을 계산하니 전체의 17%가 되었고, 그 기간 행상의 평균수가 9.9家이므로 평균보다 7% 정도 더 분담받았다고 한다. 다른 행상보다 더 많은 무역 분담액을 차지했다는 것은 그만큼 이화행이 타 행상보다 더 많은 자본축적의 기회를 가졌다는 의미라고 파악한다. 이화행의 오병감이 제1위의 무역 분담액을 차지한 것은 그가 총상이었다는 사실, 그의 경영능력 등과 직접적 관련이 있다. 怡和行이 기타 群小행상에게 근 50萬 兩의 거액을 대부해준 사실을 통해서도 이화행의 행상 내 위상을 엿볼 수 있다. 이화행은 이러한 대부를 통하여 여타 군소행상에 대해 영향력과 통제력을 발휘할 수 있었다. 아울러 여러 행상의 이익을 대변하고, 기타 행상을 보호하는 총상의 역할을 충실히 하고 있었다고 한다. 그가 총상으로서 행상들의 지도자가 될 수 있었던 배경에는 복건상인 출신이라는 동향 네트워크와 광동 출신 행상과의 혼인동맹이라는 요소가 있었음을 지적하고 있는데 이는 종래 학자들이 주목하지 않았던 측면이다.

다른 한편 무역 파트너인 東印度會社와의 관계를 통해서 이화행의 일면을 살펴보고 있다. 1813년 인도무역 독점권을 상실한 동인도회사는 사세가 기울기 시작하였고, 이에 따라 자금압박을 받을 때면 주로 이화행에서 자금을 빌렸다. 1812-1833년 사이의 자료에 따르면 매년 평균 77만 냥 정도를 행상에게서 대출받거나 행상에게 채무를 지고 있었는데 그중 약 60%인 46만여 냥이 이화행이 부담한 부분이었다. 그뿐만 아니라 동인도회사는 마카오로 퇴거할 때마다 이화행에 현금이나 여러 재화를 보관시켰다. 결국 동인도회사에 있어 怡和行은 銀行과 같은 존재였다고 결론 내린다.

종래 추상적으로 怡和行 伍秉鑒을 최고의 행상, 가장 유력한 행상으로 막연히 평가하였으나 본고에서는 그러한 이화행 오병감의 구체적 무역 분담액 비중을 추산하였고, 동료 행상과 동인도회사에 대한 구체적 대부 상황 등을 제시하였다. 이를 통해 이화행 오병감의 부유한 행상으로서의 이미지가 보다 구체화되고, 행상 집단 내에서의 지도자로서의 위상도 보다 분명히 드러낼 수 있었다고 생각한다.

(3) 정혜중 교수(이화여자대학교 사학과)의 「近代 歸化城 漢商의 상업과 무역」[6]이라는 글에서는 중국 근대사회에 대한 이해를 개항장 중심으로 분석하는 기왕의 연구시각에서 벗어나 북방에서의 변화에 주목하고 근대화가 산서상인에게 미치는 영향을 분석하였다. 그 대상지역으로는 중국이 러시아 및 몽골과 교역 시 중요한 창구였던 歸

---

6) 정혜중, 「近代 歸化城 漢商의 상업과 무역」, 『中國近現代史硏究』 제63집, 2014에 실린 글을 수정 보완한 것이다.

化城을 잡았다. 歸化城은 산서상인들에게는 지리적 접근과 활동이 매우 용이한 지역으로 그 도시발전의 역사는 산서상인 발전의 역사와도 궤적을 함께한다는 점에서 도시발전이나, 국가경제의 자본주의화 및 근대화가 상인의 성장에 미치는 영향을 함께 파악하고자 할 때 매우 적절한 대상지역이라 할 수 있다.

이 글에서는 17세기부터 만주인, 몽골인, 한인들의 도시로 급속하게 변모하던 歸化城이 러시아, 몽골과의 무역과정을 통해 어떻게 발전해갔는지 설명하고 있다. 이를 통해 1900년을 전후한 시기의 귀화성의 상업은 전성기에 도달했다고 평가하면서 동 시기 상인 조직은 업종별 전문성과 규모와 지역성을 지닌 조직으로 다양한 형태를 갖추게 되었음을 밝히고 있다. 귀화성에서는 식량·차 무역과 무역에 필요한 금융업 등 대자본을 필요로 하는 분야는 물론이거니와 각종 상거래에서 산서상인들의 참여가 활발하였다. 몽골지역을 대상으로 하는 무역거래가 많아 몽골지역에 익숙하지 않은 외부 상인들의 참여가 상당히 제한적이었기 때문에 산서상인들의 활동은 독점적 성격을 지니게 되었다.

산서상인들의 성장이 매우 주목되는 19세기 茶의 주요 운송수단은 낙타와 소였다. 19세기 말 철도건설 논의가 시작되어 20세기 초 北京과 長家口 나아가 歸化城을 잇는 철도가 완성되었다. 이 무렵 외몽골이 독립하고 이를 토대로 러시아, 중국, 외몽골 사이에 협약이 체결되어 러시아상인들은 외몽골에서 세금을 내지 않고 무역을 진행할 수 있게 되었다. 러시아상인들과의 경쟁은 19세기 후반부터 지속적으로 가속화되어 산서상인들의 경쟁력을 약화시키는 요인으로 작용하였다. 또한 신해혁명이 끝난 후의 근대중국 자본주의사회의 경제적·외교적 변화는 산서상인들의 발전을 저지하는 외부 요인으로 작용하였다고 저자는 주장한다.

(4) 이호현 박사(현대중국연구소 연구원)의 「근대 중국 영화사의 지배구조와 운영」[7]이라는 글은 다음과 같은 문제의식에서 작성되었다. 근대 중국기업의 성장·변화가 중국 근대화와 밀접한 관련성을 갖고 있음에도 불구하고, 역사학 쪽에서는 이 주제가 잘 다루어지지 않고 있다. 여러 요인이 있겠지만 자료적 한계로 기존의 연구보다 진전된 성과물을 내기 어려운 점이 그 원인 중 하나라고 필자는 생각한다. 그 때문에 이 글에서는 기초자료를 제공한다는 의미로써 대만 근대사연구소 당안관에 소장된 영화제작사 등기기록을 중심으로 중화민국시기 영화제작사의 지배구조와 운영이 어떠했는지를 분석하고 있다.

그중에서 필자가 관심을 가진 부분은 각 영화제작사의 장정으로, 특히 지배구조로서 주주총회와 이사회에 주목하였고, 기업의 지속성에 불리한 요소로 작용한 官利, 기타 법적 공적금 적립 등의 문제를 이윤결산방식을 통해 살펴보고 있다. 먼저, 주주총회나 이사회와 관련해서는 유한, 무한, 兩合會社[8]인 경우 회사 속성상 관련규정이 없거나 있더라도 상당히 소략하며, 주식회사의 경우 주식보유에 따른 제한 혹은 특혜가 존재하고 있다는 점을 밝혀냈다. 주식보유 수에 따라 표결권의 축소나 일정 주식보유자가 임시주주총회를 소집할

---

7) 이호현, 「근대 중국 영화사의 지배구조와 운영－'實業部'와 '經濟部' 登記記錄을 中心으로－」, 『인문과학』 제59집, 2015에 실린 글을 수정 보완한 것이다.

8) 양합회사는 1인 이상의 무한책임주주와 1인 이상의 유한책임주주가 조직한 것을 말하며 그 무한책임주주는 회사채무에 대해 무한청산책임을 연대로 지며 유한책임주주는 그 출자액에 한하여 회사에 대해 책임을 진다.

수 있는 권리, 그리고 이사·감사의 피선거권자격 등이 존재하고 있었다. 그러나 차별의결권에도 불구하고 창립자나 발기인, 대주주가 대부분 이사나 감사, 경리(운영책임자)를 맡고 있기 때문에, 대주주에 대한 제한은 매우 미약할 수밖에 없었으며, 당연히 소유와 경영의 분리도 이루어지기 힘든 구조였다. 둘째, 법적 공적금인 이윤의 10% 이상을 모든 회사에서 이윤배분 항목으로 설정해놓았고 특별공적금을 따로 적립해두는 회사도 있었다. 이는 官利의 존재가 거의 폐지된 상황에서(전체 분석대상 회사 중 한 곳만 규정) 회사의 영속성을 보완하기 위한 제도적 장치가 철저히 진행되고 있음을 보여준다고 할 것이다. 셋째, 많은 회사에서 직원복리금을 5-10% 책정해놓고 있는데(3분의 1 이상), 이는 공식적인 회사법에서도 규정되어 있지 않은 항목임에도 불구하고 복리금지불이 드물지 않은 상황임을 말해준다. 결국 이러한 이윤결산방식은 중화민국시기 중국 회사조직의 '제도적 근대화' 추세를 잘 반영해주고 있다.

3.

제2부는 "중국 전통 상업의식의 형성과 변화"라는 제목하에 모두 세 편의 글로 구성되어 있다. 여기에는 『客商一覽醒迷』의 소개와 번역에 대한 시론적인 견해를 정리하고 상업서의 중요한 표지인 상업 용어를 대략적으로 소개한 글, 明代 徽州商人의 전당 운영 배경과 분포를 통해 본 명대 전당업의 특징과 성격을 밝힌 글, 18世紀 中國 江南地域의 貨幣와 物價에 대한 汪輝祖와 鄭光祖의 인식을 통해 乾嘉盛世

의 경제사적 의미를 제시한 글을 편제하였다.

(1) 강용중 박사(현대중국연구소 연구원)의 「『客商一覽醒迷』의 번역과 상업언어」[9]라는 글에서는 명대의 대표적인 상업서『客商一覽醒迷』를 대상으로 이후 명대의 상업의식과 상인정신을 연구하기 위한 기초 작업으로 이 책의 번역과 일부 상업어휘의 특징을 개괄했다. 중국사에 있어서 명청시대는 어느 때보다 상업이 발달했다. 이러한 상업의 발전은 커다란 사회적 변화를 초래했으며, 문학이나 언어 등에도 상당한 영향을 미쳤다. 중국문화의 입장에서 본다면 상업발전은 경제적 기반을 제공하고 사람들로 하여금 다양한 교류를 가능하게 했다. 명청대 상업의 발전은 경제적 지표나 무역거래 등에도 나타나지만 상업적 의식의 발전과 더불어 상업서(商業書)라는 독특한 전문서적을 탄생시켰다. 상업서란 상업과 관련된 지식이나 상도덕 규범 등을 정리해놓은 책으로, 특히 명대 이후에 본격적으로 출현하였다.

대표적인 상업서인『客商一覽醒迷』만 하더라도 지금까지 校註本은 있으나 아직까지 번역본이 나온 적이 없으며, 내용 또한 기존의 학술문헌과는 달리 상당히 이질적인 요소로 이루어져 있다. 게다가 문체 또한 고문과 명대의 구어 및 방언어휘 그리고 상업관련 전문용어가 반영되어 있어 관심이 있는 독자나 연구자가 접근하기에 어려움이 있다. 상업서인『客商一覽醒迷』는 다른 중국 전통 문헌과는 달리 그간 학계에서 주목을 받지 못했을 뿐만 아니라 변변한 주석서도 없다. 그러므로 이 책의 소개와 번역은 우리나라의 중국사학계나 중국문화관련 연구자에게 꼭 필요한 일이라 하겠다. 게다가 이 책이 상

---

9) 강용중, 「『客商一覽醒迷』의 번역과 상업언어 연구」, 『중국문화연구』 제26집, 2014에 실린 글을 수정 보완한 것이다.

업서이니만큼 상업과 관련된 언어를 분석하는 것은 일정한 의의를 가진다고 할 수 있다. 이에 이 글은『客商一覽醒迷』의 소개와 번역에 대한 시론적인 견해를 정리하였으며, 상업서의 중요한 표지인 상업용어를 대략적으로 소개하였다. 또한 이러한 취지에서 출발해『客商一覽醒迷』의 번역 사례를 소개하고, 특징적인 상업어휘에 대해 분석하였다.

이 글의 대체적인 내용은 다음과 같다. 우선 연구방법으로는『客商一覽醒迷』의 번역과 상업용어에 대한 고찰을 초보적으로나마 진행하는 것이다.『客商一覽醒迷』는 다수의 산문과 일부 운문으로 구성되어 있다. 이러한 측면에서 번역의 문제도 당연히 이 서로 다른 두 문체를 각각 다루어야 할 것이다. 그리고 텍스트가 古籍이므로 校勘의 문제에 대해서도 충분히 고민해야 할 것이다. 나아가『客商一覽醒迷』의 문체가 일반 전통 중국 문헌과는 다른 측면이 많으므로 이 점에 대해서도 세심한 주의가 필요하다.

이에 번역문제에 관련해서는 원문의 교감문제,『客商一覽醒迷』의 독특한 표현, 산문과 운문의 번역문제 등을 중심으로 살펴보았다. 교감의 문제란 일차적으로 원본인 山口大學본에 대한 교감을 가리킨다. 다음으로 양정태(楊正泰)의 교주본이 유일한 현대적 판본이므로 이에 대한 대비와 교감이 필요할 것이다.『客商一覽醒迷』의 텍스트와 관련된 독특한 표현은 대체로 두 가지로 나누어볼 수 있다. 그 하나는 다른 문헌에 보이지 않는 상업서에만 보이는 표현을 말한다. 다른 하나는『客商一覽醒迷』에 포함된 근대중국어 성분이다. 근대중국어 성분은 고문과 현대중국어와는 다른 영역의 언어이며, 명대의 저작인『客商一覽醒迷』에 이 근대중국어 성분이 다소 포함되어 있으므로 번역 과정에서 반드시 유념할 필요가 있는 것이다. 이 글에서는 번역문제와 관련하여 이상의 문제를 원문의 예시와 初譯을 제시하며 검토하였다.

다음으로 상업언어의 풀이는 범위의 설정에서 지면관계로 이음절어 근대중국어 또는 고문 이외의 언어 단위를 대상으로 한다는 원칙을 세웠다. 기실 강용중 박사의 조사에 따르면 『客商一覽醒迷』에는 상당수의 상업어휘가 출현한다. 그러나 상용하는 단음절어나 일반적인 의미로 따로 연구하지 않아도 알 수 있는 것은 이 글에서 제외하였다. 이러할 때만이 『客商一覽醒迷』에 반영된 고유의 언어적 특색을 부각시킬 수 있을 뿐만 아니라, 다른 전적에서 보이지 않는 의미 있는 언어 단위에 대해 접근할 수 있기 때문이다. 다만 이 글에서는 대략의 상황을 소개하는 데 주안점을 두고 있으므로 구체적인 분석은 몇몇 단어에 국한하여 살펴보았다. 국내에 아직 『客商一覽醒迷』의 번역본이 나오지 않아 향후 번역본의 출간과 본격적인 연구를 통해 명대의 상업의식과 상인정신을 밝히는 데 이 글이 많은 시사점을 던져 줄 것이라 확신한다.

(2) 최지희 선생(중국 南開大學 歷史系 박사과정)의 「明代 徽州商人의 전당 운영 배경과 분포에 나타난 상업의식」[10]이라는 글에 따르면, 휘주상인은 명청대 木材와 茶 및 米穀, 綿布 등의 판매와 유통을 바탕으로 상업적인 기반을 마련하였고, 염업에 참여하면서 거대 商幇으로 성장하였다. 또한 이들은 대표적인 典當상인이기도 했다. 이 글에서는 명대 휘주상인이 전당업을 운영하게 된 배경과 분포의 특

---

10) 최지희, 「明代 徽州商人의 전당 운영 배경과 분포의 특징」, 『역사학연구』 제39집, 2010에 실린 글을 수정 보완한 것이다.

징에 대해 전문적으로 연구하였다.

당시 휘주상인이 운영했던 典當은 전국에 분포되어 있었고 민간에서는 "휘주상인이 아닌 사람이 경영하는 전당은 없다(無典不徽)"라는 말이 있을 정도였다. 휘주상인의 전당업에 대해 연구한 기존의 논문에서는 주로 명청대 전당업에 투자되었던 자본의 증가, 휘주상인 전당의 전반적인 발전 흐름과 盛衰의 요인, 명청대 전당포 수의 증가가 지속되는 양상 등에 대해 이야기해왔다. 본 연구는 기존의 연구에서 휘주상인의 전당업 운영 배경과 발전을 주로 전당업이 가져오는 금전적 이익, 전당포의 수와 투자된 자본의 증가에 치우쳐 논의한 측면이 있었고 이 때문에 휘주상인의 전당업 운영에서 나타나는 특징을 반영하지 못했다고 보았다. 따라서 이 논문은 명대 전당업이 성행하게 된 원인과 더불어 휘주상인이 전당업 운영에 참여하게 된 배경과 전국적인 휘주상인의 전당포 분포를 통해 이들의 전당업 운영의 특징과 상업의식을 살피고자 했다.

명대에는 은의 유통과 은경제의 확산, 상업활동의 증가, 동시에 사회의 불안요소들이 늘어나면서 전당업 또한 유행하였다. 동시에 전당포는 상인 및 재력가들이 이윤을 얻기 좋은 업종이기도 했다. 그러나 이 연구에서는 휘주상인이 전당업에 뛰어들게 된 것은 비단 막대한 이익 때문만은 아니었다고 보고 있다. 본래 상인은 번 돈을 토지에 투자하여 지주가 되는 특징이 있으나, 휘주상인의 경우 명대 중기부터 휘주지역의 토지에 부과되는 세금이 증가하고 지가가 떨어지게 되자 돈을 토지보다 전당에 투자하게 된 것으로 보았다. 또한 이 논문은 휘주상인의 전당업의 분포에 대해 몇 가지 특징을 제시하고 있다. 즉, 휘주상인은 주로 사람과 물자가 모이는 도시에 집중적으로 전당포를 세웠으며, 동시에 그것이 운하와 강줄기 및 그들의 상업활동지역과 겹치고 있음을 지적했다. 아울러 휘주상인이 기타 상업활동과 전당업의 겸영을 통해 이익을 도모하여 안정적으로 상업자금을 확보하고 혹은 그러한 상업이윤을 전당업에 재투자하였음을 밝혔다. 즉, 명대 휘주상인의 전당업 운영은 단순한 상업적 이익창출에 머물러 있지 않아 상업자본 투자의 성격을 가지고 있었고, 이들의 전당업은 자신들의 상업활동 영역 안에서 이루어지는 경향이 있었으며, 염업을 비롯한 상업과의 겸업이 이루어지고 있는 특징을 보이고 있음을 밝혀냈다.

(3) 본서의 주요 테마로 하고 있는 상업관행을 뒷받침하고 있는 화폐 유통에 대한 고찰도 역시 필요하다고 생각된다. 홍성화 교수(부산대학교 역사교육과)는 「汪輝祖와 鄭光祖의 인식을 통해 본 18世紀 中國 江南地域의 貨幣와 物價」[11]라는 글을 통해 그러한 필요를 충족시켜 주고 있다. 홍 교수의 글은 건륭 연간 강남지역의 사대부들의 기록을 중심으로 하여, 화폐와 물가의 관계를 고찰하고 있다. 그의 견해에 따르면 명조와는 달리 청조는 동전 발행에 애초부터 상당히 적극적이었고, 이는 안정적인 소액결제 화폐를 갈구하던 시장으로서는 마른하늘에 단비를 내리는 조치였다고 한다. 그러나 順治·康熙 年間의 동전주조에도 불구하고 민간에서는 소상품경제의 발달로 인해서 동전에 대한 수요는 더욱 높아졌기 때문에, 도리어 동전 부족 현상('錢荒')에 빠지게 되었다. 즉, 동전 발행이 아이러니하게도 동전 부족 현상을 불러왔다고 한다.

---

11) 홍성화, 「18世紀 中國 江南地域의 貨幣와 物價-汪輝祖와 鄭光祖의 기록을 중심으로-」, 『동양사학연구』 제130집, 2015에 실린 글을 수정 보완한 것이다.

1684년 천계령이 해제됨으로써 다시 은 유입이 재개되었지만, 동전이 부족한 상황에서는 이러한 銀兩流入이 가져다준 富를 小民의 富로 전환시킬 매개체가 부족할 수밖에 없었다. 이를 해결한 것이 바로 乾隆 年間에 대대적으로 이루어진 制錢 발행과 私鑄錢의 유통이었다. 이로 인해서 통화시장에 안정적인 '유동성'이 공급됨으로써 상품생산이 활발해지게 되었고, 더 나아가서 인플레이션과 자산버블까지 발생했던 것이다. 즉, 건륭 연간의 제전과 사주전 유통으로 인하여 해외무역과 원격지 무역에서 얻어진 막대한 양의 富가 비로소 小民들의 富로 전환되어서 농촌지역까지 활황의 모습을 띠게 될 수 있었던 것이다.

반면, 인플레이션은 소득의 양극화를 가져와서 자산을 소유한 계층은 많은 이익을 볼 수 있었지만, 그렇지 못한 계층은 커다란 타격을 받게 되었다. 즉, 대대적인 동전 발행(quantitative easing)이 가져온 인플레이션, 그리고 이 인플레이션으로 인한 양극화의 심화, 이것이 바로 '乾嘉盛世'의 경제사적 의미라고 주장하고 있다.

4.

이 연구총서 11권이 출간되기까지 성대 사학과 동양사 대학원생 석사과정 유한결 군은 7편의 논문에 대한 꼼꼼한 교정을 통하여 이 책의 가독성을 높이는 데 크게 기여하였고, 본서의 편집에 대해 번거로운 수고를 아끼지 않았다. 아울러 이 책의 기획이나 총괄적 추진은 처음부터 강용중 연구원의 노력에 의하여 진행되었다. 이러한 성과가 나오게 된 것은 그의 헌신적 노력의 결과라 해도 과언이 아니다. 이 자리를 빌려 고마움을 표하는 바이다. 또한 이러한 학술서적을 간행함에 있어 출판사의 흔쾌한 결정에 대하여 언급하지 않을 수 없다. 한국학술정보(주)에서는 순수 학술서적의 출판을 기피하는 풍토 속에서 우리의 공동연구 성과를 독자들에게 선보이도록 기회를 제공하여 주었다. 아무리 뛰어난 성과라 하더라도 독자와 만날 수 없다면 그림의 떡에 불과한 것이 아닌가. 역시 이 자리를 빌려 감사의 마음을 한국학술정보(주)의 모든 관계자에게 전하고자 한다.

제1부

근현대 중국 상업관행의 변용

明 中期 이후, 東南沿海의 海上世界

이화승

1. 머리말

明 太祖는 즉위 초부터 山東沿海에서 주민을 괴롭히는 海盜들의 활동에 주의하였다. 方國珍, 張士誠 등 반대세력들이 해상에서 이들과 연합하는 것을 방지하고 갈수록 증가하는 倭寇들의 준동을 막기 위해 洪武 4년(1371) 海禁을 선포하였다.[1] 이후 永樂帝시대의 鄭和 출항을 제외하고 적어도 조정이 주도하는 해양을 통한 대외적인 움직임은 여느 왕조보다 소극적이어서 이른바 내성적이고 非경쟁성을 가진 왕조라는 평가를 받기도 하였다.[2] 私貿易을 포함하여 백성들의 해상활동은 금지되었고 公貿易은 제한된 범위 내에서만 진행되었다.

唐宋 이래 활발하였던 해상무역의 길을 막아버린 것이다. 오랫동안 바다를 밭이라 터전 삼아 살던 浙江, 福建, 廣東 연해 주민들은 생

---

1) '禁瀕海民不得私出海'(『明太祖實錄』 卷70, 洪武 4年十二月 庚辰朔丙戌條) '申禁人民不得擅出海與外國互市'(『明太祖實錄』 卷252, 洪武 30年 四月癸未朔乙酉條).

2) 黃仁宇, 「明代史和其他因素給我們的新認識」, 『食貨月刊』 1986年 7, 8期, 復刊第15卷, 1-15쪽, 이 내용은 『中國大歷史』 14장에서 다시 전개되었다. 臺北聯經出版社, 1993.

계에 큰 타격을 받았다. 주민들은 생존을 위해서 무엇인가 새로운 방도를 찾아야 했다. 삼엄한 경계를 뚫고 走私貿易에 참여하거나, 東南亞 낯선 곳에 이주하여 定住하거나, 아니면 해상에서 불법활동을 하며 고향과 제한된 관계 속에서 살아가는 방법이 있었다. 明 中期까지 海禁정책이 변화를 거듭하는 과정에서 연해 주민들은 대체적으로 이 세 가지 중 하나를 선택하였다. 그러나 이후 해상무역에의 참여가 두드러지게 확대되었다.

내륙경제의 발전과 더불어 走私貿易의 규모는 갈수록 증대되었다. 또 海禁이 강화될수록 풍선효과처럼 이익은 커지니 禁令을 어기고 모험에 뛰어드는 사람도 늘어났고 막대한 경비와 인력이 필요한 海防은 어려움을 겪었다. 일부 지역관리들은 현실에 기초하여 항구를 열고 세금을 걷자는 주장도 하였지만 太祖 이래 누적되어 온 祖宗成法은 넘기 힘든 장벽으로 작용하였다. 嘉靖 20년을 전후해서 새로운 활로를 찾은 연해지역 富豪들이 走私貿易에 적극적으로 참여하고 관리들이 결탁, 묵인하면서 해상 경제 규모는 더욱 확대되었다.

富豪들이 자본을 대고 백성들이 총대를 멘 走私貿易은 위험한 사업이었다. 관청의 감시와 해상 세계에서의 돌발 상황은 근본적으로 내륙 경제와는 다른 양상이었기 때문이다. 내륙에서 문제를 일으키고 도망을 가거나 혹은 더 많은 돈을 벌기 위해 심지어 모험심으로 바다 무역에 뛰어드는 사람들이 늘어났고 이들은 奸民, 海賊, 海盜, 海寇, 더 일반적으로는 倭寇로 지칭되었다. 당시 동남 연해에는 이런 이름으로 불리는 중국인, 일본인, 조선인과 동남아시아 시장을 거쳐 중국시장을 엿보는 포르투갈, 스페인들이 뒤섞여 활동하고 있었다.

隆慶初를 분기점으로 이들의 활동에는 큰 변화가 생기기 시작하였다. 嘉靖 年間까지 활발하게 연해를 소란케 하던 일본 倭寇들은 점차 감소하고 이후에는 중국인들이 주축이 된 海寇들로 해상의 주인공이 바뀌면서 연해는 새로운 양상을 띠었다.[3] 萬曆시대는 潮州와 瓊州 등 廣東人들이, 天啓, 崇禎시대에는 漳州와 泉州 등 福建人들이 해상에서의 상업 주도권을 행사하였다. 이들은 어민들을 포함해 농민, 사회 불만분자, 범죄자, 상인 등 출신이 다양하였고 상황에 따라 상인과 도적의 경계선을 넘나들었다. 福建 출신으로 이곳에서 오랫동안 관직생활을 한 周之夔는 이들이 "주로 바다에서 활동하지만 정신은 한 시각도 육지를 벗어나지 않았다; 정신은 육지에 있지만 본거지는 한 시각도 물을 떠나지 않았다"라고 그들의 정체성을 파악하였다.[4]

명대 3대 外患 중 하나로 동남 연해 사회 전반에 걸쳐 큰 영향을 미쳤던 왜구, 포르투갈인, 중국인, 조선인들을 살펴보고, 연해 주민들과 지역문화가 해상 세계에 대해 어떻게 반응하고 시각 변화를 가져왔는지를 통해 중국이 본격적으로 문을 열기 전의 동남 해상 세계를 살펴보고자 한다.[5]

---

[3] 樊樹志, 「倭寇新論」, 『復旦學報』 1期, 2000.

[4] 周之夔, 『棄草文集』 卷3 「海寇策」, 『四庫禁毀書叢刊』, 北京出版書, 1998.

[5] 학계에서는 明代 동남 연해에 대한 다양한 연구가 있어 왔다. 중국에서는 1930년대 陳懋恒, 『明代倭寇考略』(北京哈佛燕京社, 1933)을 필두로 張維華, 『明代海外貿易簡論』(上海人民出版社, 1956) 등 초기 연구에 이어 1980년대 載裔煊, 『明代嘉隆年間的倭寇海盜與中國資本主義的萌芽』(中國社會科學出版社, 1982), 林仁川, 『明末淸初私人海上貿易』(華東師範大學出版社, 1987) 등이 비교적 탄탄한 바탕을 이루었다. 李金明, 『明代海外貿易史』(中國社會科學出版社, 1990)와 陳尙勝, 『懷夷與抑商－明代海外力量興衰研究』(山東人民出版社, 1997)를 거쳐 范金民에 이르러(『明淸江南商業的發展』, 南京大學出版社, 1998) 내륙과 바다를 연결하는 경제네트워크로 보는 시각이 자리를 잡았고, 萬明은 한 걸음 더 나아가 이를 세계경제와 연결시키는 시각을 선보였다(『中國融入世界的步履: 明與淸前期海外政策比較研究』, 北京社會科學文獻出版社, 2000). 王宏斌(『淸代前期海防: 思想與制度』, 北京社會科學文獻出社, 2002), 吳大昕, 『海商·海盜·倭－明代大倭寇的形象』(臺灣旣

2. 倭寇의 변화

전통 사회에서 해상은 내륙과 달리 公權力의 限界가 明確하지 않은 기본적으로 열린 공간이었다. 역대 왕조는 항구를 통해 出入하는 사람과 船舶의 관리에 집중하였지만 일단 항구를 떠나면 公權力 행사는 크게 제한을 받았다.

14-16세기, 동아시아는 元−明, 高麗−朝鮮, 南北朝時代−室町幕府로 정치 세력이 바뀌는 격동의 시기였고 서양의 大航海時代 到來와 함께 동아시아 국제관계가 새롭게 정립되고 있었다. 이러한 변화가 적나라하게 나타난 곳이 중국 동남 연해였으며 이곳에선 각지에서 온 다양한 배경을 가진 사람들이 公權力과 별개로 독특한 해상 사회를 구성하고 있었다. 이들 중 가장 爭論이 많은 존재는 바로 '倭寇'였다.

南大學歷史研究所, 2002), 晁中辰(『明代海禁與海外貿易』, 北京人民出版社, 2005), 王日根(『明淸海疆政策與中國社會發展』, 福建人民出版社, 2006)은 사상, 정책으로부터 시장을 바라다보는 시각을 정리하였고, 앞선 陳懋恒과 臺灣의 鄭樑生은(『明代倭寇』, 臺灣文史哲出版社, 2008) 왜구에 관한 광범위한 자료 수집과 견해를 피력하였다. 우리 학계에서도 한국사, 중국사, 일본사 분야에서 연구가 진행되고 있다. 한국사에서는 韓文鐘(『朝鮮前期對日外交政策硏究』, 全北大學校 博士論文, 1990)과 孫承喆(『朝鮮時代韓日關係史硏究』, 지성의 샘, 1994)이 한일관계사 시각에서 왜구를 분석하였고 중국사 분야에서는 韓承憲(『淸初 蘇松地方의 海·江防問題와 商人』, 서울대학교 석사논문, 1998)과 왜구를 분석한 윤성익(『명대 왜구의 연구』, 경인문화사, 2007), 해금을 분석한 한지선(『명대 해금정책 연구』, 전남대학교 박사논문, 2009)의 연구 등이 있다. 또 이영은 일본사 전공자로서 일본의 시각을 예리하게 분석, 반박하는 연구(『팍스 몽골리카의 동요와 고려 말 왜구』, 혜안, 2007, 『잊혀진 전쟁 왜구』, 에피스테메, 2007)를 진행하고 있다. 일본에서는 왜구의 정체성, 활동에 대한 많은 연구가 일찍부터 진행되었는데 登丸福壽, 茂木秀一郎(『倭寇硏究』, 東京, 中央公論社, 1943), 荒野泰典(「近世日本の漂流人倭送還體制と東アジア」, 『近世日本と東アジア』 東大出版部), 村井章介(『中世倭人傳』), 田中健夫(『中世海外交涉史の硏究』, 東大出版部, 1959) 등이 있다. 본 연구와 비교적 유사한 주제로는 松浦章(『中國の海賊』, 東方書店, 1995)과 太田弘毅(『倭寇−商業, 軍事史的硏究』, 春風社, 2002), 上田信(『海と帝國: 明淸時代』, 講談社, 2005), 檀上寬(『明代海金＝朝貢システムと華夷秩序』, 京都大學出版會, 2013) 등을 참조할 수 있을 것이다.

1) 왜구의 역사

倭寇가 최초로 문헌에 등장한 것은 5세기 高句麗 역사에서였다.[6] 그러다가 1200년대에 이르러서, 이들의 출현이 빈번해지고 폭력 양상을 보이기 시작하였으며,[7] 1350년 이후에는 조선과 중국 동남 연해에 그로 인한 피해가 일상적이고 대규모로 나타나기 시작하였다.[8]

倭寇는 日本 국내에서 南北朝間 戰爭이 九州 爭鬪를 위해 치열해지자 해상으로 밀려난 武士들이 주축을 이루고 있었으며 일부는 가까운 조선 반도 주변에서 그 세력을 키워나갔다. 경제적 이익을 위해 폭력성을 나타내기 시작했으며 시장이 커지고 있던 중국 동남 연해로까지 영역을 확장하고 있었다.[9] 朝鮮에서는 이들을 倭人이라 불렀는데 정주하는 수가 많아지자 주변과의 마찰이 끊이지 않았다. 朝鮮 朝廷은 이들에 대한 警戒를 강화하였는데 이들의 반응 또한 거칠어져서 倭賊, 倭寇 등으로 호칭도 변하고 활동 형태도 다양해졌다.

1403년(永樂 원년), 朝鮮은 明과 事大冊封關係, 다음 해에는 日本과 交隣關係를 수립하며 안정적인 관계를 유지하려 노력하였다. 그러나 1392-1450년 사이 倭寇의 침입 횟수가 185회, 通交 건수가 1,388회

---

6) 『高句麗 廣開土王碑文』 第二段, '倭寇潰敗, 斬殺無數'(404).

7) 『高麗史』 卷22, 高宗 10年, 5月 甲子條(1223), '倭寇金州', 『高麗史』 卷28, 忠烈王 戊寅 4年(1278), 忠烈王與忽必烈對話 '王曰, 小邦亦請依上國法點戶又請留合浦鎭戍軍以備倭寇.'

8) 『高麗史』 卷37, 忠定王 庚寅 2年(1350), '倭寇固城, 竹林, 巨濟, 何浦. 千戶崔禪, 都領梁琯等戰破之, 斬獲三百餘艘.'

9) 登丸福壽, 茂木秀一郎 『倭寇研究』, 東京, 中央公論社, 1943, 왜구가 중국 연해에서 행한 폭력에 대해서는 수많은 자료가 있다. 직접 토벌에 참여한 戚繼光, 俞大猷 등의 자료가 아니더라도 『明經世文編』 卷214에는 간결하게 그 만행을 기록하고 있다. '劫倉庫, 焚室廬, 驅掠蒸庶, 積骸如陵, 流血成谷.'

에 이르자, 朝鮮 朝廷은 倭寇에 대해 禁壓政策을 실시했다.[10] 朝鮮 朝廷으로서는 事大交隣관계가 성립되었지만 明과의 單元的 관계와는 달리 日本과의 관계는 多元的이어서 通交體制가 정립되기에는 더 많은 시간이 필요하였다.[11] 이러다 보니 朝鮮을 중심으로 明과 日本 사이에서는 다양한 형태로 國家間 境界를 넘나드는 경우가 발생하였다. 被虜朝鮮人, 被虜中國人, 受職倭人, 恒居倭人, 使送倭人 등이 이런 존재들이었다. 被虜朝鮮人, 被虜中國人은 倭寇에게 납치되었다가 탈출한 中國, 朝鮮의 良民들이고 受職倭人, 恒居倭人, 使送倭人은 朝鮮 朝廷이 倭寇에 대한 懷柔策으로 朝鮮에 居住를 허락한 倭人들이었다.

1402-1419년 사이 中國 연해에서 倭寇로 활동하다가 체포되어 송환된 被虜朝鮮人은 6차례에 걸쳐 21명에 이르렀다.[12] 中國에도 이러한 기록이 보인다.

> 금주(金州)에 침입하여 소란을 피운 해구 백여 명을 용서하였다. 그중 사로잡힌 張葛買는 조선 해주 사람으로 왜인의 옷을 입고 있었는데 遼東都司는 그를 압송하였다가 상부의 명으로 자기 나라 조선으로 돌려보냈다.[13]

被虜中國人은 倭寇에게 납치된 中國人들을 朝鮮에서 송환한 것으로 1392-1461년 사이 48회에 걸쳐 372명에 이르렀다. 특히 朝鮮에서는 中國과의 관계를 고려해서 '사대의 성의를 보이기 위해 모두 中國으

---

[10] 韓文鐘, 『朝鮮前期對日外交政策研究』 14쪽, 全北大學校 博士論文.

[11] 孫承喆, 『朝鮮時代韓日關係史研究』 51쪽, 지성의 샘, 1994.

[12] 『朝鮮太宗實錄』 卷3.

[13] 『明太祖實錄』 卷230, 3,361쪽, 洪武 26年 10月丙戌(1393).

로 송환한다(遣人潛奪解送中國者, 專以事大之誠也)'라 하여 매우 중요하게 처리하였다.[14]

朝鮮과 日本 사이에는 훨씬 더 많은 被虜朝鮮人이 있었다. 倭寇들은 朝鮮에 왕래, 거주하면서 법령이 허술한 점을 이용하여 쉽게 朝鮮 良民을 납치, 매매하여 對馬島 등으로 데려가 노동력을 착취하였는데 해마다 그 수가 증가하였다. 1392-1443년 사이 2,309명에 달하자 朝鮮 朝廷은 幕府, 西日本의 여러 領主를 상대로 외교 교섭을 통해 良民들의 송환을 촉구하였다. 송환을 하는 측에서는 人道主義的인 처사라고 강변하지만 이를 통해 관계를 증진하려는 것이었고 항상 충분한 경제적 보상을 요구하였다.

납치된 양민들의 송환과는 별도로 朝鮮에 거주하기를 원하는 倭人들은 갈수록 증가하였다.

1407년(永樂 5년), 朝鮮 朝廷은 漢陽 南山 북쪽 기슭에 숙소를 짓고 東平館 또는 倭館이라 하여 倭人들을 머무르게 하였다. 그러나 이들은 인근에 있는 太平館, 北平館 등 明, 여진족 使臣들이 머무는 곳과 연락하여 禁輸品의 밀매행위를 하다가 적발되곤 하였다. 倭人들은 밀거래를 자행하고 또한 포악하여 관리들은 처리에 애를 먹었다. 1409년(永樂 7년) 司諫院은 "倭奴는 성품이 사납고 심정이 악하여 대대로 도둑질을 행하니 백성들의 원수입니다……. 그런데 지금은 우리 백성들과 더불어 살며 관직까지 받아 대궐 뜰에 宿衛로 근무하는 자가 있으니 심히 온당치 못합니다……. 혹 내란이 있으면 이들 무리가 외환이 될까 염려됩니다"라는 보고를 하여 그 심각성을 경고하였다.[15]

---

14) 『朝鮮世宗實錄』 2월 12일, 壬寅.
15) 『朝鮮太宗實錄』 太宗 9년 11월 壬午.

그 외에도 여러 문제가 발생하자 朝廷은 1434년(宣德 9년) '倭館禁防條件'을 선포하여 이들의 불법 상거래 행위를 막고 倭館 주변에 담장을 높이 쌓아 외부인들과의 왕래를 금하였다.[16]

日本과 가까운 남쪽에서는 倭人들이 지속적으로 증가하였다. 巨濟와 南海 두 섬을 오가며 거주하는 倭人들이 늘자,[17] 釜山 주변에도 倭館을 설치하였는데 주변과의 마찰, 소란 등 문제로 인해 수차례 開閉를 반복하였다. 이제 倭館은 점차 '倭人들이 머무르는 곳'이라는 고유명사가 되었다.[18]

朝鮮 朝廷은 회유책이라는 커다란 범주 안에서 유연한 자세로 허용된 정도의 활동을 묵인하였지만 일부 지역에서는 점차 朝鮮 良民과 倭人 사이에는 경계가 모호해졌고,[19] 새로운 문제들이 그 심각성을 더해갔다.

倭寇들이 창궐하여 백성들이 고통을 겪고 있다고 합니다. 그러나 사실 왜인보다는 우리 백성들이 倭服을 입고 무리를 지어 소란을 피우는 것입니다.[20]

16) 『韓國民族文化百科大事典』 7, 343쪽.

17) 『朝鮮世宗實錄』 世宗 卽位年 8月 丙申.

18) 1418년에는 鹽浦에도 왜관이 설치되어 恒居倭人과 興利倭人 및 불법 체류자들을 수용하였다가 이듬해 해체되었다(『朝鮮太宗實錄』 太宗 18年 3月 1일). 1423년에는 다시 왜인 거주와 생활을 위해 內而浦, 釜山浦에 客舍와 창고를 증설하였고 客倭가 왔을 때 일일이 식료를 들여보내기가 어렵다는 등 관리 문제를 언급한 것으로 보아 이미 客館이 상설되어 있었음을 알 수 있다(『朝鮮世宗實錄』 世宗 5年 10月 25일). 1426년 鹽浦에 다시 왜관이 추가되어 '三浦倭館'이라고 총칭하였다.

19) 『朝鮮太宗實錄』 太宗 11年 7月 갑술, "도내 바닷가 주변 지역은 토지가 비옥하고 사람이 많으니 왜인의 興利船이 늘 왕래하여 백성들이 아무렇지도 않게 생각해서 방비가 조금도 없습니다."

20) 『朝鮮世宗實錄』 世宗 28年 10月 壬戌條.

이렇듯 混雜으로 境界가 불분명해지자 倭人의 성격은 더욱 복잡해지고 범법행위 또한 다양했으며(연산군 9년 7월 계사) 점차 中國 연해까지 활동범위를 넓히며 약탈을 자행하고 훔친 재물을 가지고 와서 互市를 열곤 하였다.[21]

1443년(正統 8년) 癸亥條約으로 對馬島를 매개로 한 통교체제가 정비되면서 被虜人은 점차 사라졌지만, 또 다른 형태가 보고되었다. 成宗年間(1469-1494)에는 다음과 같은 기록이 나온다.

> 제주에서 떠돌아다니는 백성들이 晉州와 沙川 지방에 와 머물면서…… 바다에 출몰하여 倭人의 말을 배우고 倭服을 입고 해물을 채취하니…… (成宗 13년 윤 8월 戊寅) 이 무리들이 거짓으로 倭服을 입고 왜말을 하며 몰래 도적질을 한다고 하니…… 마땅히 자기 땅으로 돌려보내 후환을 막아야 합니다(成宗 16년 윤 4월 辛卯).

그래서 '日本의 倭人'이라는 기묘한 표현이 등장하는 것이다. 이런 현상이 있다 보니 對馬島 일대의 해적들에게서 倭服과 倭語는 공통의 언어였다는 설과 함께 당시 倭寇들의 주된 세력이 日本人과 朝鮮人의 연합집단 내지는 朝鮮人이었다는 說이 제기되기도 하였다.[22]

癸亥條約 이후에는 이렇듯 무리를 지어 中國, 朝鮮, 日本 연해를 떠돌다가 발각되는 이른바 漂流人이라는 또 다른 형태가 출현한다. 이들은 모두 對馬島主 宗氏를 통해 송환되었다.[23] 對馬島主 입장에서는

---

21) 『朝鮮世宗實錄』 世宗 卽位年 10月 己卯條.

22) 田中健夫, 「倭寇と東アジア通交圈」, 網野善彦他編, 『日本の社會史』 1卷 「列島內外の交通と國家」 岩波書店, 1987.

23) 荒野泰典, 「近世日本の漂流人倭送還體制と東アジア」 121쪽, 『近世日本と東ア

송환하여 우호적인 입장을 표명하는 한편 정상적인 통교를 허락받고 경제적인 이익을 얻을 수 있기 때문에 적극적이었다. 1436-1497년 사이 386명에 달하는 漂流人이 발견되었고 모두 日本으로 송환되었다. 이들의 공통적인 변은 고기를 잡거나 中國으로 장사를 가던 중 악천후를 만나 표류하였다고 하였다.

다양한 접촉이 이루어지면서 또 다른 배경을 가진 中國人들도 등장한다. 浙江 출신 楊吉이 대표적인 예였다. 그는 1467년 표류하다 발견된 日本 肥前州의 지방 무사 上松浦 賴永의 使者로 朝鮮 官吏에게 자신이 본래 浙江 杭州 寧波府 출신이며 고기잡이하다가 倭寇에게 납치되어 對馬島에 가서 10여 년을 살았다고 하였다. 발견된 후에 실토하기를 이제 나이가 들어 고향으로 가고 싶지만 가족의 생사를 모르니 大國(조선)에서 살기를 청한다고 하였다(世祖 12년 3월 己巳).

또 다른 中國人 潛巖은 10세 때 倭寇 平茂續에게 잡혀 노예가 되었다가 朝鮮人에게 보호되었던 사람이다(成宗 17년 10월 甲申).

이들은 모두 가족을 떠난 지 오래되어 가족에 대한 기억이 없거나 가족의 생사확인이 어렵고 이제 언어도 倭語만을 이해하여 倭人과 구별할 수 없었다. 朝鮮 朝廷에서는 이 문제를 잘못 처리하면 明에서는 朝鮮이 日本과 通交한다는 것으로 비추어질까 염려하여 이 사람들을 中國으로 송환하자는 의견과 대마도로 보내야 한다는 격론이 벌어졌다. 결국 楊吉은 경기도 楊州에 집과 논을 주어 5년간 생활을 돌보아주도록 하고 潛巖은 대마도로 송환하였다.

1523년(嘉靖 2년)에는 충청도 해상에서 倭服을 입은 8명의 中國人이 발견되었는데 스스로를 寧波府 定海縣 사람들로 소금을 만들다가 倭寇에게 납치되었다고 주장하였다(中宗 18년 7월 갑오).

ジア』 東大出版部, 1983.

朝鮮 朝廷은 나날이 늘어나는 朝鮮內 倭人에 대해 골머리를 앓을 수밖에 없었다. 1436년(正統 원년) 朝鮮 朝廷은 對馬島主에게 刷還을 요구하여 644명 중 206명에 대해서만 거주를 허용하였지만 1475년(成化 11년)에는 거주자가 430戶, 2,209명으로 크게 증가하였다. 1510년, 中宗이 통제를 강화하자 이들이 폭동을 일으켰으니 三浦倭亂이었다. 이 사건의 발단은 朝鮮 官吏가 고기를 잡으러 가던 倭人 4명을 海賊으로 오인하여 斬殺한 데서 발생하였다. 평소 지방관과 사이가 나빴던 倭人들이 일제히 무기를 들고 일어났고 對馬島主 宗盛順의 지원병이 가담하여 관청을 습격하고 인근 촌락을 약탈하는 등 폭동이 극에 달하였다. 이 사건으로 朝鮮 朝廷은 불법체류자를 내쫓고 倭人 거주지는 薺浦 한 곳으로 축소하였으며 倭館은 원래처럼 사절의 숙소로만 사용하도록 하였다.

1521년(正德 16년) 對馬島主 宗盛順은 끈질기게 倭館의 再開를 요구하여 잠시 釜山浦 倭館이 재개되었지만, 20년 뒤인 1544년(嘉靖 23년) 재차 발생한 폭동으로 薺浦倭館이 폐쇄되자 결국 釜山浦 倭館 한 곳만 남았다.[24] 비록 倭館의 수는 줄었으나 倭館은 마치 '배 속의 惡性 腫瘍'처럼 존재하였다.

2) 中國 동남 연해에서의 왜구

倭人들은 朝鮮에서 居住가 힘들어지자 새로운 활로를 찾아야 했고 이미 간헐적으로 진출해 있던 中國 동남 연해의 시장이 커지자 이곳으로 나가는 횟수가 급증하였다.

---

[24] 1592년 壬辰倭亂이 발발하자 釜山浦 倭館은 일본군이 축성한 성안으로 포함되고 漢陽의 倭館은 戰亂으로 소실되었다.

明 朝廷에서는 여전히 해금정책을 강화하고 있었지만 나날이 늘어가는 倭人들의 행동을 제어하기에는 역부족이었다. 1533년(嘉靖 12년)에는 다음과 같은 기록이 나온다.

해금을 엄히 다스리자 연해 주민들은 살길이 막막해졌다. 교활한 자들은 모험을 감행하여 바다로 나가 무역에 종사한다. 하지만 감합을 얻지 못하니 합법적인 거래가 아닌 밀무역을 할 수밖에 없다…….
호시에서 얻는 이익이 크자 바다에 머물게 되고 내지의 간교한 이들과 교역을 하는 경우가 늘어나지만 이를 두절하지 못한다.[25]

무엇보다 中國 연해 시장이 뜨겁게 달아오르고 있었다. 日本에서 中國으로 향하는 銀의 흐름은 유럽이 中國으로 가져오는 銀의 양과 비교될 수 있을 만큼 중요한 변수가 되었고 많은 이익을 남길 수 있어 참여하는 사람도 많았다. 그러나 中國 동남 연해는 朝鮮과는 분명 달랐다. 언어, 풍습, 거래 관습이 달랐고 海禁政策이 강력하게 존재하는 상황에서 거래가 진행되었기 때문에 항상 위험을 내포하고 있었다. 그곳에는 일정한 倭人 居住地도 없었고 使臣들도 제한된 범위 내에서만 움직일 수 있었으며 通事의 역할에 따라 언제라도 상황은 급변할 수 있었다. 특히 옛 감합(舊勘合)을 새로운 감합으로 교체하는 과정에서 日本 내의 정치 세력 갈등은 그대로 표출되었다.[26] 爭貢사건은 이러한 단면을 보여준 가장 대표적인 사건이라 할 수 있다.[27]

---

25) 『明史』 卷322, 「日本傳」.

26) 『明世宗實錄』 卷349.

27) 『明世宗實錄』 卷28. 嘉靖 2년 日本 大內가 파견한 宗設과 細川이 파견한 瑞佐 등 서로 다른 朝貢 使節團이 寧波港에 도착했다. 특히 瑞佐는 中國人 宋素卿을 대동하였는데 두 파는 연회에서의 예우와 공물 검사 순서 등 사사건건 신경전을 벌였다. 宋素卿이 中國側에 뇌물을 주고 宗設 측보다 유리하게 상황을 이끌어가자 宗設은 무리를 이끌고 瑞佐를 죽인 후 도망간 宋素卿을 쫓아 紹興을 비롯한 주변을

따라서 동남 해안에서 倭人은 언제나 폭력성을 가진 倭寇로 변할 수 있는 가능성이 매우 컸었다. 嘉靖 연간 전후 대부분 倭寇가 보여준 모습은 바로 이런 배경의 결과였으며 1548-1560년 사이 초절정기를 이루었다. 倭寇들이 일으킨 亂의 횟수가 이를 증명한다.

倭寇가 中國 동남 연해로 세력권을 확장하던 때 이미 그곳에는 또 다른 사람들이 조심스럽게 中國의 문을 두드리고 있었다. 동남아시아 시장에서 中國 물건을 수입하던 포르투갈상인들이 직접 구매를 위해 연해까지 들어왔던 것이다.

〈표 1〉 명대 왜란 분포도

	홍무	건문	영락	홍희	선덕	정통	경태	천순	성화	홍치	정덕	가정	륭경	만력	태창	천계	숭정
발생횟수A	29	0	20	1	2	4	1	0	1	0	0	**179**	6	44	1	1	0
발생횟수B	13	0	7	1	0	4	0	0	1	0	0	**142**	1	8	0	0	0

A: 전국통계지수
B: 江浙지역과 관계있는 통계지수

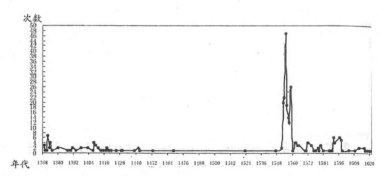

출처: 馮賢亮, 『明淸江南地區的環境變動與社會控制』, 上海人民出版社, 2002, 289-290쪽에서 인용.

소란케 하였고 이를 막는 中國 官吏도 살해한 뒤 日本으로 도주한 사건이다. 이에 대한 최근 연구로 徐永杰, 「寧波爭貢事件研究」(『歷史敎學』 2008, 11期)를 참조.

3. 연해의 포르투갈상인

1) 연해에서의 활동

16세기, 中國 동남 연해에서 유럽인들의 활동 상황에 대해서는 Galeote Pereira, Gaspar da Cruz 그리고 Mardin de Rada 修士의 기록이 좋은 자료를 제공한다.[28]

1498년(弘治 11년) 포르투갈상인들은 희망봉을 거쳐 印度로 오는 航路를 개발하고 香料(胡椒) 운송에 나섰다. 말라가(Malacca) 부근의 점령지에서 福建, 廣東에서 온 中國상인들과 만났고 후추를 中國에 가져가면 역시 큰돈을 벌 수 있다는 것을 알았기 때문이다.[29]

1517년(正德 12년), Fernao Peres de Andrade가 지휘하는 船團은 使

---

28) Galeote Pereire의 기록은 Richard Willis에 의해 영역 출간된 'History of Trauayle in the West and East Indies and other countreyslying eyther way towards the fruitfull and ryche Moluccas(중역하여 西印度和東印度群島及豊饒的摩鹿加群島和其他國土旅行史)'(London, 1577), pp.237-251에 실려 있다. Gaspar da Cruz의 'Tractado'는 Samuel Purchas가 영역하여 'A treatise of China and adjoining regions(중역으로는 記中國及其隣近地區)'(Purchas his Pilgrimes London, 1625), pp.166-198에 실려 있다. Mardin de Rada의 'Relacion'은 'Revista Agustiniana' Ⅷ·Ⅸ에 실려 있다. 이 세 기록은 영국의 C. R. Boxer가 정리하여 'South China in the Sixteenth Century'로 출판되었고(Hakluyt Society, London, 1953), 중국에서는 何高濟譯,『十六世紀中國南部行紀』로 출판되었다(『中外關系史名著譯叢』, 中華書局, 1990). 본고에서는 중역본을 참고하였다. C. R. Boxer가 서문에서 밝혔듯이 당시 기록에는 서로 다른 지역을 혼동하여 적은 부분도 있고 또 원어에서 영어로 번역되는 과정에서 福建 지방 방언으로 인해 인명, 지명 등에 대한 착오가 있음을 인정했으나 전체적인 상황을 이해하는 데는 큰 무리가 없었다. 본고에서는 이 자료들에 중국 측 자료를 더하여 분석, 기술하였다.

29) Andra Corsali가 1515년 1월 6일 Giuliano de Medici에게 보낸 서한. D. Ferguson, 'Portuguese captives in Canton'에서 인용. Duarte Barbosa는 후추를 말라가에서 중국에 가져가면 세 배의 이익을 얻을 수 있다고 했다. Longworth Dames 'Duarte Barbosa' vol.Ⅱ, p.215(Hakluyt Society, London, 1953).
張增信,「十六世紀前期葡萄牙人在中國沿海的貿易據點」, 89-90쪽,『中國海洋發展史論文集』2輯, 1986.

臣의 임무를 가진 Tome Pires를 대동하고 廣州의 珠江에 들어왔다.
廣東 官吏들은 Tome Pires를 北京으로 보내는 한편 Fernao Peres de
Andrade와는 우호적인 관계를 설정했다. Andrade는 수하인 Jorge
Mascarenhas를 琉球에 보내려 했지만 福建까지밖에 가지 못했고 漳州
(아마도 厦門灣) 부근에서 서로에게 필요한 거래를 진행함으로써 中－
葡 사이의 교역은 평온하고 안정적으로 시작하는 것처럼 보였다. 그
러나 1521년(正德 16년), 뒤를 이어 방문한 Fernao Peres de Andrade
의 동생 Simao de Andrade가 正德 皇帝 喪禮 기간에는 교역을 금지하
는 中國 관례를 무시하고 교역을 강행하자 朝廷은 책임을 물어 Tome
Pires를 廣州로 돌려보내 감옥에 가두었다. 일행 중 일부는 사형에 처
해졌고 Pires는 투옥 중 사망하였으며 교역은 중지되었는데 살아남
은 두 명이 몰래 상황을 적은 기록들을 외부에 알렸다. 이후 수차례
포르투갈상인들은 交易 재개를 위해 노력했으나, 朝廷은 공식적인 허
락을 하지 않았다. 그러나 포르투갈 입장에서 中國과의 교역은 대단
히 매력적이었기 때문에 이후 30년간 때로는 官方의 黙認下에, 또 때
로는 무시하면서 교역을 계속하였다. 廣東 官吏들이 交易 금지를 엄
격하게 집행하면 포르투갈상인들은 福建과 浙江 沿海까지 북상하여
官吏들의 감시와 바람을 피할 장소를 선택하여 겨울을 보냈다. 厦門
남쪽의 浯嶼, 月港과 寧波 부근의 雙嶼 등이 최적지였다. 이들은 해안
沙灘上에 임시 거주처로 帳繃을 치고 생활하다가 떠날 때는 불태워
흔적을 남기지 않았다. 이후 香山澳나 壕鏡 주변에서 交易을 하며 정
식으로 집과 건물을 지을 때까지 이런 형태는 계속되었다.[30]

---

30) 『明史』 卷325, 8,432-8,433쪽.

中國 문헌에서도 이 기간 동안 연해에서 진행된 포르투갈상인들과의 交易을 기록하고 있는데 각 계층에서 모두 이 交易에 큰 기대와 지지를 보냈다고 하였다.

> 포르투갈인들은 胡椒, 蘇木, 象牙, 蘇油, 沈束, 檀乳, 諸香을 가지고 백성들과 교역을 하였다. 이들은 자신들이 필요한 일용식품, 米麵, 돼지, 닭고기들을 비싼 가격에 사주었기 때문에 백성들은 환영하였다. 우리 변방을 침범하여 사람들을 살상하거나 재물을 빼앗지도 않았다.[31]

포르투갈상인들은 저렴한 가격으로 胡椒, 蘇木, 象牙, 麝香油, 沈香, 檀木, 香料를 팔았고, 대신 연해 주민들에게서 겨울을 보낼 동안 필요한 많은 양의 생활용품을 두 배나 비싼 가격에 구매하여 백성들의 생활에 큰 도움이 되었다는 것이다.

많은 이윤을 남길 수 있는 이 交易에 지역 官吏들과 富豪들도 다양한 방법을 통해 직·간접적으로 참여하였다. 官吏들은 포르투갈 선박이 들어와서 백성들과 거래를 해도 제지하지 않았다. 그들 생각에 朝廷은 너무 멀리 있고 이 외국상인들이 챙겨주는 사례 또한 적지 않아 선박의 정박과 왕래를 묵인하였던 것이다. 외국상인들은 현지의 無賴들을 고용하며 아무 제한 없이 자유롭게 교역을 진행하였다.[32] 지역 富豪들은 한 발 더 나아가 자금을 대어 선박을 건조하고 선원을 고용하며 거래를 주도하며 더 적극적으로 교역에 참여하였다.[33]

---

31) 『林次崖先生文集』 卷5, 「與翁見愚別駕書」, 『明經世文編』 卷165, 1,673쪽.

32) 『明世宗實錄』 卷363, 6,470-6,471쪽, 中央研究院歷史語言研究所校印, 中文出版社, 1984.

33) 『漳州府志』 卷31, 7쪽.

1540년대, 결국 포르투갈상인들은 中國人들이 미리 알려주는 정보와 인도에 따라 적당한 시기, 항구를 선택하여 안전하게 交易을 이어갔다. 특히 말라가까지 가서 외국상인들과 장사를 한 경험이 있던 許氏 형제는 이들을 雙嶼, 大茅港으로 인도하여 큰돈을 벌기도 했다.[34]

1542년(嘉靖 21년), 포르투갈상인은 日本까지 연결되는 무역노선을 개척하고 中國의 면과 비단, 湖絲를 파는 등 점차 교역량을 늘려갔다. 유럽 史家들은 거의 언급하지 않았지만 포−일 양국 교역의 증가에 따라 中國 동남 연해에서 中國 側 파트너들과의 협조관계가 더욱 빈번해졌음을 알 수 있다.[35] 이 부근에서 활동하던 Fernao Mendez Pinto는 雙嶼港을 소개하면서 약 3천 명에 달하는 주민이 살았고 그중 포르투갈 사람이 반이며 나머지는 다른 나라에서 온 기독교인들로 37개소의 교회와 2곳의 병원이 있다는 다소 과장된 기록을 남기기도 하였다. 또 日本 白銀을 주로 거래하며 매우 번화했다고 하였다.[36]

2) 中國의 무력 진압

倭寇와 포르투갈상인들의 증가로 인해 동남 연해는 더욱 바쁘게 움직이고 있었고 이를 감지한 朝廷도 촉각을 곤두세우기 시작하였다.

1547년(嘉靖 26년), 朝廷은 朱紈을 浙江巡撫로 임명하여 浙, 閩지역 海防軍務를 담당토록 하였다. 朱紈은 부임 후 선박주조를 금지하고

---

34) 鄭舜功, 『日本一覽』 卷6.
35) 『福建通志』 卷267, 14쪽. 朱紈, 『甓餘雜集』 卷2(『四庫全書存目叢書』, 濟魯書社, 1993)에도 雙嶼에서 생포한 포르투갈인을 심문한 기록이 나온다.
36) 張天澤, 『中葡通商硏究, 自1514-1644 一個中葡史料的綜合硏究』 77쪽, 華文出版社, 1999.

保甲制를 정리하여, 走私貿易에 필요한 근원을 막는 한편 奸民을 엄격하게 단속하였다. 그러자 交易은 바로 압박을 받았고 이에 직접적인 이해관계를 가진 지역 富豪들은 강하게 저항하였다. 잡힌 이들이 모두 良民인데 지나친 단속으로 地域民心을 어지럽힌다며 朱紈을 압박하였다. 이에 朱紈은 다음과 같은 내용의 상소를 올려 고충을 토로하였다.

> 외국 도적들을 잡는 것은 쉬우나 중국 도적을 잡는 것은 어렵습니다. 중국 연해의 도적들을 잡는 것은 쉬우나 衣冠을 갖추어 입은 도적을 잡는 것은 정말 어렵습니다.[37]

官吏와 士大夫, 富豪 등 지역 토호 세력들의 반발을 암시한 것이었다. 시간을 끌면 정치적으로 불리해질 것을 예상한 朱紈은 신속하게 일을 진행하였다. 1548년 4월(嘉靖 22년), 참모인 福建都司都指揮僉事 盧鏜에게 명해 밤안개가 내린 틈을 이용하여 雙嶼를 습격, 수백 명의 海賊을 살상하는 성과를 거두었다.

> 해적들은 초반에 성을 쌓고 끔쩍도 하지 않았지만 야밤에 비바람과 깊은 안개를 틈타 공격하자 해적들이 나왔고 관병들은 용감하게 싸워 수백 명을 죽이고 물에 빠트리는 큰 승리를 거두었다.[38]

포르투갈인의 死傷에 대해서는 언급이 없었지만 盧鏜은 도주하는 포르투갈인을 廈門灣 부근의 浯嶼까지 추격하여 전투를 벌였다고 하

---

37) 『明史』 卷205, 5,404-5,405쪽.
38) 鄭若曾, 『籌海圖編』 卷5, 卷8, 四庫全書本, 臺北商務印書館, 1986.

였다. 그러나 도망을 하면서도 포르투갈인들은 하급 관리들을 매수하며 밤중에 교역을 진행하고, "中國 관청이 무장한 병사들을 앞세워 포르투갈인들을 공격하고 있다"는 소식을 인도에 전했다.[39] 5월 17일, 朱紈은 섬에 올라 교역이 다시 진행되는 것을 막기 위해 병사를 상주시키려 하였으나 어민들의 생계를 위협하고 병사들도 이 고도 생활을 원하지 않는다는 주변의 반대에 부닥쳐 결국 돌과 나무를 쌓아 부두를 폐쇄, 배들이 들어오지 못하는 것으로 마무리하였다.[40]

다음 해, 모험심이 강한 Galeote Pereire는 다시 선단을 이끌고 廣東, 福建 해안에 도착해서 交易을 진행했고 팔다 남은 화물을 실은 두 척의 선박을 汕頭와 廈門 사이의 수심이 깊은 走馬溪에 정박시켰다. 소식을 접한 盧鐺은 이 배를 습격하여 交易 中이던 포르투갈인과 中國人 우두머리 李光頭 등 96명을 생포하여 福州로 압송, 처형하거나 투옥하였다.[41] 朱紈의 강력한 海防집행으로 해상무역이 압박을 받자 지역 유지들의 불만은 최고조에 달했고,[42] 결국 평소 朱紈과 사이가 좋지 않던 어사 陳九德은 朱紈이 직권을 남용하여 황제의 재가 없이 走馬溪에서 포로들을 죽였다며 탄핵하였다. 황제는 兵科都給事中 杜汝禎을 파견하여 사건을 조사하도록 명했다.

흠차대신이 福州府에서 사건 조사를 시작하자 절강 연해에서 그다

---

[39] 1549.1.25. 말라가에서 일본으로 활동 근거지를 옮기던 St Francois Xavier가 예수교회 Simao Rodrigues 신부에게 보낸 편지.

[40] 朱紈 『甓餘雜集』 卷2. 이 전투에 관해서는 『甓餘雜集』과 고아의 교회 주교부에서 일했던 네덜란드인 林旭登(1563-1611)이 쓴 "Le grand roviter de mex de lean Hugues de linscot Hollandis"에 잘 묘사되어 있다. 자료 관계상 『甓餘雜集』을 인용하였다.

[41] 『明史』 卷205, 5,405쪽.

[42] 『明史』 卷325, 8,432쪽.

지 평이 좋지 못하던 포르투갈상인들은 가슴을 쓸어내렸다. 조사결과 포르투갈인들의 죄는 대부분 성립되지 않았다. 다만 4명만이 走馬溪에서 체포될 때 中國 官兵을 죽었다는 죄목으로 각각 사형, 장기 구금이 결정되었고 나머지는 廣西省으로 유배를 보내는 선에서 마무리되었다. 또한 토벌을 감행한 朱紈과 그 참모들은 포르투갈인들을 추격하는 과정에서 무리하게 살상을 자행하고 사적으로 재화를 착복했으며 朝廷에 사실을 제대로 보고하지 않았다는 죄명이 정해졌다. 盧鏜과 海道副使 柯喬 등도 공을 노려 협조했다며 사형을 선고받았다.[43) 억울함을 호소한 朱紈은 승복하지 않았고 결국 권력다툼의 와중에서 스스로 죽음을 선택하며 유서를 통해 자신의 결백을 표명하였다.

> 나는 이러한 결정을 받아들일 수 없다. 어떠한 부정도 저지르지 않았다. 그러나 설사 황제가 나를 죽이지 않더라도 복건, 절강 사람들이 나를 가만두지 않을 것이다. 스스로 죽음을 택하나 억울하다.[44)

생존한 포르투갈 사람들은 異國의 낯선 곳을 떠돌면서 많은 고생을 했지만 남긴 기록을 통해 中國에 대한 호의를 잊지 않았다. Galeote Pereira는 만약 자신들이 유럽에서 이런 죄로 기소되었다면 이렇듯 공정한 판결을 받지 못했을 것이라며 中國의 사법제도를 찬미하기까지 하였다. 그러나 사실 이번 사건은 朱紈을 제거하기 위한 朝廷 내의 권력다툼이었고 포르투갈인들은 그 사이에서 운이 좋았을

---

43) 『明世宗實錄』 卷363, 6,470-6,471쪽.
44) 『明史』 卷205, 5,405쪽.

뿐이었다. 朱紈이 스스로 목숨을 끊은 후, 오래지 않아 그의 참모인 盧鏜과 柯喬 등은 면죄되고 사면을 받아 계속 관직 생활을 이어감으로써 이것이 특정인을 겨냥한 정치적 사안이었다는 것이 더욱 명확해졌다.

朱紈 사후, 朝廷은 더 이상 이 지역에 巡撫를 파견하지 않았고 동남 연해의 관리들 누구도 海禁政策을 충실히 수행하지 않아서 交易은 아무 거리낌 없이 진행되었다. 1557년(嘉靖 36년) 이후 자신감을 얻은 포르투갈상인들은 대담하게 남쪽 끝 澳門에 건물을 짓고 성을 쌓으며 정착을 시작하였다. 官吏들은 이곳을 마치 또 다른 행정 구역처럼 간주하였다.

> 朱紈이 죽은 이후, 海禁은 소홀해지고 포르투갈인들은 해상에서 아무 거리낌이 없었다. 주로 香山澳에서 장사를 하였는데 건물을 짓고 성을 쌓아 해변에 웅장한 모습을 자랑하였다. 中國 官吏들은 이곳을 마치 다른 행정구역처럼 그렇게 치부하였다.[45]

포르투갈상인들은 澳門에 안정적인 기반을 마련하고 이곳을 중심으로 마닐라-멕시코와 리스본을 연결하는 무역을 전개하였다.[46]

1580년(萬曆 8년), 스페인은 포르투갈을 합병하고 '이권양도방식 (viagens de lugares, concession voyages)'에 의해 고아-말라가-澳門-

---

45) 『明史』 卷325, 8,432-8,433쪽. 香山澳는 澳門의 옛 이름이다. 원래 香山縣에 속하고 澳는 항구를 뜻하므로 香山澳는 향산현에 있는 항구란 뜻이다. 壕鏡은 澳門 바다가 마치 거울처럼 둥글고 굴(蚝)이 많이 잡힌다 하여 붙여진 이름이다. 印光任撰, 『澳門紀略』 上卷(臺灣重刊本, 1963)에서 인용.

46) 萬明, 『中國融入世界的步履: 明與淸前期海外政策比較硏究』, 281-282쪽, 北京社會科學文獻出版社, 2000.

日本 항로를 새롭게 개척하고 상인들에게 완전히 양도하여 높은 수익을 올렸었다. 이 항로에는 1,200-1,600톤급 배 2척이 왕래했는데 澳門과 日本노선은 비단, 금을 보내고 은을 수입하는 거래였다.[47)

4. 새로운 해양문화의 형성

1) 海禁정책과 연해의 변화

明代 初期, 朝廷은 엄격한 海禁政策을 실시하여 고기를 잡는 일마저 금지하였고,[48) 만약 交易을 하다 적발되면 대가는 혹독하였다.

> 바다로 나가 장사를 하거나 약탈하는 자는 사형에 처하고 가족은 변방으로 充軍시킨다.[49)

그러나 금령에도 불구하고 지방 부호들이 주도하는 해상 交易이 줄지 않자 처벌은 계속 확대되었다.

> 부호들 중 설사 자신들은 직접 바다에 나가지 않더라도 장사로 이익을 얻는 자 역시 변방으로 充軍시키고 재산은 몰수한다. 상품을 숨기거나 운반하는 자에게는 주인을 심문하여 3개월 동안 목에 칼

---

47) 주경철, 『대항해 시대』, 62쪽, 서울대학교 출판부, 2008.

48) 『明太祖實錄』卷159, 洪武17年 正月 壬戌條 '禁民入海捕魚.' 民間私通外番을 금하는 영은 홍무 4년, 14년, 15년, 23년, 27년, 30년, 영락 2년, 선덕 8년, 정통 14년, 가정 2년, 4년, 8년, 12년 등 수차례 내려졌다.

49) 嚴從簡著, 余思黎点校, 『殊域周咨錄』卷8, 284쪽, 『中外交通史籍叢刊』, 中華書局, 1993.

을 씌우는 형에 처하고 고발하지 않는 이웃은 한 달 동안 칼을 씌우도록 한다.[50]

외국 오랑캐와 사통하거나 거래를 하는 자, 군정을 발설하거나 해적을 끌어들여 약탈하는 자는 모두 극형에 처하고 가족은 변방으로 유배를 보내며 사실을 알고 있는 자도 같이 처벌한다.[51]

금령은 嘉靖 연간에 이르러 아예 큰 선박 주조를 금지하고, 거래 물품을 제한하기에 이르렀다.[52] 그럼에도 불구하고 해상 交易이 줄어들지 않자 해상 交易 종사자를 극형에 처하거나 집안 전체를 변방으로 유배를 보낸다는 경고가 이어졌다.

絹絲綿, 緞匹, 銅錢, 鐵 제품 등은 금지품목인데 몰래 바다로 가져가면 곤장 백 대를 때리고 화물과 선박은 몰수한다. 돛을 2개 이상 가진 큰 배를 주조하여 금지품목을 외국에 파는 자는 모두 극형에 처하고 그 가족은 변방으로 充軍시킨다.[53]

또 공모자까지 처벌을 확대하고 알고도 고발하지 않은 자에게도 엄한 처벌을 하며 무기를 반출한 자, 기밀을 누설한 자 역시 공동 정범으로 처벌하였다.[54]

어떤 이유에서든지 바다로 나가는 사람들은 奸民 혹은 海寇, 海賊 또는 倭寇, 海盜라고 간주되었는데,[55] 1550년대, 閩縣 知縣 仇俊卿은

---

50) 陳仁錫, 『皇明世法錄』 卷75 「海防私出外境及違禁下海」, 四庫禁毁書叢刊史部, 16冊, 238-239쪽, 北京出版社, 1998.

51) 『英宗實錄』 卷179.

52) 『世宗實錄』 卷154, 嘉靖 12年9月 辛亥條, '一切違禁大船, 盡數毁之.'

53) 『明經世文編』 卷205, 2,160쪽.

54) 朱紈, 『甓餘雜集』 卷2, 「議處夷賊以明典刑以消禍患事」, 嘉靖二十七年五月 二十六日(1548) (萬曆間刊本).

이들에 대해 다음과 같이 分析하였다.

> 억울한 점이 있어 분노에 싸여 도적이 되거나 부자들에 붙어 과시
> 하며 이익을 얻는 자, 사업에 실패하여 어려움에 도적이 되거나
> 과거에 실패하여 오만하여 도적이 된 자, 사람을 납치하여 도적이
> 되거나 가난으로 도적에 가담한 자, 풍수에 능하여 참여한 자, 가
> 족이 잡혀 연루된 자, 이들은 매우 연민이 가나 도적이 된 이후
> 모두 살기 위해 한 짓이므로 인간적인 정을 버릴 수 없다. 이들을
> 교화하는 것도 무시할 수 없는 일이다.[56]

이 분석에 의하면 경제적 이유가 제일 많고 기타 이유에서도 생존
을 위해서이니 이들을 바로잡는 것도 중요한 임무라는 것을 지적하
였다. 또 다른 기록에서도 경제적·사회문화적 배경이 보인다.

> 경제적 상황이 어렵거나 기아를 당했거나 혹은 부잣집에 기생했거
> 나 혹은 포로로 잡혔거나 그 상황은 서로가 매우 다르다.[57]

이 시기 江浙 연해에서 직접 전투를 벌였던 采九德도 한 전투에서
海賊중에는 점을 잘 치는 인사가 있어 매일 아침 점괘를 본 뒤 승리

---

55) 중국에서는 이 방면에 대해 오랫동안 많은 연구가 축적되어 왔다. 특히 한 블로그에
서는 중일관계에서 왜구에 관련된 연구를 소개하면서 李埰身,「中國歷代與日本之
關係」(『新中國』 1권8기, 1919.12.)부터 2004년까지 모두 500편의 논문을 열거하고
있다. 여기에는 중국, 대만과 일본의 주요 논문이 거의 망라되었다. 2004년 이후에도
많은 연구가 진행되었는데 왜구 본질에 대한 연구가 눈길을 끈다. 이른바 후기 왜구
가 진정한 '왜구'라기보다는 중국 내 자본주의 맹아설을 뒷받침하는 연장선에서 중
국인들이 중심이 된 중일 혼합 조직이라는 데 무게를 두고 있다.
(http://blog.tianya.cn/blogger/post_read.asp?BlogID=117537&PostID=12475018)

56) 鄭若曾,『籌海圖編』,『四庫全書』 卷12「經略」2「禦海洋」.

57) 王文祿,『策樞』 卷4.

를 기원하는 시문을 절(廟) 벽에 써놓은 것을 보고 그들 중에 뜻을 이루지 못한 서생들이 협조하고 있다고 하였다. 따라서 이들은 진짜 日本人으로 구성된 海賊 집단이 아니라 徐海, 王直, 毛烈 등 中國人 奸民이 배후에 있다는 것이다.[58]

그러나 배경이 어쨌건 바다로 나갈 수밖에 없는 현실과 이를 강하게 막는 금령이 존재하는 한 이들은 자연히 寇, 盜, 賊으로 치부될 수밖에 없었다. 당시 海禁을 실질적으로 지휘하던 趙文華는 이러한 과정을 다음과 같이 말했다.

> 바다를 보고 사는 사람들은 근래에 海禁이 너무 엄격하게 실시되자 생활을 위해 도적이 될 수밖에 없다.[59]

그리고 이들은 어떤 금령에도 죽음을 두려워하지 않고,[60] 지연 등 전통적인 사회관계에 따라 이합집산을 하였다고 하였다.

> 오늘날 海賊의 우두머리로 꼽히는 몇 명, 선박 선주 수십 명, 그리고 협력하는 자들은 대부분 閩, 廣, 寧, 紹, 溫, 台, 龍游에 사는 백성들이다.[61]

그리고 이들은 해적과 상인이라는 이중적 성격을 가지고 있으며 시장이 있으니 활동한다고 현지 지식인들은 지적하였다.

---

58) 采九德, 『倭變事略』 卷1.
59) 趙文華, 『嘉靖平倭』, 「役記略」 卷5.
60) 王文祿, 앞의 문장, '雖律有明禁, 民不畏死.'
61) 王文祿, 앞의 문장.

사실 사통하는 이들은 모두 상인이다. 공식적인 시장이 열리지 않으니 자연히 이런 거래를 하는 것이 대세이다.[62]

아무리 바다에 나가지 못하게 막아도 바다에 나갔다가 강을 거슬러 올라오는 수많은 배들이 있고, 交易을 금했지만 항상 온몸 가득 호사로운 치장을 하고 다니는 사람들이 있었다. 엄격하게 말하면 다 범법자지만 이들을 모두 극형으로 처벌할 수는 없는 일이었다.

도적(寇)과 상인은 본래 같은 것이다. 시장이 열리면 도적은 상인이 되고 시장이 열리지 않으면 상인은 도적이 된다. 처음에는 상인이었지만 나중에는 도적이 된다. 금령을 엄하게 집행할수록 도적이 성행한다. 나무 한 조각도 바다에 띄울 수 없다 했지만 큰 배들이 강을 거슬러 다니고, 어떤 오랑캐 물건도 들여와서는 안 된다고 하였지만 아이들은 온갖 장식품을 걸고 다닌다……. 연해에 사는 사람들은 모두 도적이니 죽이려면 끝이 없으리라.[63]

'寇'와 '商'이 혼재되고, '民'이 바다에 나가면 '盜'가 되거나,[64] 성 밖에만 나가면 새로운 왕의 깃발(城頭變幻大王旗) 아래 모여 세력을 형성해서 불법을 저지르는 법의 경계가 분명하지 않은 상황이 계속되었다.[65] 浙江 海鹽 출신으로 兵部右侍郞兼副都御史로 조운을 총괄하면서 직접 왜구를 토벌했던 鄭曉는 이렇게 지적했다.

62) 陳子龍, 「海防迂說」, 『明經世文編』 卷491.
63) 謝杰, 『虔台倭纂』 上卷 「倭原二」, 鄭振鐸輯 『玄覽堂叢書續集』 17冊 國立中央圖書館影印本, 民國 36.
64) 道光, 『厦門志』 卷4. '居民多負海爲盜.'
65) 陳春聲, 「從倭亂到遷海-明末淸初潮州地方動亂與鄕村社會變遷」, 『明淸論叢』 第2輯, 73-106쪽, 紫禁城出版社, 2001.

> 뇌물이 버젓이 성행하고 위아래가 서로 속이니 관가의 문화가 아주
> 문란해졌다. 백성들은 쥐어 짜이고 요역에 몰리니 가난에 쫓겨 무
> 리를 지어 바다로 나간다…… 그 안타까움이 상상을 넘어선다.[66]

　연해 주민들은 官吏들의 모호한 판단기준과 처벌, 부패 속에서 수
시로 신분 바꾸기가 계속되었다. 그리고 많은 이익을 창출하는 해상
무역에 대한 입장은 보다 적극적으로 바뀌고 있었다. 成化, 弘治 연
간, 閩, 粤지역에서는 이미 明初의 貢舶貿易과 海禁의 눈치를 보던 피
동적이고 소극적 자세에서 벗어나 직접 해상 交易에 참여하는 수가
날로 증가하고 있었다. 嘉靖시기에 이르자, 해상 交易은 과거 '오랑
캐가 中國 영내에 들어오던 단계'에서 이제 '中國 백성들이 오랑캐
와 거래를 하는 시장'으로 변하였고 관방이 주도하며 제어하던 정
치적 행위에서 백성들이 자발적으로 개척해가는 경제적 행위로 전
환되었다.[67]

> 해상에서 활동하는 자들은 초기에는 그저 간단한 장사나 하였는데
> 점차 동으로는 조선, 동남으로는 琉球, 呂宋, 남으로는 安南, 占
> 城, 서남으로는 滿刺加, 暹羅에서 장사를 하며 이웃처럼 오가며
> 본업이 되었다. 여름에 갔다가 가을에 오는 것이 일상적이다. 이익
> 이 많고 모두 돈을 버니 백성들이 앞을 다투어 경쟁적으로 장사에
> 나선다.[68]

---

66) 鄭曉, 『皇明四夷考』, 王有立主編 『中華文化叢書』, 臺灣華文書局.
　　(http://pan.baidu.com/share/link?shareid=1239095227&uk=4044179248&fid=1708616558)

67) 王日根, 『明淸海疆政策與中國社會發展』 273쪽, 福建人民出版社, 2006. 李伯重
　　은 중국이 이미 '閉關自守'에서 벗어났고 국제무역의 성장으로 연해 경제와 전국
　　시장 발전에 중요하게 작용하였다고 하였다. 「中國全國市場的形成－1500-1840」,
　　『淸華大學學報』(哲史版) 1999年 第4期. 鄭曉 역시 王直, 徐惟字 등이 모두 이런
　　산물이라고 하였다. 앞의 책.

내륙 시장에서는 별 인기를 끌지 못하던 하찮은 물건도 연해 주민들의 손을 거쳐 외부로 나가면 가치가 상승하여 비싼 가격으로 팔리는 경험이 이들을 더욱 시장으로 끌어들이게 하는 동력이 되었다.

바다를 바라보고 사는 사람들 반 이상은 내지에서 별 쓸모가 없는 물건들을 가지고 가서 좋은 값을 받는다. 연해 주민들이 조금만 장식을 하면 서양상인들은 아주 좋아한다. 매년 여러 섬에서 가져 오는 은전이 엄청나게 많다.[69]

즉, 정책적으로는 海禁이 강화되었지만 상대적으로 본다면 해상시장과 참여하는 세력이 성장하는 아이러니가 작용하고 있었던 것이다. 浙江 연해 섬들은 온통 이들의 근거지가 되어 북적였다.

고향을 버리고 떠난 자들이 갈수록 많아진다. 연해 곳곳에 도적이 없는 곳이 없다.[70]

물론 위험성이 큰 해상활동에서 모두가 큰돈을 버는 것은 아니어서 오히려 패가망신하는 경우가 훨씬 많았다.

서양상인들과 장사를 하는 열 집 가운데 아홉 집은 망하고 성공하는 집은 겨우 한 집 정도일 뿐이다.[71]

---

68) 謝肇淛 『五雜俎』 卷4 「地部下」.
69) 蘭鼎元, 「論開南洋事宜疎」, 『皇朝經世文編』 卷83.
70) 『籌海圖編』 卷11, 卷5.
71) 何喬遠, 『鏡山全集』 卷24, 「開洋海議」.

그렇지만 금령이 작동하고 실패 가능성이 높아도 손을 놓고 있을 수는 없어서 가담하는 세력은 갈수록 증가하였다.

> 일단 금령이 실시되면 바다로 나갈 수 없어 생활은 어려워진다. 조금이라도 힘이 있으면 굶을 수는 없으니 소란을 일으키고 이에 가담하는 자들이 늘어나는 것이다.[72)]

이렇게 살기 위해 나가는 상인들은 본의 아니게 어쩔 수 없이 도적이 되어버리게 되었다.[73)]

여전히 정책의 변화가 없는 만큼 많은 희생이 있음에도 관방의 소탕도 계속되었다.

> 우리 군사들이 대패하여 천여 명이 몰살했다. 도적들은 더욱 기세가 등등하였다……. 다음 날, 嘉興兵이 도적들과 전투를 벌였지만 3천을 잃고 관리들도 12명이나 죽었다. 도적들은 拓林으로 돌아갔다.[74)]

현지 병사들의 희생이 늘어나면서 효율적인 방어를 하지 못하자 朝廷에서는 전국 각지에서 20만 명의 객지 병사를 선발하여 동남 연해지역에 보내 문제를 해결하려 하였다.[75)] 일부 지역에서 온 부대는 엄격한 기율을 유지하며 승리를 거두는 경우도 있었지만, 대부분 병사들은 소속이 다르고 생활 풍습과 목적도 달라 오직 軍餉만을 원할

---

72) 張燮, 『東西洋考』 卷7, 「餉稅考」, 中華書局, 1981.

73) 謝杰, 앞의 문장.

74) 采九德, 앞의 문장.

75) 앞의 문장.

뿐 전쟁에서는 전혀 전투력을 발휘하지 못했다. 수많은 전투에서 '우리 군사가 크게 패하여 죽은 사람이 절반을 넘었다(我師大潰, 死者過半)'란 표현은 흔한 일이었다.[76] 특히 해전에서는 더욱 그러했다. 浙江지역의 海防을 정돈, 강화하기 위해서 항해 기술이 뛰어난 福建에서 水兵을 모집하여 浙江 백성들에게 접목시키려 하였지만 문화적 이질감을 극복하지 못하고 더 큰 실패를 보는 경우가 많았다.[77]

오히려 이 객지 병사들은 백성들을 강탈하며 사리사욕을 채워 '지나가는 곳마다 닭과 개가 남아나지 않았고 멈추는 곳마다 집의 문들이 성한 곳이 없다(所過之地, 鷄犬爲虛, 所止之處, 門戶爲碎)'고 하였다.[78] 廣西에서 온 사병들은 용맹하다 하여 '늑대군(狼兵)'이라 했는데 진짜 늑대들처럼 백성들의 생활을 위협하니 도처에서 원성이 자자하였다.[79] 그러다 보니 이들을 피해 어쩔 수 없이 해상으로 밀려나서 산지와 육지, 해상 사이에는 서로 다른 '寇'들이 할거하여 이 이름으로 세 지역이 연결되는 어처구니없는 상황이 연출되었다.

오늘날 영해지역의 근심은 山賊, 海賊, 倭寇라고 할 수 있다. 山賊은 지극히 포악하여 피해가 빠르게 늘고 倭寇로 인한 처참함은 놀랄 정도이며 海賊은 여러 지역에 심한 피해를 주고 있다. 이들은 서로 세를 의지하며 화근이 되고 있다. 倭寇가 해상에서 오면 海賊이 이들을 인도하여 취락지역을 약탈하고 山賊의 첨병이 되

---

76) 앞의 문장, 采九德은 예외적으로 한 土司의 아녀자 彭氏가 이끄는 부대가 매우 기율을 잘 지켜 전투에서 승리했다는 기록을 남기고 있다.

77) 王子,「條處海防事宜仰祈速賜施行疎」,『明經世文編』 卷283.

78) 嘉慶,『雲霄廳志』卷8, 林仁川,『明末淸初私人海上貿易』, 75쪽(華東師範大學出版社, 1987)에서 인용.

79)『籌海圖編』卷11, '其貪如狼……. 所過殘憂, 村市爲空', '摟婦女, 貪貨財, 而肆其搶掠.'

는 것이다……. 倭寇는 日本人들만 있는 것이 아니라 백성들이
이들의 이름을 빌려 사기를 올리면서 마을을 파괴한 뒤 사람들을
납치하니 오래되면 이들이 倭寇와 사실 다를 게 없다.[80]

海寇가 倭寇를 육지로 인도해서 노략질을 시도하면 山寇가 가세하
는 양 상인데 倭寇의 본질은 倭寇의 잔당들이 그 이름을 이용하여 연
해 주민을 모으고 倭寇처럼 행세를 하다 보니 결국 진짜 倭寇와 다르
지 않게 되었다는 것이다.[81] 그래서 실제 전투에서 오히려 倭奴라
불리는 이들이 육지전에서 능하고 中國 병사들이 해전에서 유리한
경우도 발생하였다.[82]

海賊들이 소란을 피우는 것은 연해의 간사한 백성들이 이들과 통
하여 호시를 열기 때문인데, 오랑캐는 소수이고, 떠돌아다니는 이
들과 寧, 紹 사람도 반 정도이고, 漳, 泉, 福人들이 대부분이다.
비록 日本 오랑캐라고 하나 사실은 中國 백성들이 많다.[83]

2) 해상 세계에 대한 시각의 변화

嘉靖皇帝 재위 45년 동안, 특히 朱紈 사후 10여 년 사이 동남 연해
는 倭寇문제로 하루도 편할 날이 없었다. 走私貿易의 규모가 날로 증
가할수록 朝廷의 초조함은 심해졌고 官吏들을 파견하여 소탕과 금령

---

80) 『潮州府志』 卷38, 「征撫」(乾隆 27年刊), 林大春, 『井丹先生文集』 卷8(香港潮州
    會館編, 1997)에도 같은 내용이 나옴.
81) 『寧都直隸州志』 卷14, 「武事志」. 가정 연간을 전후하여 閩, 粤, 贛지역에서 창궐
    하는 流民들에 대한 대규모 토벌전이 벌어지는데 이들 중 일부가 왜구 준동과 연결
    되기도 하였다. 贛州地區志編纂委員會辦公室, 271쪽, 1987年 重印本.
82) 采九德, 앞의 문장, 卷2, '蓋倭奴長技利於陸, 我兵長技利於水也.'
83) 屠仲律, 「屠侍御奏疏」, 『明經世文編』 卷282.

강화를 반복하였다. 走私貿易을 주도하는 몇 사람이 관리들의 주된
표적이 되었다.

王世貞은 王直, 徐海, 毛海峰 등을 대표적인 인물로 꼽았다.

> 많게는 수천 명, 적게는 수백 명이 떼를 지어 다니는데 그중에서
> 王直이 가장 세력이 크고 다음이 徐海와 毛海峰, 彭老 순으로
> 10여 명의 우두머리가 있었다.[84]

1552년(嘉靖 31년), 徽州 歙縣 출신 王直은 廣東 출신 陳思盼 세력을
흡수하고 徐海, 陳東, 葉麻 등을 수하로 십여만 병력을 거느려 海寇들
이 그의 지휘를 받지 않고는 생존할 수 없을 정도여서 靖海王, 徽王
으로 불렸다. 이들이 동남 연해를 돌아다니며 신출귀몰하자 소탕을
맡은 胡宗憲도 대처할 방법이 마땅치 않았고 朝廷은 결국 그에게 엄
청난 현상금을 걸기에 이르렀다.

王直은 이러한 소탕에 맞서기 위해서 관병들이 두려워하는 倭寇의
존재를 적절히 이용하기도 하였다.

> 바다에서 활동하는 규모가 큰 도적들은 모두 倭寇의 복장과 깃발
> 을 하고 무리를 나누어 내지(內地)를 약탈, 큰 이익을 남기니 倭
> 患이 날로 극심해지고 있다.[85]

연해지역을 다녀온 사람이 성문을 지나며 '내가 왔다(我來了)'라고
말을 했는데 성을 지키는 군사가 '왜구가 왔다(倭來了)'라고 잘못 알아

---

84) 王世貞, 『弇州史料』後集 卷25, 張維華, 『明史歐洲四國傳注釋』1卷에서 인용,
上海古籍出版社, 1982.
85) 『明史』卷322, 「日本傳」.

듣고 "성내가 당황하여 성을 지키던 병사들이 무기를 버리고 도망갔
다(擧城鼎沸, 守城兵皆棄戈而走)"라는 웃지 못할 일들도 발생하였다.[86]

　이러한 상황 속에서 해상 交易을 바라보는 시각에는 점차 변화가
일고 있었다.

　　얼마 전 한 백성이 石墩에서 倭寇에게 포로로 잡혀 大高橋에서
　　한 달을 머물렀다. 그런데 그곳 사람들은 모두 福建 말을 하였
　　고 漳州에서 50여 리 거리이며 한 마을에는 약 만여 호가 있었다.
　　이들이 고향에 돌아가면 이웃들이 와서 축하를 해주었다. 또 겨울
　　이면 수천 명이 무리를 지어 柘林에 갔다가 봄이면 돈을 벌어 漳
　　州로 돌아간다고 했다.[87]

　해상에서 생활하다가 오랜만에 고향에 돌아가면 이웃들의 축하를
받았다는 것이다. 수천 명이 모여 겨울에 다시 장사를 나갔다가 봄
에 만선으로 돌아갔다는 기록에서 보이듯이 현지 백성들은 이미 이
러한 행위에 대해서 거리낌이 없었다.[88] 이러한 해상활동이 활발했
던 지역의 사대부들도 현실과 부합하는 의견들을 제시했다. 寧波 출
신 王文祿은 다음과 같이 언급했다.

　　만약 海賊을 소탕하고 싶다면, 연해 곳곳에 市舶司를 많이 설치
　　해야 한다. 화물은 물론 배에도 세금을 매기면 모두에게 이익이
　　된다. 이러면 도적도 양민이 되고 국가에도 도움이 될 것이다.[89]

---

86) 鄭振鐸, 『玄覽堂叢書』 續集 19册, 「倭奴遺書」, 23쪽, 南京圖書館影印本, 1947.
87) 王文祿, 『策樞』.
88) 王日根, 앞의 책, 258쪽.
89) 王文祿, 앞의 책.

海寇들을 진정시키기 위해서는 연해에 市舶司를 설치해서 市場을 열어야 하며 그것만이 海寇들을 다시 선량한 백성으로 돌아오게 할 수 있고 국가에도 도움이 된다는 논리였다. 九龍江 同安 출신으로 安南을 다녀온 경험이 있는 林希元 역시 같은 맥락에서 市場과 交易의 중요성을 강조했고, 詔安 출신 吳朴은 한 걸음 더 나아가 해외에까지 관청을 설치해서 상인들의 이익을 보호해주어야 한다고 했다.[90] 당시 이미 해외에 나가 장사를 하는 연해 주민들이 많다는 것을 반영하는 논조였을 것이다. 寧波, 同安, 詔安灣 등은 이미 전통적인 농업 경제 구조에서 완연한 해양 경제 구조로 바뀌면서 해양 사회의 모습을 나타내고 있었다. 특히 朱紈 사후 이 지역의 변화는 놀라운 것이었다. 지방지에서는 詔安의 梅嶺의 변화를 다음과 같이 묘사하였다.

> 이 마을에는 林, 田, 傅 씨가 3대 집안으로 모두 천여 호가 살고 있다. 그러나 남자들은 농사를 하지 않아도 모두 고기를 먹고 여자들이 베를 짜지 않아도 좋은 옷을 입고 있다. 이는 모두 외국인들과 접촉한 도적질에서 얻은 것이니 어찌할 수가 있겠는가.[91]

밭을 경작하지 않고도 고기를 먹을 수 있고 잠업하지 않고도 좋은 옷을 입을 수 있는 것은 오직 시장에서 도적질을 해야만 가능한 일이라는 것이다.

인근 많은 지역은 管理가 부실한 틈을 타서 부를 축적한 사람들이 출현했다.[92] 백성들 사이에 먼 바다로 장사를 나간다는 것은 천하고

---

90) 林希元, '若以貨物與吾民交易……. 則不在所禁也', 吳朴, 『渡海方程』, 王日根, 앞의 책, 282쪽에서 인용.
91) 建隆, 『漳州府志』 卷46, 「紀遺」.

은밀하며 수치스러운 것이 아니라 설사 관청에 의해 도적으로 낙인 찍혔다 하더라도 마음속으로는 이미 많은 사람들이 부러워하는 존재로 부상하고 있었다.[93] 부자는 부자대로, 가난한 사람은 또 그래도 나름의 성과를 거두고 있었다.

> 부자들은 온갖 물건을 싣고 돌아오고 가난한 사람들은 일을 해주며 먹을 것을 공급받는다.[94]

연해 사람들에게 해외 交易은 이미 법적·도덕적 문제가 아닌 일상적인 일이 되어가고 있었다. 浙江 등지에서 일세를 풍미했던 王直이 하옥되어 있는 동안에도 풍족한 대우를 받았던 것이나, 죽는 순간까지 자신의 억울함을 호소했던 것은 이런 지역의 분위기를 반영하는 것이었다.

그는 마지막까지 무죄를 주장하며 자신의 죽음이 오히려 더 많은 백성들을 곤궁에 빠트릴 것이라고 하였던 것은 해상 세계가 얼마나 절실하게 필요했던가를 말해주는 것일 것이다.

> 내가 무슨 죄가 있는가. 무슨 죄를 지었는가. 나를 죽이면 兩浙지역 百姓들이 고생스러울 것이다.[95]

결국 그의 죽음은 유력한 우두머리를 잃은 浙江 해상을 혼란 속으

---

92) 『崗書』 卷40, '率致巨富.'
93) FeraoMendesPinto, 金國平역, 『遠游記』 上册, 楊國禎, 「中國船上社群與海外華人社群」에서 인용(http://www.doc88.com/p-340816415223.html).
94) 張燮, 앞의 책.
95) 采九德, 앞의 문장.

로 빠트렸고, 참수한 胡宗憲 역시 정치 투쟁 속에서 비참한 최후를 맞는 사이 海禁에 대한 여론은 갈수록 치열해갔다.

5. 맺음말

1567년(隆慶 원년), 月港이 개방되니, 異國상인들이 모두 이곳으로 몰려들었다.[96) 그리고 100여 년 뒤인 1685년(康熙 24년), 廣州 등 네 곳의 항구가 개방되면서 中國은 세계경제와 만나게 되지만 이미 洪 武 연간부터 嘉靖 말까지 200년간 동남 연해는 밀려오는 새로운 변 화 속에서 극심한 몸살을 앓고 있었다. 특히 嘉靖 연간을 전후하여 내륙 경제의 발전, 인구증가, 자연재해, 지방 소요 등이 어울리면서 연해 백성들의 생활은 순탄하지 않았다.[97) 이는 중앙의 정책과 지역 의 현실이 조화를 이루지 못한 결과였고, 이에 백성들은 해상 세계 라는 살길을 찾아 몸부림쳐야 했다. 官吏들도 실상을 이해하고 있었 지만 祖宗成法은 넘기 힘든 큰 벽이 되었다.[98)

---

96) 張燮, 앞의 책, 131쪽, '准販東,西二洋.' 『嘉靖東南平倭通錄』에서는 '閩人通番, 皆由漳州月港出洋'이라 했고, 顧炎武, 『天下郡國利病書』 卷96 「福建」에서는 '四方異客, 皆集月港'이라 했다. 이 규정은 현지의 민간 선박의 출항을 허가하는 것으로 日本은 포함되지 않았다. 그러나 이로 인한 이익에 대해서는 張燮이 "蓋富 家以貲, 貧人以傭, 輸中華之産, 騁彼遠國, 易其方物以歸. 博利可十倍, 故民樂 之"라 하였다. 『崇禎海澄縣志』 卷11, 「風土志」, 『日本藏中國罕見方志叢刊』, 北 京書目文獻出版社, 1990. 그러나 이에 대해 徐曉望은 月港 개항은 오직 현지인들 이 외지에 장사를 나가는 허가를 취득하는 것이지 이국상인들이 월항에 들어오는 것은 아니므로 진정한 개항이라고 할 수는 없다고 하였다. 「論明代福建商人的海 洋開拓」 113쪽, 『福建師範大學學報』 1期, 2009.

97) 王日根, 「海洋經濟與明淸閩南山海聯動」 290쪽, 『明朝在中國史上的地位』, 天津 古籍出版社, 2011.

98) 正德 연간 市舶司에서 抽分制를 실시하여 세금을 걷는 안이 실행되었다. 그러나

朝鮮에서 생존을 꾀하던 倭人들이 공존에 실패하면서 점차 中國 동남해로 나오기 시작했다. 동남 연해는 제한된 범위 내에서 동아시아를 통해 들어오는 異國상인들과 이루어지던 走私貿易에 倭寇의 폭력성이 더해지며 금령과 교역, 세력 다툼이 혼재하는 새로운 세계로 변해갔다.

海禁政策하에서 연해 官吏들과 현지 부호, 백성들은 명분과 실리 속에서 사태의 본질과 심각성에 대해서는 공감하면서도 서로 다른 입장을 보이고 있었다. 실제 倭寇 토벌에 나섰던 많은 官吏들이 진정한 倭寇 토벌이라기보다는 내부에서 이탈한 불순한 무리들을 처벌한다는 입장이 우선하였다. 많은 상소문이나 개인 기록에서 '賊'과 '寇'가 혼재하는 것이 그 예일 것이다. 따라서 연해 백성들에게 그 정체성은 큰 문제가 되지 않고 오직 장사를 통해 얻은 富가 자신의 사회적 위치를 나타내는 중요한 기준이 되어서 주류사회에서 밀려난 도적일지라도 다른 한편으로 새로운 세상을 이끌어가는 개척자적인 모습으로 각인되고 있었다.

최근 연구는 연해지역이 이미 농업사회에서 해양사회로 가고 있었다는 다양한 변화에 주시하고 있다. 특히 淸初가 되면 경제 작물 등의 대량 재배로 인해 山區지역과 연해 경제의 연결로 오히려 과도

祖宗成法을 위반한다는 이유로 강한 반발이 있었다(『武宗實錄』 卷65, 113, 149, 194). 이러한 쟁론은 그 후에도 끊임없이 계속되었는데 대표적인 海禁論者로 가정 17년 進士인 馮璋有(『通番舶議』, 『明經世文編』 卷280), 20년 진사 王子는 『條處海防事宜仰祈速賜施行疏』(『明經世文編』 卷283)에서 모두 태조의 정책을 근거로 통상은 일부 무리들에게 목전의 탐욕을 만족시키나 倭患을 가중시킬 뿐이며 연해주민들을 奸民으로 전환시켜 국가에는 도움이 되지 않는다는 논지를 주장하였다. 이에 반해 兩廣巡撫都御史 林富(『天下郡國利病書』 卷120, 『海外諸蕃』)와 공부상서 趙文華(『世宗實錄』 卷442, 422)는 백성들의 생계문제를 근거로 반대논리를 전개했다.

한 개발을 불러일으켰고 이는 생태 환경의 파괴로 이어져 지역 인사들의 우려를 불러일으켰으니, 이는 해상 시장 연결이 가져온 분명 새로운 변화의 한 면이었을 것이다.[99]

이 지역에 대해 연구가 활발해지면서 한, 중, 일 三國 學界 사이에는 미묘한 시각 차이가 존재하는 것을 발견할 수 있다. 中國은 倭寇 폭력성에 대해서는 공감하지만 연해 무역의 발전과 더불어 상업적 역할에 무게를 두고 있다.[100] 연해 백성들이 생활고로 인해 '倭寇' 집단에 참여했지만 그 주역은 中國人들이고 지역, 국적을 뛰어넘어 새로운 시장을 개척한 상인들이었다는 것이다. 심지어 민간 해상무역이 反海禁의 투쟁이었다는 당위성을 강조하였는데, 이는 자본주의 맹아론을 뒷받침하는 설이 되기도 하였다.[101]

日本은 三國이 만나는 中國 동남 연해를 '內海를 둘러싼 環中國海地域'이라는 시각에서 '市場'을 강조한다. 그리고 倭寇란 倭服을 입고 倭語를 공통적으로 쓰던 삼국인들을 모두 말하며 이들은 스스로 귀속된 국가나 민족 집단으로부터 떨어져 나온 '자유인'이었다고 하였다. 따라서 倭寇의 국적이 어디인가라는 질문 자체가 의미가 없고 본질적으로 국적이나 민족을 초월한 境界人이어서,[102] 어떠한 정의도 할 수 없을 만큼 복잡성을 가지고 있다고 하였다. 오히려 해상 세계라는 특이한 지역이기 때문에 어느 정도의 폭력을 인정하기도 한다.[103]

---

99) 『寧洋縣志』 卷2, 「與地志.物産」. 이에 대해서는 周雪香, 「明中葉的流民與南方山區的開發」(『明朝在中國史上的地位』에 수록)을 참조할 것.

100) 楊國楨, 앞의 문장.

101) 林仁川, 앞의 책 57쪽, 倭寇는 我寇의 복건 방언이라고 鐘薇, 『倭奴遺事』에 의거하여 추론함.

102) 村井章介, 『中世倭人傳』, 1장, 51쪽, 64쪽.

韓國에서는 이러한 日本의 해석에 또 다른 의구심을 갖고 있다.

이러한 관점의 차이는 各國이 16세기의 版圖를 통해 오늘날에도 여전히 새로운 해상 세계에 대한 각국의 이해가 다르기 때문일 것이다. 분명한 것은 공간적으로 中國 연해가 이미 상업이익을 얻기 위한 각축장이었으며 치열한 세력다툼이 전개되는 곳이었고, 시간적으로는 中國 경제가 세계와 만나는 시작이었다는 점이다.

---

103) 田中健夫, 『日本の社會史』, 140쪽, 岩波書店, 1987.

清代 廣東行商 怡和行 伍秉鑒
(1769-1843)의 활동과 그 위상

박기수

1. 머리말

청대 해외무역의 특권을 보유한 廣東 行商(廣東 13行, 洋商) 중 대표적 상인으로 18세기 後半에는 同文行의 潘振承(1714-1788),[1] 19세기 前半에는 怡和行의 伍秉鑒을 꼽을 수 있다. 필자는 2012년 同文行, 同孚行으로 이어지는 潘氏 行商집단을 다룬 적이 있었다.[2] 여기서는 그 후속작업의 일환으로 怡和行의 伍秉鑒을 다루고자 한다. 특히 伍秉鑒은 1834년에 그의 재산이 2,600만 달러에 상당하여 당시 세계 최고의 부자로 평가되고 있었다. 청대 중국의 해외무역업에 종사하여 최대의 부를 일군 상인이 된 것이다. 최근에는 미국의 한 신문에서

---

[1] 일부 논문이나 저서에서 潘振成으로 표기하는 경우도 종종 발견된다. 심지어는 사료에서조차 그러하다. 그러나 족보에는 諱가 振承으로 되어 있기에 潘振承으로 해야할 것이다. 『河阳世系番禺龙溪潘氏族谱』, 民国九年(1920)刊(潘剛兒 · 黃啓臣 · 陳國棟 編著, 『潘同文(孚)行』, 廣州: 華南理工大學出版社, 2006, 1-2쪽). 중국어로承과 成의 발음이 같기에 이러한 착오가 발생한 듯하다.

[2] 朴基水, 「清代 行商의 紳商的 성격－潘氏家族의 사례를 중심으로」, 『大東文化研究』 제80집, 2012.

는 오병감을 1001년부터 2000년까지 천 년간 세계 50대 부호의 한 사람으로 꼽는 등 그의 富는 국제적으로도 공인되었다. 그러나 의외로 伍秉鑒에 대한 연구가 미흡한 점이 연구의 의욕을 자극하였다.

梁嘉彬은 광동행상을 다룬 1937년 저서에서[3] 이화행의 오병감을 초보적으로 서술하였고, 1984년 章文欽은 비교적 자세한 오병감(伍怡和家族)에 대한 연구를 내놓았다.[4] 최근에는 오병감을 주제로 한 많은 글들이 보이지만[5] 대개가 정식 논문이라기보다 대중을 상대로 한 간단한 소개에 불과하다. 물론 광동행상을 다루는 논문과 저서에서 다른 행상과 함께 이화행 오병감을 취급하고 있지만 그것들은 오병감을 專論한 글은 아니다.[6]

梁嘉彬의 서술은 주로 오병감의 출생과 사망, 가족관계, 호칭, 간단한 행상활동 등 기초적 사실들을 고증하는 것이어서 분량도 약 3쪽에 걸칠 정도로 짧다.[7] 章文欽의 논문은 「封建官商에서 買辦商人으로-

---

3) 梁嘉彬, 『廣東十三行考』, 南京: 国立编译馆, 1937.

4) 章文欽, 「從封建官商到買辦商人-淸代廣東行商伍怡和家族剖析(上, 下)」, 『近代史硏究』, 1984-3, 4.

5) 예컨대 중국의 논문을 검색할 수 있는 CNKI中國知網에서는 伍秉鑒이란 검색어로 58편의 글을 볼 수 있다. 이들 글의 대부분은 각주도 없고, 분량도 서너 페이지에 불과하며, 학술지라고 할 수 없는 일반교양 잡지에 실린 것들이다.

6) 대표적 연구를 들면 예컨대 吳建雍, 「1757年以後的廣東十三行」, 『淸史硏究集』 제3집, 四川人民出版社, 1984; 陳國棟, 「論淸代中葉廣東行商經營不善的原因」, 『新史學』 1卷4期, 1990; 羅三洋, 「當中國商人主宰地球時 廣東十三行史話」 3-21, 『中國民商』 2013-3, …… 2014-10 등이 있다. 한글로 번역된 李國榮의 편저(이화승 옮김, 『제국의 상점』, 서울: 소나무, 2008)에서는 비교적 자세하게 伍秉鑒의 행상활동을 서술하고 있다. 다만 교양서적이므로 각주가 붙어 있지 않다.

7) 梁嘉彬, 『廣東十三行考』, 廣州: 廣東人民出版社, 1999, 284-286쪽. 梁嘉彬의 이 저서는 앞의 각주에서 보이는 것처럼 처음 1937년 南京 國立編譯館에서 간행되었는데, 그 후 1960년 臺中의 東海大學에서 增訂本 『廣東十三行考: 鴉片戰前廣東國際貿易交通史考』가 간행되었다. 1999년 광동행상 연구자 章文欽은 梁嘉彬이 사망(1995년)하기 전에 남긴 부탁에 따라 몇 가지 문장과 자신의 補注를 첨가한 교정본을

清代 廣東行商 伍怡和家族 剖析」이라는 제목이 보여주듯이 怡和行 伍氏 행상 집단을 伍國塋에서 伍秉鑒을 통과해 伍崇曜에 이어지는 3대 5명의 이화행 行主의 역사를 전반적으로 다루고 있고, 怡和行이 洋商이라는 封建的 官商에서 아편전쟁 이후의 買辦的 상인으로 변화하는 과정을 다루고 있다. 따라서 분량도 上下篇 도합 54쪽에 달하는 등 대작이다. 논문이 게재된 시점이 1984년으로 문화대혁명이 끝난 직후라서, 역사적 관점도 이화행을 봉건상인, 매판상인으로 비판하는 데 주안점이 놓여 있다. 따라서 官府와의 종속적 관계나 서양상인과의 우호적 관계를 주로 살피고 있고, 그리고 제1, 2차 아편전쟁에서 이화행이 택한 행동방식을 매판적이라고 평가하여 서술하는 데 공을 들이고 있다.

이화행의 행상 경영에 대해 종래 최고의 행상이라는 막연한 평가가 이루어져 왔으나, 본고에서는 이화행 오병감의 행상집단 내에서의 구체적 모습(位相)을 밝히는 데 주력하고자 한다. 먼저 2장에서는 이화행의 창립과 성장에 이르는 과정을 개괄하여, 청대 특허상인 行商 집단 중에서 이화행이 지닌 기본적 지위와 위상을 제시하겠다. 다음으로 3장에서는 이화행이 가장 부유한 행상으로 부상하게 된 배경으로서, 당시 행상의 최대의 무역상대인 영국 동인도회사와의 무역 분담액 중에서 이화행이 가장 많은 비중을 점하였음을 구체적 수치로써 밝히는 작업을 시도해보고자 한다. 많은 무역 분담액을 차지하는 것은 그만큼 무역이익을 확대시킬 수 있는 전제 조건이 되기 때문이다. 아울러 자본이 풍부한 이화행이 다른 행상들에게 자금을

『嶺南文庫』의 일종으로 출판하였다. 이후 梁嘉彬 저서는 1999년 간행본을 인용한다.

대부하여 영향력을 행사하는 한편 여타 행상의 보호자적인 측면도 지녔음을 살펴보고자 한다. 4장에서는 이화행이 동인도회사에 많은 경영 자금을 대부하거나 채권을 가지고 있었고, 동인도회사의 현금을 보관해주는 등 은행 역할을 한 점에 대해서 검토하려 한다. 이러한 점들을 통하여 행상으로서 이화행 伍秉鑑이 당시 중국 상업계에서 어떠한 위치를 점하였는지가 분명히 드러날 것이다.

2. 怡和行의 성장과 總商 伍秉鑑

18세기 후반 광주대외무역에서 가장 유력한 行商의 하나인 同文行에서 회계(賑房)를 맡아보던 伍國瑩(Howqua I, 1731-1800)은 1783년 怡和行을 창립하였다.[8] 오국영은 자신의 아들 秉鑑의 아명 亞浩에서 浩자를 취하여 商名으로 삼았고, 외국인은 이를 따라서 오국영을 Howqua(浩官의 광동발음)라 불렀다[9] 한다. 그 후 이화행은 어느 정도 발전하여, 1786년(乾隆 51년)에는 20家 행상 중에서 제6위가 되기도 하였으나[10] 경영이 순탄하지만은 않아 1789년 봄에는 많은 부채로 파산하여 도피하기도 하였다.[11] 이 일이 있은 지 얼마 후, 伍國瑩

---

8) 章文欽, 「十三行商首領伍秉鑑和伍崇曜」, 楊萬秀 主編, 『廣州名人傳』, 廣州: 暨南大學出版社, 1991, 75쪽. 李國榮 편저, 이화승 옮김, 『제국의 상점』, 서울: 소나무, 2008, 104쪽. 그러나 H. B. Morse, *The Chronicles of the East India Company Trading to China, 1635-1834*, Vol. Ⅲ Oxford, 1926, p.35에 의하면 1784년 怡和行이 行商界에 등장한다. 이에 따라 梁嘉彬은 1784년 이화행이 창립된 것으로 인식한다(梁嘉彬, 앞의 책, 282쪽).

9) 梁嘉彬, 앞의 책, 283쪽.

10) 章文欽, 「從封建官商到買辦商人－淸代廣東行商伍怡和家族剖析(上)」, 『近代史研究』 1984-3, 168쪽.

은 둘째 아들 伍秉鈞(1766-1801)에게 이화행을 넘겨준다. 1792년(乾隆 57년) 伍秉鈞은 다른 5명의 상인들과 함께 행상허가증(行商執照)을 수령했다. 오병균은 서양인에게 Puiqua(沛官)로 불렸는데 이따금 아버지의 Howqua(浩官)라는 商名을 쓰기도 하여 오병균을 Howqua II 로 부르기도 한다.[12] 沛官은 영국 동인도회사의 신뢰를 얻어 회사와의 무역계약을 얻어냈으며, 이후 이화행의 무역액은 해마다 증가하여 행상 중에서 2위를 차지했다. 1794년 행상서열은 제6위에서 제4위로 뛰어올랐으며 1800년에는 제3위가 되었다.[13]

1801년 35세의 오병균이 병으로 죽자, 怡和行 사무는 伍國瑩의 세번째 아들인 伍秉鑒에게 넘어갔다. 오병감의 商名은 伍敦元이고, 忠誠, 慶昌이라는 별명으로도 불린다. 자는 成之, 호는 平湖이고, 외국인은 伍浩官(Howqua)이라 부른다.[14] 廣東十三行에 대해 선구적 연구를 진행한 梁嘉彬에 의하면 오병감은 1802년(嘉慶 7년) 行商 서열 제3위에 거명되었고 5년이 지나 제2위로 뛰어올랐으며 다시 2년 후인 1809년 드디어 '總商'이 되었다고 한다.[15] 그러나 당시에는 行商을 대표하는 상인은 商總[16]으로 불렸다. 따라서 오병감은 1809년 행상의 대

---

11) 李國榮 편저, 앞의 책, 104쪽. H. B. Morse, *op. cit.*, Vol. III, p.35.

12) 章文欽, 앞의 논문(1984-3), 169쪽. 한편 梁嘉彬은 伍秉鈞을 沛官(Puiqua)이라 부르고 伍秉鑒를 Howqua II로 부른다(梁嘉彬, 앞의 책, 282-289쪽). 여기서는 章文欽의 견해에 따른다.

13) 章文欽, 위의 논문(1984-3), 169쪽.

14) 廣東省中山圖書館 等編, 『廣東近現代人物詞典』, 廣東科技出版社, 1992, 98쪽. 梁嘉彬이 伍秉鑒을 Howqua II라 부르는 것과 달리 章文欽은 Howqua III라 부른다.

15) 梁嘉彬, 앞의 책, 285쪽.

16) 陳國棟, 「潘有度(潘啓官二世): 一位成功的洋行商人」, 廣州歷史文化名城研究會·廣州市荔灣區地方志編纂委員會, 『廣州十三行滄桑』, 廣州: 廣東省地圖出版社, 2001, 151쪽과 186쪽 각주 11.

표인 商總이 되었다[17]고 보아야 한다. 당시 행상 중에서 首位를 차지하던 同文行 행주 潘有度(潘振承의 아들)가 洋商의 직무를 사퇴하고 商總의 지위에서 물러난 것이 1808년 초이므로[18] 그를 이어 1809년 오병감이 상총이 된 것은 자연스러운 일이다.[19] 한편 행상의 대표를 總商라고 부르게 된 것은 鹽商 제도에서 염상의 수령을 總商으로 부르는 예에 따르게 한 1813년 이후[20]라 한다. 일부 연구자가 오병감이 1813년에 (처음) 總商이 되었다[21]고 한 지적은 아마도 종래 商總이라 부르던 행상 대표를 總商으로 고쳐 부르게 된 것이 1813년이기에 이러한 오해가 생긴 것으로 판단된다. 청 당국의 行商制度 개편으로 1813년 總商이란 지위를 마련하고 行商 중의 殷實者 1, 2명을 선발하여 총상에 임명하고 양행사무를 총리하게 하였는데[22] 광주의 대외무역 감독기관 粤海關은 伍秉鑒(伍敦元)과 盧文錦(Mowqua Ⅱ, 廣利

---

17) 朴基水, 앞의 논문, 135-137쪽.

18) 朴基水, 위의 논문, 137쪽.

19) 吳建雍(「1757年以後的廣東十三行」, 『淸史硏究集』 제3집, 四川人民出版社, 1984, 103쪽)에 의하면 總商(商總)은 늘 1-3명이었다고 한다. 潘有度가 1796년부터 1808년까지 商總을 담당하고 있었는데, 陳國棟(앞의 논문, 170쪽)에 의하면 1800년경 廣利行 盧觀恒(Mowqua Ⅰ, ?-1812)이 상총에 임명되었다 한다. 그렇다면 1809년 당시에는 노관항과 오병감이 함께 상총의 지위에 있었다고 판단된다.

20) 陳國棟, 앞의 논문, 151쪽과 186쪽 각주 11.

21) 章文欽, 앞의 논문(1991), 75쪽.

22) 梁嘉彬, 앞의 책, 296쪽. 1813년 粤海關監督 德慶은 행상과 外商 간의 交易이 수십만 냥에 달하고 국가에 납부하는 稅餉도 수만 냥에서 십여만 냥에 달하여 행상들의 책임이 막중하다고 여겨 이들 행상을 관리할 總商을 설치하고 총상의 자격도 제고시킬 것을 주청하였다. 이에 청정은 이를 비준하였다[崑岡 等修; 劉啓端 等纂, 光緒, 『欽定大淸會典事例』 卷240 「戶部: 關稅: 禁令二」(續修四庫全書編纂委員會 編, 『續修四庫全書』 史部 政書類 801, 上海: 上海古籍出版社, 1999. 834쪽)]. 이는 청조가 적극적으로 총상을 통해 행상을 관리하려는 정책을 채용하였음을 보여준다. 국가가 공인하는 總商을 설치함으로써 국가가 확실히 행상들을 장악하려 했던 것이라 여겨진다.

行 盧觀恒의 아들)을 총상에 임명하였다. 兩廣總督 蔣攸銛 등의 주접
에 1814년 당시 總商으로서 伍敦元, 盧棟榮 두 사람의 이름이 거명[23]
되는데 盧棟榮은 盧文錦으로 판단된다.[24]

1808년 洋商에서 은퇴했던 同文行의 潘有度가 1815년 복귀하였는
데(상호를 同孚行으로 바꿈) 이때 伍秉鑒은 동인도회사에 통지하여
이후 반유도의 행상에서의 지위가 응당 首位이고 자신은 第二라고
함으로써 겸양의 태도를 취하였다. 청조에서는 이때 반유도와 오병
감이 함께 總商의 임무를 하도록 지시하였다[25]고 한다. 당시 盧文錦
도 함께 총상의 업무를 보았으니 반유도가 사망하는 1820년까지는
세 사람이 공동으로 총상의 지위에 있었다고 판단된다. 兩廣總督 蔣
攸銛 等의 1815년 주접에는 세 명이 연명으로 올린 문서(稟)가 인용
되어 있는데[26] 이것은 당시 세 洋商이 공동으로 총상의 임무를 수행
하고 있음을 보여준다. 사실 盧文錦의 廣利行은 怡和行에 비해 경제력
이나 行商 내의 지위가 열등하였으나 盧文錦이 伍秉鑒의 조카사위(姪
壻)[27]였기에 오병감의 조력으로 그러한 지위를 유지하였다고 생각된
다. 게다가 1820년 同孚行의 潘有度가 사망하자 行商 내에서 오병감의

---

23) 梁廷枏 等纂, 『粤海關志』 卷29 「夷商四」 18쪽 뒤, 「兩廣總督蔣攸銛監督祥紹疏」,
   嘉慶十九年(1814)十月(沈雲龍 主編, 『近代中國史料叢刊』 續編 第十九輯, 文海
   出版社, 2,068쪽).

24) 梁嘉彬, 앞의 책, 294쪽.

25) 陳國棟, 앞의 논문, 178쪽.

26) 故宮博物院, 『淸嘉慶朝外交史料四』 「兩廣總督蔣攸銛等奏查明洋商拖欠夷人貨
   銀請勒限分年淸還摺」 嘉慶二十年九月二十八日, 38쪽 뒤(『淸代外交史料: 嘉慶
   朝』, 臺北: 成文出版社, 1968影印, 434쪽) "……據洋行總商伍敦元, 盧棟榮及復
   充洋商之潘致祥稟稱."

27) 同治, 『南海縣志』 卷14 「列傳」, 伍崇曜條, 48쪽 뒤(『中國方志叢書』 華南地方,
   第50號, 臺北: 成文出版社, 1967, 276쪽).

독점적 지위가 확립되었다. 1821년 양광총독 阮元의 주접에서는 "洋商內에서 伍敦元은 總商 居首之人"[28]이라는 표현이 보이는데 이러한 표현에서 당시 오병감의 行商 내에서의 우월적 지위를 엿볼 수 있다.

1826년에 이르러 오병감은 동인도회사에 이화행 업무를 네 번째 아들[29]인 伍元華에게 인계한다고 통지하였다.[30] 伍元華(1800-1833, 商名은 伍受昌)는 伍家가 洋商이 된 이후 제3세대의 첫 번째 浩官(Howqua IV)이 되어 伍秉鑒의 總商(수석 행상)의 지위를 계승하였다.[31] 그렇지만 오병감은 原商의 신분을 가지고 막후에서 여전히 怡和行 및 공행의 실권을 행사하였다. 伍元華는 1833년 33세 나이로 사망하였고, 1833년 이후에는 오병감의 다섯째 아들[32] 伍崇曜(즉, 伍元薇, 1810-1863, 商名 伍紹榮, Howqua V)가 이화행을 인수했으며, 아버지와 형을 이어 총상의 지위를 계승하였다. 이 시기에도 오병감은 여전히 原商의 신분을 유지하며[33] 실질적으로 배후에서 이화행을 관리하고 있었다.

---

28) 『粤海關志』 卷18 「禁令二: 商販禁令」, 17쪽 뒤, 道光元年十月, 總督阮元粤海關監督達三會奏(沈雲龍 主編, 앞의 책, 1,296쪽).

29) 『安海伍氏族譜』 卷1, "元华, 字良儀, 號春嵐, 行四"(梁嘉彬, 앞의 책, 286쪽에서 재인용).

30) H. B. Morse, op. cit.(1926), Vol. IV, pp.132-133. 모스에 의하면 伍秉鑒이 은퇴하고 아들 伍受昌이 이화행을 맡는 대가로 오병감은 50만 달러를 월해관감독 등 淸官僚에 제공하였다고 한다.

31) 章文欽, 앞의 논문(1984-3), 170-171쪽.

32) 『安海伍氏族譜』 "崇曜, 行五, 終於同治二年"(梁嘉彬, 앞의 책, 288쪽에서 재인용).

33) 文慶・賈楨・寶鋆 等纂輯, 『籌辦夷務始末』, 道光朝, 卷四, 道光十八年七月丙寅條, 16쪽 뒤(續修四庫全書編纂委員會 編, 『續修四庫全書』 史部 紀事本末類 414, 上海: 上海古籍出版社, 1995, 65쪽)에 수록된 「廣州將軍德克金布兩廣總督鄧廷楨廣東巡撫怡良奏」에 의하면 伍敦元은 1838년 "洋行原商"으로서 兩廣總督 鄧廷楨의 명을 받아 영국 상무감독 엘리오트(Eliot, Charles, Captain, 1801-1875)와 교섭에 임하고 있다.

오병감은 1801년 이화행의 행주가 된 이후 서양과의 무역을 통해 재부를 쌓을 수 있었다. 그것은 오병감이 경영에서 특별한 능력을 보여주었기 때문이다. 그는 가능하면 영국상인들의 어음을 오래 가지고 있다가 많은 이자가 붙으면 한 치의 오차도 없이 돈을 챙겼다. 외국상인들은 이화행을 매우 신뢰하여, 높은 수수료에도 모두 그와 거래하기를 원했다. 이화행의 상품은 품질도 확실하고, 시간도 정확하게 맞추었기 때문이다.[34] 게다가 오병감은 행상을 대표할 만한 총상의 지위에 있었으므로 대외무역에서의 그의 지분은 상당하였다. 이러한 조건하에서 오병감은 대량의 재산을 축적할 수 있었다. 미국 상인으로 당시 광주에 와서 활동하고 있었던 헌터(W. C. Hunter, 1812-1891)에 의하면 오병감은 자신이 소유한 전답, 부동산, 점포, 전장 및 미국, 영국 선박에 있는 화물 등 각종 각양의 투자액을 합할 경우 1834년에 대략 2,600만 달러에 달한다고 말했다[35]는 것이다. 이 정도의 재부라면 청나라정부의 1년 재정수입의 절반에 해당하는 것이고, 이 시기 미국에서 돈이 가장 많은 사람의 자산이 겨우 700만 달러쯤이었다[36]고 하니, 그렇다면 모스(H. B. Morse, 1855-1934)의 지적처럼[37] 오병감이 당시 세계에서 가장 돈이 많은 상인이었던 셈이다. 2001년, 21세기로 진입하는 시점에 미국 신문 월스트리트저널

---

34) 李國榮 편저, 앞의 책, 107쪽.

35) W. C. Hunter, *The Fankwae at Canton*, London: Kegan Paul, Trench & Co., 1882, p.48.

36) 李國榮 편저, 앞의 책, 104쪽.

37) H. B. Morse, *The International Relations of the Chinese Empire*, *Vol. I The Period of Conflict 1834-1860*, London: Longmans, Green, and Co., 1910, p.86. "浩官(Howqua) 은 1834년에 그의 재산이 2,600만 달러로 추정된다고 스스로 진술했었는데, 이 액수는 당시로써는 대단한 재산이고, 아마 세계에서 최대의 상업 재산일 것이다 (probably the largest mercantile fortune in the world)."

아시아판[『亞洲華爾街日報(The Wall Street Journal Asia)』]은 1001년부터 2000년까지 전 세계의 최고 부자 50명을 소개하였다.[38] 이 중에는 중국인이 6명이 포함되어 있고[39] 그중에 浩官 伍秉鑒도 포함되어 있으니 오병감의 재력은 국제적으로도 인증받은 셈이다.

사실 중국의 대외무역을 독점한 洋商은 중국의 대외무역의 확대와 더불어 많은 부를 축적할 수 있었다. 그러나 이들 洋商의 몰락과 파산은 비일비재하였다. 1758년 이래 1842년 南京條約으로 행상제도가 폐기되기까지 80여 년간 활동한 광동의 48家의 행상 중 33가의 행상이 파산하였고 최후에는 11家의 행상만이 남았다. 3분의 2 이상(약 69%)이나 되는 洋商 구성원이 파산한 것이다.[40] 파산에 이르지 않고 살아남은 행상이라 하더라도 일상적으로 청 왕조의 수탈이나 외국상인의 채무에 의해 곤경에 처하고 있었다. 특히 1834년 영국 동인도회사의 독점권이 철폐되면서 행상들은 새로운 위기에 직면하고 있었다.[41] 행상과 영국 동인도회사 사이에는 경제적 이익을 둘러싸고 갈등하고 대립하는 측면도 있었지만 어쨌든 중국 당국과 영국 당국이 공인한 공식적 교역상대자였기 때문에 서로 협력하고 공생하는 측면도 강하게 존재하였다.[42] 1834년 협조세력인 동인도회사

---

38) 50명의 명단은 http://online.wsj.com/public/resources/documents/mill-1-timeline.htm에 서 확인 가능하다(2015.7.17. 검색).

39) 王偉, 「淸朝中期的世界首富伍秉鑒」, 『文史天地』, 2011년 제3기, 26쪽. 참고로 6명의 중국인은 칭기즈칸, 쿠빌라이, 명대 환관 劉瑾, 청대 權臣 和坤, 浩官 伍秉鑒, 그리고 민국시기 蔣介石의 처남 宋子文이다.

40) 朴基水, 「葛藤·協力·隷屬－淸代 廣東對外貿易中의 行商과 東印度會社의 關係를 중심으로」, 『明淸史硏究』 제36집, 2011, 251-252쪽.

41) 章深, 「十三行與廣州外貿」, 廣州市社會科學硏究所 編, 『近代廣州外貿硏究』, 科學普及出版社廣州分社, 1987, 67-68쪽.

42) 朴基水, 앞의 논문(2011).

가 中英무역의 무대에서 사라지자 행상은 여러 가지 곤란에 직면하게 되었다. 중국에서 1832년 怡和洋行(Jardine, Matheson and Co.)이라는 회사를 차린 윌리엄 자딘(W. Jadine, 1784-1843)이 1837년에 쓴 편지에서는 당시 상황을 다음과 같이 표현하였다. "근래 빚지지 않은 행상이 하나도 없다. 伍浩官(伍秉鑒)과 潘啓官(潘正煒: 潘振承의 손자)을 제외하고 현재 2만 달러를 보유한 행상이 하나도 없다. 만약 우리가 한 행상을 쳐서 쓰러뜨리면, 우리는 전체를 쓰러뜨릴 수 있다."[43] 결국 대다수 洋商은 회복하기 어려운 경제적 곤경에 처하게 되었다. 1840年, 兩廣總督 琦善은 道光帝에게 보고하였다. "광동에 도착한 이후, (양상의 실정을) 조사해보고서 洋商 중에 아직 小康이라 할 만한 자는 겨우 2, 3家에 불과하고, 殷實하다고 할 만한 자도 기실 伍紹榮一家에 그침을 알게 되었습니다."[44] 이 당시는 대외적으로는 伍紹榮(즉, 伍崇曜)이 이화행을 운영하였지만 아직 伍秉鑒이 살아 있어서 原商으로 이화행 경영에 관여하던 때이다. 결국 행상 중에서 오병감의 이화행만이 최후까지 대외무역의 실리를 누리고 있었음을 알 수 있다.

---

[43] P. L. B. W. Jadine, 1837년 2월 4일(Michael Greenberg, *British Trade and the Opening of China 1800-1842*, Cambridge University Press, 1951, p.190에서 재인용).

[44] 中國第一歷史檔案館 編, 『鴉片戰爭檔案史料』 第2册, 天津古籍出版社, 1992, 609쪽, 「欽差大臣琦善奏爲遵旨査明林則徐辦理禁煙情形摺」, 道光20年11月21日.

3. 행상집단 내 怡和行의 위상

다음에는 오병감의 이화행이 행상들 중에서 어떠한 위상을 지니고 있었는지를 동인도회사와의 무역 분담액 비중, 동료 행상과의 관계 등 두 가지 측면에서 살펴보고자 한다.

1) 東印度會社와의 무역에서 본 怡和行의 위상

먼저 동인도회사와의 무역에서[45] 이화행이 차지한 무역 분담의 비중을 통해서 怡和行의 행상 내에서의 위상을 검토하겠다. 1874년 이래 중국해관에 30여 년간 근무한 모스[46]가 저술한 「The Chronicles of the East India Company Trading to China, 1635-1834」[47]에는 영국 동인도회사의 대중국 무역상황이 편년체 방식으로 서술되어 있

---

[45] 사실 당시 廣東行商과 外國商人 간의 무역은 광동행상과 영국 동인도회사 사이의 무역 이외에도 광동행상과 散商(Country merchant: 港脚, 지방무역 상인으로도 불림: 영국 동인도회사의 허가하에 행상과 교역하였다) 간의 무역, 광동행상과 미국, 스웨덴 등 외국상인 간의 무역 등이 있었다. 초기 광동행상의 대외무역은 영국과의 무역이 중심이었고, 영국은 동인도회사에 대중국 무역의 독점권을 부여하였다. 게다가 각 행상의 대외무역 분담액을 보여주는 자료도 동인도회사의 경우에만 찾을 수 있어서 본고에서는 동인도회사와의 교역으로 국한하였다.

[46] 中國社會科學院近代史硏究所翻譯室, 『近代來華外國人名辭典』, 北京: 中國社會科學出版社, 1981. 342쪽. 모스는 본고에서 이용한 자료 이외에도 중화제국 대외관계에 대한 3권짜리 대작을 저술한 중국근대사 전문가이다. H. B. Morse, *The International Relations of the Chinese Empire*, Vol. I The Period of Conflict 1834-1860, Vol. II, The Period of Submission 1861-1893, Vol. III, The Period of Subjection 1894-1911, London: Longmans, Green, and Co., 1910, 1918.

[47] 모스의 이 저서는 영국 Oxford에서 1926-1929 사이에 5권으로 간행되었다. 중국에서는 馬士 著, 中國海關史硏究中心組 譯, 『東印度公司對華貿易編年史(1635-1834年)』 全5卷 3책(廣州, 中山大學出版社, 1991)으로 번역되었다. 번역서에서는 고유명사 번역에 공을 들여 중국어 人名, 商號名, 船名, 地名 등을 참조하기에 편하다.

다. 이 중에서 伍秉鑒이 怡和行을 운영한 1801년 이후 동인도회사의
대중국무역 독점권이 상실된 1833년까지, 동인도회사가 중국 洋商들
과 체결한 각 품목별 수출입 계약의 자료를 간추려 다음의 <표 1>
을 만들었다. 행상의 숫자는 모스의 자료에 등장하는 구체적 분담액
이 제시된 행상의 숫자이다. 모직물은 영국으로부터의 전체 수입액
중에서 이화행이 취급한 비중을 살피는 것이므로 분담비율만 제시
하였다. 茶는 여러 종류가 수출되었지만 각기 箱子 수로 표기되었기
에 전체 수출분담액을 箱子數로 합산하여 제시하였다(표에서는 箱으
로 줄여 표기하였다). 근거자료의 "Ⅱ, 391"이라는 표현은 모스의 저
서 제2권 391쪽(Vol. Ⅱ, p.391)이라는 의미이다.

〈표 1〉 1801-1833년 광동행상과 영국 동인도회사 간의 貿易 中 怡和行 분담액

年度	行商數	資料上 貿易 總額	怡和行 순위/분담액	1위 행상 분담액	근거 자료
1803	8家	모직물18份/ 茶175,000箱	4위/모직물3份(16.7%)/ 茶28,200箱(16.1%)	同文行/모직물4份(22.2%)/ 茶38,000箱(21.7%)	Ⅱ, 391.
1805	9家	茶177,400箱	공동2위/茶31,600箱(17.8%)	同文行/茶42,800箱(24.1%)	Ⅱ, 419.
1808	10家	모직물17份/ 茶8만箱	공동2위/모직물3份(17.6%)/ 茶14,000箱(17.5%)	廣利行/모직물4份(23.5%)/ 茶18,600箱(23.3%)	Ⅲ, 60.
1809	9家	모직물20份/ 茶103,600箱	1위/모직물4份(20%)/ 茶20,400箱(19.7%)	怡和行/좌동	Ⅲ, 105.
1811	10家	모직물22份/ 茶182,000箱	2위/모직물3份(13.6%)/ 茶25,000箱(13.8%)	廣利行/모직물4份(18.2%)/ 茶33,800箱(18.6%)	Ⅲ, 159.
1813	10家	모직물22份/ 茶186,650箱	1위/모직물4份/ 茶32,000箱	怡和行/모직물18.2%/ 茶16.8%	Ⅲ, 191.
1814	10家	모직물22份/ 茶208,775箱	1위/모직물4份/ 茶34,000箱	怡和行/모직물18.2%/ 茶16.2%	Ⅲ, 207.
1816	12家	모직물24份/ 茶265,700箱	공동1위/모직물3份(12.5%)/ 茶35,600箱(13.4%)	怡和行, 同孚行(潘啓官) 공동1위	Ⅲ, 244.

1817	12家	모직물24份/ 茶200,600箱	공동1위/모직물3份, 茶26,600箱	怡和行, 同孚行(潘啓官) 공동1위(13%)	Ⅲ, 244.
1818	11家	모직물28份/ 茶147,300箱/ 南京布20萬匹	2위/모직물3份/茶13,600箱/ 南京布5萬匹(11.5%)[48]	麗泉行/모직물3份/茶13,600 箱/南京布9萬匹(12%)	Ⅲ, 313.
1819	11家	茶232,950箱/ 生絲300擔/ 南京布20萬匹	1위/茶26,000箱/ 生絲300擔/南京布5萬匹	怡和行 13.5% 점유[49]	Ⅲ, 350.
1821	12家	茶265,420箱/ 生絲400擔/ 南京布15萬匹	1위/茶44,000箱/生絲400擔/ 南京布4萬匹	怡和行 19.1% 점유[50]	Ⅲ, 371
1822	10家	茶284,200箱/ 生絲750擔/ 南京布20萬匹	1위/茶48,400箱/生絲500擔/ 南京布10萬匹	怡和行 20.2% 점유[51]	Ⅳ, 9.
1823	10家	茶286,800箱	1위/茶51,800箱	怡和行 15.4% 점유	Ⅳ, 72.
1827	10家	茶293,411箱(擔)	수량2위/53,390箱(18.2%)/ 액수1위868,067兩(18.3%)	1위 東生行53,707箱(18.3%)/ 액수 2위 850,295兩(17.9%)	Ⅳ, 147.
1828	7家	茶243,948箱(擔)	3위/41,000箱(16.8%)	1위東生行/ 52,750箱(擔)22.1%	Ⅳ, 173.
1829	6家	모직물寬幅絨 17份	1위/모직물4份	怡和行 23.5% 점유	Ⅳ, 185.
1830	10家	茶271,660箱	수량2위50,800箱(18.7%)/ 액수1위771,630兩(19%)	수량1위 東興行 57,300箱21.1%/ 액수 2위 686,511兩16.9%)	Ⅳ, 225.
1831	10家	工夫茶204,079箱	1위 工夫茶39,202箱	怡和行 19.2% 점유	Ⅳ, 258.
1833	11家	茶283,000箱	1위 茶47,000箱	怡和行 16.6% 점유	Ⅳ, 347.

48) H. B. Morse, *op. cit.*(1926), Vol.Ⅲ, pp.344-345에 의하면 1818년 동인도회사가 중국에 수출한 모직물 액수는 2,706,118달러이고 동인도회사가 수입한 차의 액수는 5,507,065달러, 남경포의 액수는 166,167달러로 세 품종의 수출입액 합계는 8,379,350 달러이다. 이 중 이화행이 분담한 액수는 모직물이 28분의 3이므로 289,941달러, 차 (전체 수량 중 분담 비율로 계산하여) 508,459달러, 남경포(20만 필 중 5만 필) 41,541달러로 합계 839,941달러이다. 이는 전체 액수의 10.02%가 된다. 이런 식으로 麗泉(모직물 3份, 茶 13,600箱, 南京布 9萬匹)의 분담액(873,175달러) 비중을 계산하면 10.42%가 된다. 차는 工夫, 屯溪, 貢熙骨 3종인데 대체로 <표 2>나 <표 3>에서 보듯이 가격도 큰 차이가 없고, 중량도 60근 전후로 큰 차이가 없다. 따라서 3종 차의 箱子 숫자 합계를 통해 비중을 계산해도 무리가 없다고 생각된다.

<표 1>을 작성하는 데 사용한 계산방식이나 근거를 제시함으로써 <표 1>에 적시한 이화행 분담 비중의 상대적 정확성을 설명하고자 한다. 1803년[52]의 경우 怡和行은 전체 8가 행상 중 제4위의 분담량을 보여주었다. 모직물 18份 중에 이화행이 3份이므로 16.7%를 점하는 셈이다. 1803년 영국 동인도회사가 수입하기로 계약한 차의

　　그런데 표의 근거자료가 된 모스의 3권, p.313에는 미지정한 부분이 합산되어 있다. 미지정 부분도 전체에 넣어 합산해서 계산한다면 이화행 등의 비중을 정확히 계산하는 데 문제가 된다고 생각한다. 미지정 부분을 제외하고 비중을 계산해야 전체 행상 분담액 중에서 이화행이 차지한 비중을 알 수 있다고 판단된다. 미지정 부분을 제외한 전체 무역액은 7,296,108달러가 되고 이 중에서 이화행이 차지(839,941달러)한 비중은 11.5%이고 麗泉行의 비중은 12%에 달한다.

49) 1819년 중국행상이 영국 동인도회사에 수출한 茶의 합계는 232,950箱인데, H. B. Morse, Ibid(1926), Vol.Ⅲ, p.366에 의하면 1819년 광주에서 동인도회사가 수입한 차 액수는 738만 5,400달러이므로 茶 1箱子 당 평균 가격은 31.7달러가 된다. 같은 자료에 의하면 南京布 20萬匹의 동인도회사 수입가는 16.3만 달러이므로, 남경포 1 필당 평균가는 0.815달러이다. 생사 300담(모스, 3권 347쪽에는 836담)의 동인도회사 수입가는 145,837(836담: 406,400)달러이니 생사 1담 가격은 486달러인 셈이다. 이에 따라 沛官 분담액을 계산하면 茶 26,000箱×31.7달러=824,200달러, 生絲 300 擔은 145,837달러, 南京布 5萬匹×0.815달러=40,750달러로 도합 101만 787달러가 된다. 세 항목의 전체 액수가 7,694,237달러이므로 이화행의 분담비중은 13.1%에 해당한다. 한편 1819년의 무이차, 공부차, 둔계차의 중량과 가격을 알므로 본문에서 설명한 1811년과 같은 방식으로 계산하면 전체 차의 價額은 4,255,439兩이 되고 이 중 이화행이 470,091兩을 분담한 것이 된다. 이를 달러로 환산하고, 생사와 남경포를 합산해서 다시 계산해보면 이화행의 비중은 13.5%가 된다. 아마도 후자의 계산이 좀 더 실정에 가까우리라 판단된다.

50) H. B. Morse, Ibid(1926), Vol.Ⅳ, p.22의 1821년 광주무역 자료와 H. B. Morse, Ibid(1926), Vol.Ⅲ, p.371의 자료 등을 참조하여 1819년에서 보인 후자의 계산방식 (앞 주의 후자 계산방식)으로 처리하였다.

51) H. B. Morse, Ibid(1926), Vol.Ⅳ, p.53과 p.68에 보이는 1822년 동인도회사에의 생사와 남경포 수출량과 수출액으로부터 생사와 남경포의 단가를 구하고, 1819년의 계산방식을 준용하여 이화행의 무역 분담액 비중을 구하였다.

52) <표 1>의 1803년도 근거자료에 의하면 이 부분은 원래 1802년 부분에 서술되어 있다. 1803년을 위한 차의 冬季 계약은 1803년 1월 말에 이루어졌고, 1803년 11월 1일부터 1814년 1월 16일까지 화물이 인도되어야 한다고 설명되어 있다. 대부분의 해는 해당 연도 1-4월 사이에 계약이 이루어졌다. 다만 1805, 1808, 1811년의 경우는 前年 年末에 계약이 이루어졌다. 여기서는 화물을 인도하기로 한 年度를 기준으로 서술하였다.

전체 수량은 17만 5천 箱인데 이 중 武夷茶가 8,000箱, 기타 茶가 167,000箱이다. 문제는 무이차의 상자는 큰 상자이고 기타 茶의 상자는 작은 상자라는 데 있다. 따라서 이를 합산하여 곧바로 비중을 계산하기에는 곤란한 점이 있다. 무이차 1箱은 1803년 종래의 350파운드에서 320파운드로 바뀌었다.[53] 기타 차의 중량은 모스의 1785년도 서술 부분(제40장)에 工夫茶가 87.5파운드, 色種茶가 $61\frac{2}{3}$파운드, 松蘿茶가 78파운드, 屯溪茶가 78파운드, 貢熙茶가 $66\frac{2}{3}$파운드라고 되어 있고[54] 1825년에 약간의 변동이 있을 때까지 그 중량은 그대로 유지되었다(<표 2> 참조). 그렇다면 무이차 상자의 중량은 다른 차 상자의 3.7-5.2배가 되는 셈이다. 여기서 광동대외무역에서 사용된 차의 종류별 箱子의 중량 변화를 확인해둘 필요가 있다.

〈표 2〉 광동 茶貿易에서 차의 종류별 箱子의 重量 변화

차종류	1785년	1802년	1803년	1813년	1824년	1825년	1826년	1830년
武夷茶	353 lb	350 lb	320 lb	200 lb	186.6 lb	184 lb	184 lb	62斤
工夫茶	$66\frac{2}{3}$斤(87.5 lb)					64斤($85\frac{1}{3}$ lb)	60근(80 lb)	63斤
色種茶	46¼($61\frac{2}{3}$ lb)					50근($66\frac{2}{3}$ lb)		
松蘿茶	$58\frac{2}{3}$斤(78 lb)							
屯溪茶	$58\frac{2}{3}$斤(78 lb)					60근(80 lb)		60斤
貢熙茶	50斤($66\frac{2}{3}$ lb)					50근($66\frac{2}{3}$ lb)		
貢熙骨						60근(80 lb)		
雨貢熙						70근($93\frac{1}{3}$ lb)		
근거자료	Ⅱ, 110.	Ⅱ, 407.		Ⅲ, 191.	Ⅳ, 90.	Ⅳ, 104.	Ⅳ, 125.	Ⅳ, 225.

53) H. B. Morse, *Ibid(1926),* Vol. Ⅱ, p.407.

54) H. B. Morse, *Ibid(1926),* Vol. Ⅱ, p.110.

위의 <표 2>는 모스의 저서 「The Chronicles of the East India Company Trading to China, 1635-1834」에서 차의 종류별 箱子의 중량 변화에 관련된 자료를 모아 만든 것이다. lb는 무게 단위 파운드 (pound)를 뜻하며 1파운드는 약 453.6g이다. 앞으로 자주 언급될 1擔 (picul)은 100斤, 또한 133.33파운드로 환산된다. 위 표에서 근거자료의 "Ⅱ, 110"이라는 표시는 모스 저서 제2권의 110쪽이라는 의미이다. 모스가 제시한 각종 차의 가격은 모두 1擔당 몇 兩으로 표현된다. 따라서 차의 수출액을 계산할 때는 箱으로 표현된 차의 수량을 擔으로 환산한 후 單價를 곱해야 한다. 위 표를 보면 무이차는 시간에 따라 상자 중량이 점차 감소되는 경향을 보인다. 기타 차들은 1785년에 정해진 차의 중량이 1825년에 와서 약간의 변화를 보인다. 工夫茶는 약간 중량이 가벼워졌고, 色種茶와 屯溪茶는 약간 무거워졌다.

하여간 1803년경 무이차의 중량이 그렇게 컸던 반면 무이차의 가격은 다른 차에 비해 저렴한 편이었다. 각종 차의 단가를 알아보기 위해 역시 모스의 저서에 나타난 각종 차의 가격을 취합하여 <표 3>[55]으로 정리해보았다.

무이차 가격은 1擔에 14兩을 전후하여 등락하는 데 비해 공부차는 무이차의 약 두 배 가격인 26-29兩을 전후하여 등락을 보인다. 色種茶는 품질에 따라서 무이차의 최소 1.5배 내지 최대 3.9배에 달하며, 가장 고가인 貢熙茶는 무이차의 2.6배 내지 4.6배의 가격대를 보인다. 비싸지 않은 屯溪茶나 貢熙骨도 무이차의 대체로 두 배 전후이다.

---

[55] 출전: H. B. Morse, *The Chronicles of the East India Company Trading to China, 1635-1834*, Oxford, 1926. 근거사료의 Ⅱ, 110은 제2권의 110쪽을 의미한다.

〈표 3〉 18-19세기 영국 동인도회사가 광동에서 수입한 각종 茶의 1擔 가격

(단위: 銀兩)

年度	紅茶			綠茶				白毫	근거자료
	武夷	工夫	色種	屯溪	松蘿	貢熙	貢熙骨		
1775	14	14				56-58			Ⅱ, 3.
1777	13.5-14			22	20	56			Ⅱ, 28.
1778	13.95								Ⅱ, 35.
1784	14.5			25	23				Ⅱ, 97.
1785	14-15	17.5-18	20-24	16-25	14-23	36			Ⅱ, 110.
1786	12-14	25	36-54	23-25	23-25	55	30		Ⅱ, 127.
1792	홍차 평균 20			녹차 평균 40					Ⅱ, 203-204.
1793	13.5	27		25		57			Ⅱ, 198.
1798		27-31, 23(冬季)							Ⅱ, 316.
1807		17-22	21-28(40-50 : 시장계약)	24-40				30-40	Ⅲ, 60.
1809	14	26-29		26-27					Ⅲ, 105.
1810	14	26-29		26-27		56-58	27-28		Ⅲ, 105.
1811		26-29	36-50	24-34		45-64	24-32		Ⅲ, 138.
1812	14	26-29	32-46	24-30		38-65	24-34		Ⅲ, 181.
1819				24-34		44-65	23-34		Ⅲ, 354.
1821		24-30							Ⅳ, 7.
1824		26. 22 (冬季)		26-30		46-60	26-32		Ⅳ, 89.
1826						46-64	20-34		Ⅳ, 125.
1830	16	25	34	26		50	27		Ⅳ, 225.

그런데 1803년 자료에서 기타 차가 얼마만큼의 어떤 차로 구성되어 있는지 알 수 없다. 따라서 여기서는 정확한 분담 가치액수를 계산할 방법이 없다. 한 상자의 무게가 무거운 만큼 값이 싸고(무이차),

무게가 가벼운 대신에 값이 비싼(기타 차) 상황이다. 게다가 수출 계약된 무이차는 8,000箱, 기타 차는 167,000箱, 전체 175,000箱[56]으로 무이차는 전체의 4.6%에 불과하므로 실제 비중계산에 미치는 영향이 미미하다. 차라리 상자 개수의 분담량으로 비중을 계산하여도 대체적인 차 수출액 분담의 경향이나 윤곽을 알 수 있다고 생각한다. 이에 따라 茶 상자 수로 계산하면 이화행은 1803년 16.1%(28,200箱) 정도의 비중을 차지한다. 8家가 무역액 배분에 참여하므로 이화행은 평균비중인 12.5%를 초과하는 액수를 보인다. 반면, 1위인 동문행은 모직물 22.2%, 茶 21.7%이다.

1805년, 1808년, 1809년의 경우는 1803년의 상황과 대동소이하다. 차 종류가 무이차, 기타 차로만 나뉘어 기록되어 있다. 따라서 1803년처럼 차의 상자 수로만 비중을 계산하여 대체적인 윤곽을 알아볼 수 있을 뿐이다. 이화행의 분담액 비중을 표 안에 적어 넣었다.

다음은 1811년의 경우이다. 계산과정을 보여주기 위해 1811년의 사례는 비교적 자세히 설명하겠다. 모스의 자료(Vol. III, p.159)에는 1811년 행상 10家의 모직물과 5종의 차 분배액이 제시되어 있다. 그 중에서 1순위인 廣利行 茂官과 2순위인 怡和行 沛官[57]의 분담액, 그리고 전체 합계만 표로 제시하면 다음과 같다.

---

56) H. B. Morse, *Ibid(1926)*, Vol. II, p.391.

57) 당시 怡和行 행주는 伍秉鑒으로 보통 浩官이라 불렸지만 때때로 형 伍秉鈞의 호칭을 답습하여 沛官으로 부르기도 하였다.

行商	모직물	工夫(箱)	色種(箱)	屯溪(箱)	貢熙(箱)	貢熙骨(箱)	茶합계(箱)
茂官	4份	23,000	1,200	6,600	1,800	1,200	33,800
沛官	3份	17,000	800	5,000	1,400	800	25,000
10家합계	22份	126,000	5,200	36,300	9,000	5,500	182,000

1811년의 경우는 모직물 22분 중에서 이화행이 3분을 취급하였으므로 전체 모직물의 13.6%를 분담한 것이 된다. 차의 경우는 5품종으로 나뉘어 각 행상의 분담 수출 수량이 箱으로 제시되어 있다. 먼저 5종의 箱 숫자를 擔으로 환산한 후, 다시 그 5종 차의 擔 숫자에 각종 차의 단가를 곱하면 정확한 차 가격에 의한 분담액을 알 수 있다.

10가 합계의 工夫茶 126,000箱(1箱은 66.67근. <표 2> 참고)은 84,004擔(1擔은 100근)에 해당하고 여기에 공부차의 1담 단가의 평균 27.5兩(<표 3> 참고)을 곱하여 2,310,116냥을 얻을 수 있다. 공부차 이화행 분담액 17,000箱도 같은 방식으로 계산하면 311,682냥이 된다. 色種茶도 같은 방법으로 계산하여 10가 전체(5,200箱) 액수는 103,415냥이고 이화행(800箱) 분담액은 15,910냥이다. 屯溪茶는 전체(36,300箱) 액수 617,619냥, 이화행(5,000箱) 분담액 85,072냥, 貢熙茶는 전체(9,000箱) 액수 245,250냥, 이화행(1,400箱) 분담액은 38,150냥이다. 貢熙骨은 1825년에 1상자에 60근이었다[58] 하므로 이 중량을 준용하여 계산하였다. 貢熙骨 전체(5,500箱) 액수는 92,400냥, 이화행(800箱) 분담액은 13,440냥이 된다. 5종 차의 총 箱子 수는 182,000箱인데 115,502擔으로 환산되고 가치액은 3,368,800냥이 된

---

[58] H. B. Morse, *op. cit.*(1926), Vol.Ⅳ, p.104.

다. 이화행의 5종 차 분담액은 25,000箱인데 15,818擔으로 환산되고 가치액은 464,254냥이 된다. 따라서 1811년 전체 차 수출액 중 이화행의 비중은 13.8%가 된다. 같은 방식으로 계산하면, 茂官 廣利行의 분담 비중은 18.6%(627,057냥)가 된다. 그 결과를 다음 <표 5>로 정리하였다.

〈표 5〉 1811년 각 행상의 영국 동인도회사와의 차 무역 분담액 비중 계산(일부)

行商	工夫	色種	屯溪	貢熙	貢熙骨	차 합계
茂官(箱)	23,000	1,200	6,600	1,800	1,200	33,800
沛官(箱)	17,000	800	5,000	1,400	800	25,000
沛官 擔환산	11,334	370	2,934	700	480	15,818
沛官분담(兩)	311,682	15,910	85,072	38,150	13,440	464,254
10家합계(箱)	126,000	5,200	36,300	9,000	5,500	182,000
10가 擔환산	84,000	2,405	21,297	4,500	3,300	115,502
10家 價額(兩)	2,310,116	103,415	617,619	245,250	92,400	3,368,800

1813년에는 무이차 6,650箱, 공부차 132,000箱, 둔계차 48,000箱 합계 186,650箱이 동인도회사에 수출되었는데 그중 이화행이 분담한 액수는 공부차 24,000箱, 둔계차 8,000箱이다. 여기서 무이차의 중량은 1813년 200파운드로 줄어들었으므로(<표 2> 참조) 이를 감안하여 1811년의 방식처럼 이화행의 분담액 비중을 계산할 수 있다. 다만 1813년 차 가격을 알 수 없으므로 근접한 시기 1812년의 가격을 이용하였다. 이렇게 해서 계산된 이화행 분담액 비중은 16.8%이다. 1814년도 같은 방식으로 계산이 가능하다. 1816년의 경우는 일괄해서 茶로 표현되어 있으므로 차의 수량으로 분담액 비중이 간단히 계산되지만 대체적인 비중일 뿐이다.

1817년의 분담액은 모직물과 차의 가격을 모두 알 수 있으므로 비교적 정확한 비중 계산이 가능하다. 1817년부터 1833년까지 모스는 각 연도의 광주에서의 수출입 무역액 통계를 제시하고 있다. 그 자료에 의하면 1817년 동인도회사가 廣州에 수출한 모직물액수는 3,127,475달러이고, 동인도회사가 수입한 차의 액수는 5,709,617달러로 두 품종의 수출입액 합계는 8,837,092달러이다.[59] 이화행이 모직물 24份 중의 3份을 수입하였으니 390,934달러에 해당되고, 茶(구체적 차의 종류 이름 없이 그냥 茶라고 되어 있다)는 전체 200,600箱 중 26,600箱을 이화행이 분담했으니 757,108달러가 된다. 이를 합산하면 1,148,042달러가 되고 이는 전체 8,837,092달러의 약 13%에 상당한다. 1818년의 자료도 1817년의 사례에 따라 계산하면 이화행의 분담 비중이 10.02%로 비교적 낮게 산출된다. 이는 모스의 자료[60]에 표시된 1818년 각 행상 분담량 중 未指定된 부분이 상당량(모직물 1份, 茶 25,500箱, 남경포 4만 필)에 달하기 때문이다. 이것은 최후에 누군가에게 분담되었을 것이다. 그러나 그것을 정확히 모르는 상황에서 미지정 부분을 포함한 비중 계산이 정확한 분담 비중을 보여준다고 할 수 없다. 그래서 각주에서 설명하였듯이 미지정 부분을 제외하고 분담 비중을 계산하면 이화행은 11.5%를 점하고 麗泉行 昆水官은 12%의 비중을 보인다.

1819년의 분담액 비중 계산은 각주에 표현된 대로 두 가지 방식이 가능할 것이나 차에 대해서는 1811년의 계산 방식이 보다 실제에 가까울 것이라 판단되고, 생사와 남경포에 대해서는 1819년 광주

---

59) H. B. Morse, *Ibid.(1926)*, Vol. Ⅲ, pp.328-329.
60) H. B. Morse, *Ibid.(1926)*, Vol. Ⅲ, p.313.

에서의 영국 동인도회사의 무역자료(모스, 제3권, 366쪽. 각주 참고)를 이용하면 구할 수 있다. 양자를 합해 비중을 구하면 13.5%가 된다. 1821년, 1822년의 경우는 1819년의 사례를 준용하여 이화행의 분담 비중을 계산하였고, 1823년의 경우는 공부차, 둔계차, 무이차의 배분만 제시되어 있으므로 종래처럼 차의 중량을 擔으로 환산하고 여기에 단가를 곱하여 차의 가격을 계산해냄으로써 이화행의 분담 비중을 구할 수 있다.

1827년의 경우는 좀 특이하다. 수출된 차의 수량(箱, 擔숫자)으로 볼 때 東生行은 53,707箱(擔)을 분담하여 1위(18.3%)이고 53,390箱(18.2%)을 배당받은 이화행은 2위였다.[61] 그러나 각종 차의 箱을 擔으로 환산하고 1827년에 근접한 해의 차의 단가로 계산하여 합산하니 순위가 뒤바뀌었다. 東生行 章官의 가치액수는 850,295兩(17.9%)에 달하여 2위를 차지하였고, 이화행이 오히려 액수가 868,067兩(18.3%)에 달하여 1위를 차지하였다. 이화행이 비교적 비싼 차를 분담받았기 때문이다. 1830년의 무역 분담액도 1827년과 유사한 상황이다. 분담한 수량에서는 東興行 鰲官이 1위이고(57,300箱) 이화행이 2위이지만(50,800箱) 그것을 같은 방식으로 환산하여 단가로 곱해 액수를 구하면 순위가 바뀐다. 이화행이 771,630兩을 배당받아[62]

---

[61] H. B. Morse, *Ibid.(1926)*, Vol.Ⅳ, p.147에 의하면 東生行은 무이차 15,000擔, 工夫茶 27,248箱, 色種茶 1,938箱, 屯溪茶 8,000箱, 貢熙茶 1,154箱, 貢熙骨 367箱을 분담받았다. 반면, 이화행은 공부차 36,499箱, 色種茶 2,566箱, 둔계차 11,000箱, 貢熙茶 2,035箱, 貢熙骨 1,290箱을 분담받았다.

[62] 章文欽은 앞의 논문(1984-3) 176쪽에서 이화행이 1830년 동인도회사와 맺은 계약에서의 차 분담액이 1,274,000兩이라고 한다. 이것은 모스의 자료에 제시된 6종의 차 수량은 箱 숫자이고, 6종 차의 단가는 擔 당 가격인데, 이를 혼동하여 箱을 擔으로 환산하지 않고 바로 箱 숫자×단가로 계산한 때문에 이러한 잘못된 수치가 나온 것이다.

19%를 점하고 1위가 되었다. 東興行은 686,511兩을 분담하여, 16.9%를 점하고 2위가 되었다.

1828년은 전체 차 수출량 243,948箱(擔) 중에서 이화행은 41,000箱을 분담하여 제3위를 차지하였다. 이화행의 비중은 16.8%이고 제1위인 東生行 章官은 22.1%, 제2위인 東興行 鰲官은 17.1%의 비중을 보였다. 1829년은 모직물의 분담비율만이 제시되어 있어 그 분담비율(17분 중 4분)로 이화행의 분담 비중을 계산하면 23.5%가 된다.

1831년은 공부차의 분배수량만 제시되어 있으므로 箱子 수의 비중으로 분담액의 비중을 계산할 수밖에 없다. 1833년의 경우 工夫(箱), 廣東武夷(箱), 福建武夷(箱), 屯溪(箱) 등 4종의 차 수량이 제시되어 있는바, 廣東武夷, 福建武夷의 가격이나 중량을 확실히 몰라 정확히 계산하는 것이 현재로서는 불가능하여 그냥 분담한 수량으로 비중을 구하였다.

怡和行은 1803년 영국 동인도회사와 교역한 행상들 중에서 제4위의 무역량 순위를 보이다가, 1805년에는 2위로 상승하였고, 1809년에는 1위가 되어 동인도회사의 가장 중요한 무역 파트너가 되었다. 바로 이 시점이 이화행이 행상의 지도자 商總이 된 시점이기도 하다. 상총이 되었다고 하는 것은 오병감이 행상들로부터 그 지도적 지위를 인정받았음을 의미하며 동시에 무역 파트너인 동인도회사에도 가장 중요한 무역상대로 인식되는 계기가 되었음을 말해준다. 따라서 이 시점에서 동인도회사는 무역계약을 할 때 오병감에게 가장 많은 무역액을 분담하였다고 생각된다. 그것은 동인도회사에 필요한 만큼의 차를 이화행이 원활히 공급할 수 있으리라 판단하였음과 동시에 동인도회사가 가져온 영국제 모직물도 판매할 수 있는 역량이 있다고 판단하였음을 보여준다. 동인도회사가 이러한 판단에 따라 이화행을 최대의 무역 거래자로 설정한 것은 이화행 오병감이 보여준 신용을 중시하는 태도,[63] 성실하고 진지한 자세[64]가 믿음직한 파트너로 여겨졌기 때문일 것이다.

모스의 자료에서 1801년부터 1833년까지 33년 중 20개 연도의 이화행의 무역량 또는 무역액 비중을 산출할 수 있었는데 무역량과 무역액에서 1위를 보인 연도가 12개 연도, 무역액에서만 1위를 보인 연도가 2개 연도(1827, 1830)였다. 즉, 14개 연도 무역액에서 1위를 기록했다. 무역량보다 무역액의 분담 비중이 실질적인 무역 분담 비중이라 할 수 있으므로, 오병감이 이화행을 운영했던 기간 중 7할의 기간은 행상 중에서 최고의 무역업자로서의 위상을 지녔다고 할 수 있다. 주로 모직물이나 茶를 대상으로 계산하였지만 두 가지 상품은 당시 영국 동인도회사와의 교역에서 가장 중요한 수입·수출 상품이었으므로 무역 분담 비중을 산출하는 데 손색이 없다고 생각된다. 그 결과 산출된 이화행의 무역 비중은 최저 11.5%에서 최고 23.5%를 점하였다. 20개 연도의 비중을 합산하여 단순 평균을 계산하면 약 17%라는 수치가 나온다. 같은 기간 동인도회사와의 교역에 참여한 행상 수의 평균은 9.9家 약 10家이다. 10家가 무역에 참여하면 평균적으로 10%의 분담을 보이는 것이 정상인데 그것보다 7% 정도

---

[63] 李國榮 편저, 앞의 책, 107-108쪽. 1805년 한 외국 상점에서 계약서에 따라 광주에 면화를 싣고 왔는데, 항구에 도착해 화물을 꺼내보니 이미 오래된 물건이라 행상들은 구매를 거절했지만, 오병감만이 1만 원쯤 손해를 감수하면서 약속대로 면화를 인수했다고 한다.

[64] 周麗群, 「淸代福建茶葉出口中的閩籍茶商及其經營」, 『發展硏究』 2012年第3期, 88-89쪽.

초과하여 무역을 분담하였다는 계산이 나온다. 1809년 이후에는 商總 또는 總商의 역할을 담당하여 광동 대외무역에서 최고 최대의 지위를 지닌 行商이었으므로 이는 당연한 귀결이겠지만 그 분담비중을 구체적 수치로써 제시한 데 의미가 있다 하겠다.

2) 다른 행상과의 관계

다음은 다른 행상과의 관계를 통해서 伍秉鑒의 행상 내 위상을 검토하겠다. 우선 이화행은 대외무역에서의 성공적 경영으로 상당한 부를 축적하였고, 이를 바탕으로 자본이 부족한 여타 군소행상에게 상당한 대출을 해주었다는 점을 고찰하겠다.

1758년 이래 1842년 南京條約으로 행상제도가 폐기되기까지 80여 년간 활동한 48家의 행상 중에서 33家의 행상이 파산하였는데, 이는 내부적으로는 행상 자체의 경영부실에 기인하기도 하고, 외부적으로는 황제를 비롯한 淸代 國家權力側의 수탈과 행상에게 債務를 제공하여 이자를 챙긴 東印度會社 등 西洋商人의 高利貸的 착취에서 기인한다.[65] 경영부실, 청조와 외국상인의 수탈과 착취로 말미암아 이화행 등 몇 행상을 제외하고 대부분의 행상은 경영압박과 자금부족에 시달렸다. 이화행은 자금부족에 시달리는 이들 행상에게 동인도회사의 보증을 받아 여러 차례 자금대부를 제공하고 있었다. 모스의 자료에 의하면 이화행은 1813년에 23만 1,480냥, 1814년에 17만 8,000냥, 1816년 3월 6일까지 이자를 붙여서 도합 47만 393냥을 동인도회사의 보증을 받아 행상들에게 대부하였다.[66] 그 구체적 행상들과 대부

---

65) 朴基水, 앞의 논문(2011).

금액은 麗泉行 昆水官에 18,900냥, 東裕行 謝鰲官[67]에 84,698냥, 西成行 黎伯官에 93,711냥, 天寶行 梁經官에 58,375냥, 福隆行 人和에게 67,018냥, 萬源行 李發官에 51,661냥, 達成行 鵬年官에 96,030냥으로 합계 470,393냥이다.[68] 이는 여섯 행상의 청조에 대한 연체 세금과 公行에 대한 行佣[69]의 납부를 위한 것으로 이화행에 年 10%의 이자를 지불해야 하는 것이었다.[70] 이 중 西成行 黎伯官은 93,711兩, 福隆行 人和는 67,017兩, 達成行 鵬年官은 96,030兩의 浩官에 대한 채무(합계 256,758兩)[71]를 1820년 당시에도 미처 갚지 못하고 있었던 듯하다.[72]

---

[66] H. B. Morse, *op. cit.*(1926), Vol. Ⅲ, p.245. 章文欽은 "1814년 동인도회사는 6명 행상이 관세를 납부하는 것을 지지하기 위해 浩官과 茂官에게서 16만 6천 냥을 차관하는 것에 보증하였다. 1816년 新行商을 위해 伍家에 631,480냥을 차관하는 것을 보증하였다. 1817-1818년도에 7명의 신 행상은 이화행에 채무 470,393냥을 빚졌다"[앞의 논문(1984-3), 172-173쪽]라고 하였으나 그가 각주에서 제시한 모스의 저서, 해당 쪽에는 관련 내용이 없다.

[67] 1811년 通事(통역)인 謝嘉梧가 東裕行을 개설하였고, 후일 謝有仁이 계승하여 東興行으로 개명하였다. 朴基水, 앞의 논문(2011), 276쪽 <표 1> 참조.

[68] H. B. Morse, *op. cit.*(1926), Vol. Ⅲ, p.333. 이상은 장부에 나타난 대출금액이고 장부에 나타나지 않은 것을 합하면 50萬 兩 이상이라 한다. H. B. Morse, *op. cit.*(1926), Vol. Ⅲ, p.330.

[69] 行佣은 한문 사료에서는 '行用'이라고 표현되고 외국어 사료에서는 Consoo Fund(公所經費)로 표현된다. 원래 구전, 커미션의 의미이다. 여기서는 行商이 조직한 公行에서 일정한 금액을 조성하여 긴급한 수요에 충당하는 기금이다. 보통 수출입 화물에 대해 從價稅 3%를 추가로 부과하여 조달하였다. 그 용도는 청조가 행상에게 기부금 등을 요구할 때 사용하거나(예컨대 매년 5.5萬 兩의 貢價), 행상 중에 외국상인에게 채무를 져 파산하게 되었을 때 행상이 연대책임을 겨야 했는데, 이때 行佣기금으로 처리하였다. H. B. Morse, *Ibid.*(1926), Vol. Ⅲ, pp.61-62, pp.309-311; 蕭國亮, 「清代廣州行商制度研究」, 『清史研究』 2007-1, 43쪽; 佐佐木正哉, 「清代廣東の行商制度について－その獨占形態の考察－」, 『駿臺史學』 66, 1986, 59쪽 참조.

[70] H. B. Morse, *Ibid.*(1926), Vol. Ⅲ, p.309.

[71] H. B. Morse, *Ibid.*(1926), Vol. Ⅲ, p.330.

[72] H. B. Morse, *Ibid.*(1926), Vol. Ⅳ, pp.7-8에 의하면 1822년에 西成行 黎伯官의 浩官에 대한 채무 잔액은 142,001兩으로 늘어났고, 福隆行 人和는 56,400兩, 達成行 鵬年官은 5萬 兩의 浩官에 대한 채무가 남아 있었다.

이처럼 浩官은 군소행상에 대한 대부를 통하여 행상에 대한 영향력과 통제력을 강화시킬 수 있었다. 이화행으로부터 자금을 대부받은 군소행상으로서는 이화행의 요구나 견해에 동의하지 않을 수 없었을 것이다.

한편 이화행은 행상의 대표인 總商으로서 행상의 경제적 이익을 옹호하고, 위기에 처한 행상을 구원하는 활동을 한다거나, 파산당하여 변경으로 유배형에 처해진 행상의 생활비를 제공하였다. 예컨대 1811년 동인도회사는 공행의 중견인 浩官과 茂官에게 그들이 합동으로 또는 단독으로 羽紗(綿과 毛 등을 혼합하여 짠 얇은 방직품) 판매 대리인을 맡아줄 것을 요구하였다. 그들은 이 요구에 응답하는 대신 조건을 내세웠다. 여기서 발생하는 이윤을 비례에 따라 전체 행상에 분배해줄 것을 요구하였다.[73] 자신들의 부분적 이익을 희생함으로써 대신 전체 행상의 지지를 받으려는 행위였다. 1813년 老行商 章官(東生行 劉德章)이 동인도회사에 잘못을 범하여 그 무역 이익을 잃자 浩官은 중간에서 알선하여 章官이 모직품의 4할의 배당을 얻게 하였다.[74] 종래 외국상인에 대한 채무로 시달리던[75] 西成行 黎光遠(Poonequa)이 1825년 파산하여[76] 1828년 伊犁에 充軍당하게 되자 浩官은 동인도회사와 공행이 공동으로 조성한 3천 달러를 그의 생활비로 제공하였다.[77]

---

[73] 章文欽, 앞의 논문(1984-3), 173쪽.

[74] 章文欽, 앞의 논문(1984-3), 173쪽.

[75] 故宮博物院, 『淸嘉慶朝外交史料四』「兩廣總督蔣攸銛等奏査明洋商拖欠夷人貨銀請勒限分年淸還摺」 嘉慶二十年九月二十八日, 38쪽 뒤-39쪽 앞(『淸代外交史料: 嘉慶朝』, 434-435쪽)에 의하면 1815년 亞成行 黎光遠은 29만 5,194냥을 서양상인에게 빚지고 있었다(夷欠).

[76] 章文欽, 「淸代前期廣州中西貿易中的商欠問題」, 『中國經濟史硏究』 1990-1, 127쪽에 의하면 1825년 黎光遠 關稅와 捐輸 銀 149,769兩을 체납하였으며 散商과 미국상인에게 화물대금 477,216兩을 빚진 결과 파산하였다.

이러한 행위들로 말미암아 오병감은 행상들 사이에서 지도자로서의 인망을 얻기도 하였다. 따라서 모스가 怡和行의 오병감을 "실제로는 총상들 중에서 곤란한 소 행상을…… 도울 수 있는 충분한 자금을 가진 유일한 행상이다"[78]라고 평가한 것도 당연한 일이었다.

오병감이 이상과 같은 행상집단 내에서 지도자적 역할을 할 수 있었던 것은 재력이 가장 풍부한 행상이었다는 점에 기인하지만, 동시에 그가 가진 행상 내의 네트워크에서도 그 이유를 찾을 수 있을 것이다. 앞에서도 언급했지만 怡和行을 창립한 伍國瑩은 潘振承의 同文行에서 회계를 맡아본 경력이 있었다. 이는 반진승과 오국영이 같은 福建出身이었기 때문이었다. 반진승의 고향은 福建 泉州府 同安縣이고 오병감의 祖籍은 이웃한 福建 泉州府 晉江縣이었으므로[79] 동향사람인 셈이었다. 광동13행의 주류가 복건 출신이었기 때문에[80] 오병감은 복건상인들의 네트워크를 통해 광동13행의 주류가 되었던 것이다. 그중에서도 1760년 이래 광동13행의 지도자였던 동문행 반진승과의 밀접한 관계는 이화행 발전의 한 자산이었다. 동시에 오병감은 광동 출신 행상들과의 관계에도 소홀히 하지 않았다. 오병감은 그의 질녀와 廣東 新會 출신[81]의 廣利行 盧觀恒의 아들 盧文錦을 결혼시킴으로

---

77) H. B. Morse, *op. cit.*(1926), Vol. Ⅳ, p.173. 이때 동인도회사 1,500달러, 공행이 1,500 달러를 조달하였다.

78) H. B. Morse, *op. cit.*(1926), Vol. Ⅳ, p.59.

79) 박기수, 앞의 논문(2012), 132쪽; 伍銓萃, 「萬松山房六十壽唱和詩序」(『廣東嶺南 伍氏闔族總譜』 卷6上, 「藝文」).

80) 西村孝夫, 「廣東における中國の對歐貿易機構と推移」, 『經濟研究』 66, 1967. 86 쪽. 예컨대 13행 중 潘同文, 伍怡和, 葉義成, 潘麗泉. 謝東裕, 黎資元의 각 행은 모두 福建籍이었다.

81) 桂文燦 撰, 『經學博采錄』 卷四, 1쪽 뒤(續修四庫全書編纂委員會 編, 『續修四庫 全書』 經部 群經總義類, 179, 上海: 上海古籍出版社, 1995, 29쪽)에 新會富商盧

써 광동 출신 행상과 혼인동맹을 맺었던 것이다. 노관항은 1808년 同文行의 潘有度가 은퇴하자 수석행상이 되어 오병감과 함께 공행을 이끌었다.[82] 결국 오병감과 함께 商總 역할을 한 것이다. 1812년 노관항이 세상을 떠나자 그의 아들 노문금은 광리행의 행주가 되었고, 1813년 아버지의 행상 내 지위를 계승하여 오병감과 함께 총상이 되었다. 광리행은 동문행, 이화행과 거의 동급의 행상으로 평가될[83] 정도로 행상 내의 지위가 상당하였다. 앞의 <표 1>을 보면 1808년, 1811년 광리행이 무역 분담액 1위를 보이고 있었다.

이처럼 오병감은 복건 출신으로서 복건행상들과 동향관계를 통하여 강한 네트워크를 형성하고 있었고, 광동행상과는 혼인을 통한 혈연적 유대를 도모하는 모습을 보여주었다. 이러한 점도 오병감이 행상집단 내에서 지도적 지위를 강화시키는 좋은 조건이 되었다고 판단된다.

4. 동인도회사의 '銀行'으로서 怡和行

19세기 前半의 이화행의 면모는 행상 내에서 지도적 지위에 있었다는 데 국한되지 않는다. 무역 상대자인 동인도회사와의 관계를 통

觀恒이란 표현이 보인다.

82) 黃景聽, 「淸代廣東著名行商盧觀恒」, 廣州歷史文化名城硏究會・廣州市荔灣區
地方志編纂委員會, 『廣州十三行滄桑』, 廣州: 廣東省地圖出版社, 2001, 216쪽.

83) 梁嘉彬은 "나는 潘, 盧, 伍 3家는 모두 행상 중에서 걸출한 자라고 생각한다"라고
하여 노관항의 광리행을 높이 평가하였다(『廣東十三行考』, 廣州: 廣東人民出版
社, 1999, 296쪽).

해서도 이화행의 면모를 살필 수 있다.

청대 광주의 대외무역에서 중국의 주요 무역대상 국가는 영국이었다. 영국정부는 동인도회사에 1600년 12월 31일 대아시아 무역의 독점권을 허용하였고, 그중 중국 무역 독점권은 1833년 말까지 유지되었다. 1709년 3월 병립하던 두 개의 동인도회사가 合併됨으로써 東印度會社의 면모가 일신되었으며 자본액도 320만 파운드에 달하여 영국 최대의 무역회사로 발전하였다.[84] 그러나 1813년 동인도회사의 인도 무역 독점권이 폐지됨에 이르러[85] 점차 사세가 기울기 시작하였다. 게다가 동인도회사의 허가하에 진행되는 散商의 對中國 무역비중이 늘어남에[86] 따라 동인도회사의 대중국 무역에서의 위상이 옛날 같지 않았던 모양이다. 경영에서의 자금 압박도 자주 발생하였다. 이에 따라 자금이 풍부한 중국행상에게 자금을 빌리거나 빚지는 일이 잦아졌다. 아래 <표 6>[87]은 동인도회사가 怡和行 등 廣東 行商에게서 차용하거나 채무관계에 있는 자금의 연도별 통계표이다. 이

---

84) 아사다 미노루(淺田實) 지음, 이하준 옮김, 『거대 상업제국의 흥망사 동인도회사』, 서울: 파피에, 2004, 72-73쪽에 의하면 이미 1691년 동인도회사의 자본금은 739,782 파운드에 달하여 영국에 존재하는 무역회사 중 최대 규모를 자랑하고 있었다.

85) 아사다 미노루, 위의 책, 211쪽.

86) 모스의 자료에서 廣州에서의 수출입 무역액 통계가 나타나는 1817년 이미 散商의 대중국 수출입 무역액의 합계가 동인도회사의 그것을 초과하였다. H. B. Morse, *op. cit.*(1926), Vol.Ⅲ, pp.328-329에 의하면 1817년 중국이 동인도회사로부터 수입한 액수는 5,045,140달러이고, 중국이 동인도회사에 수출한 액수는 6,126,861달러로 합계 11,172,001달러이다. 반면, 중국의 對散商 수입액은 8,649,500달러, 중국의 對散商 수출액은 3,642,100달러로 합계 12,291,600달러이다. 散商무역액이 동인도회사를 1,119,599달러나 초과하고 있다. 이러한 추세는 더욱 심해져 H. B. Morse, *op. cit.*(1926), Vol.Ⅳ, pp.195-196에 의하면 1829년 중국과 동인도회사의 수출입 무역합계는 12,015,625달러인데, 중국과 散商의 수출입 무역합계는 24,676,928달러로 散商의 무역액이 동인도회사 무역액의 두 배 이상을 기록하고 있다.

87) 출전: H. B. Morse, *The Chronicles of the East India Company Trading to China, 1635-1834*, Oxford, 1926.

수치는 모스의 자료 중에서 동인도회사가 怡和行에 빚진 채무액을 알 수 있는 경우만을 모은 것이다. 다른 해의 자료에서도 동인도회사가 행상에게 빚진 경우가 있으나, 단순히 행상에게서 빚진 것으로 기록되어 있어[88] 이화행의 채권액을 알 수 없기에 포함시키지 않았다. 자료의 성격상 얼마만큼이 자금 대출[89]이고, 얼마가 무역거래에서 발생하는 채무[90]인지 확실치 않지만, 점점 동인도회사가 행상과의 거래에서 채무액이 많아지고 있음은 확실하다.

〈표 6〉 영국 동인도회사의 怡和行 등 행상에 대한 채무액(단위: 兩)

年度	怡和行	기타 행상	합계	이화행 비중	근거자료
1812	359,087	32,214	391,301	91.8%	Ⅲ, p.174.
1813	548,974	200,542	749,516	73.2%	Ⅲ, p.189.
1815	662,813	399,805	1,062,618	62.4%	Ⅲ, p.226.
1816	215,717	104,917	320,634	67.3%	Ⅲ, p.242.
1820	531,378	391,440	922,818	57.6%	Ⅲ, p.368.
1822	1,055,555달러(약 76萬 兩)				Ⅳ, p.59.
1823	767,204	515,233	1,282,437	59.8%	Ⅳ, p.70.
1824	857,330	326,396	1,183,726	72.4%	Ⅳ, p.87.
1825	292,979	317,564	610,543	48.0%	Ⅳ, p.102.
1831	59,870	433,592	493,462	12.1%	Ⅳ, p.252.
1832	279,805	197,903	477,708	58.6%	Ⅳ, p.324.
1833	265,536	732,647	998,183	26.6%	Ⅳ, p.342.
합계	5,600,693	3,652,253	9,252,946	60.5%	

[88] 예컨대 H. B. Morse, *Ibid.*(1926), Vol.Ⅳ, p.122에는 1826년 동인도회사가 行商에게서 568,815兩을 빚지고 있다고 기록되어 있다.

[89] 동인도회사는 징병권과 교전권, 사관임명권을 가지고 있어 다른 나라와 전투도 가능한 회사였다. 당시 동남아, 인도 등에서 벌어진 전투비용을 조달하기 위해 행상에게서 빌렸을 가능성도 있으나 이는 차후 보다 신중하고 치밀한 연구를 통해 밝혀져야 한다.

[90] 모스의 자료만 가지고는 정확히 알 수 없지만 아마도 동인도회사가 차를 구입하면서 외상으로 하였기에 이처럼 채무로 기록하였을 가능성이 있다.

동인도회사가 중국행상에게 빚진 채무액은 12개 연도에 걸쳐 925만여 兩에 달하니 연평균 77만 1천여 兩이 된다. 이 중 약 60%인 560만여 兩은 동인도회사가 이화행에 빚진 채무액이다. 年平均額을 계산해보면 약 46만 6,700여 兩이 된다. 이화행은 거의 매년 46萬 兩 이상의 자금이나 화물을 동인도회사에 융통·제공해줄 만한 여력이 있었던 셈이다. 결국 매년 평균 46만여 兩에 해당하는 자금이나 상품이 동인도회사의 장부상에 이화행에 대한 債務로 기록되어 있었다. 어쨌든 이 자료는 동인도회사가 대중국 무역을 진행하면서 자금이나 화물의 거래에 있어 가장 중요한 상대자가 이화행이었음을 보여준다. 그만큼 怡和行은 동인도회사에 있어 필요하고도 귀중한 존재였다고 할 수 있다.

1759년 兩廣總督 李侍堯가 제정한 「防範外夷章程」 5조를 보면 "夷商이 광동에서 겨울을 나는 것은 응당 영원히 금지된다. 外洋에서 온 夷船은 원래부터 5, 6월에 (광주항에) 정박할 수 있었고, 9, 10월이면 歸國하는데, 만약 일로 인하여 겨울을 나려면 澳門(마카오)에 居住해야 한다"[91]라는 규정이 있었다. 이에 따라 동인도회사 직원들은 음력 9월, 10월, 즉 늦가을, 초겨울이 되면 적어도 마카오로 퇴거해야 했다. 이때 동인도회사가 운용하던 자금을 가져가지 않고 대체로 浩官에게 맡겼다.[92] 모스는 다음과 같이 서술하고 있다. "(동인도회사) 위원회는 沛官(怡和行)을 계속해서 완전히 신임하였다. 그들이 1818년 3월 말 광주를 떠날 때, 그들 수중에는 銀 603,591달러가 남아 있

---

91) 『粤海關志』 卷28 「夷商」 22쪽 뒤(沈雲龍 主編, 앞의 책, 2012쪽).
92) 매 무역 4分期가 끝나면 동인도회사 大班은 광주를 떠나 마카오에 가서 거주하였는데, 이 기간 동안 회사의 예금 및 金銀을 伍家(浩官)에 보관시켰다. 章文欽, 앞의 논문(1984-3), 176쪽.

었다. 이들 중 마카오에서 사용하기 위해 27,074달러를 남겨두고 차액 576,517달러를 총상인 沛官의 관리하에 맡겼다."[93] 당시 중국에서 광범위하게 유통된 스페인 은화는 1달러가 銀 0.72兩으로 환산되는 것이 일반적이었으므로,[94] 은 57만 6,571달러라면 兩으로 환산해서 41만 5,131兩에 해당한다. 광동에서의 1兩은 579.85grains[95]라 하고, 1grain은 0.0648g이므로 광동에서 은 1兩은 37.574g이다. 이로써 계산하면 41만 5,131兩의 중량은 약 15,598kg이다. 여기에 은화를 담는 궤짝의 무게까지 더한다면 상당한 무게가 된다. 이렇게 무거운 은화를 매번 운반하는 수고를 덜기 위해 동인도회사는 안심하고 맡길 수 있는 파트너가 절실했을 것이다. 그 파트너가 다름 아닌 이화행인 것이다.

이상의 사례에서 본다면 동인도회사는 무역거래에서 가장 많은 채무를 이화행에 지고 있었고, 상시적으로 광주와 마카오를 오가는 상황에서 많은 경영자금을 일정기간 이화행에 보관시켰다. 이는 이화행이 동인도회사에 대하여 일종의 은행 역할을 하고 있었음을 말해준다. 이러한 동인도회사와의 관계 속에서 이화행이 담당한 역할에 대해, 일찍이 모스는 이화행이 동인도회사의 銀行家로서 기능하였다(acted as banker)고 평가하였다.[96]

---

93) H. B. Morse, *op. cit.*(1926), Vol. Ⅲ, pp.333-334. 3월 말이라고 한 것은 아마도 모스의 날짜 착오인 듯하다.

94) H. B. Morse, *op. cit.*(1926), Vol. Ⅰ, xxii, Conventional Equivalents(관행적 等價). 청측 자료도 대체로 그러한 환산비가를 보이고 있다. 『高宗純皇帝實錄』 卷1,377, 乾隆56年四月癸酉條(『清實錄』 第21册, 中華書局 영인본, 1986, 493쪽)에 "該商欠交番銀四十萬一千六百餘圓, 合銀二十八萬九千一百餘兩"이라 하므로 이를 계산해보면 1791년에 番銀(스페인 은화) 1圓(달러)은 銀 0.7198兩에 해당한다.

95) H. B. Morse, *Ibid.*(1926), Vol. Ⅰ, xxii, Conventional Equivalents(관행적 等價).

96) H. B. Morse, *op. cit.*(1926), Vol. Ⅲ, p.245.

5. 맺음말

본고에서는 이화행 伍秉鑑에 대해, 무역중개상으로서 怡和行의 발전과정, 행상들 중에서의 怡和行 伍秉鑑의 위상, 그리고 동인도회사와의 관계를 통해 살펴보았다. 1783년 同文行 회계이던 伍國瑩은 자립하여 이화행을 창설하였다. 伍國瑩은 1792년 차남 伍秉鈞에게 怡和行을 물려주었고, 1801년 伍秉鈞이 병으로 사망하자 동생인 伍秉鑑이 怡和行을 물려받았다. 이화행은 주인이 바뀌면서도 꾸준히 성장하여 行商 내에서의 순위가 지속적으로 상승하였다. 1809년에는 오병감이 행상의 대표인 商總(總商의 前身)이 되었고, 이어서 1813년에는 總商이 되어 명실상부한 행상의 지도자, 최고의 행상으로 부상하였다. 伍秉鑑은 1826년 4남 伍受昌(즉, 伍元華), 1833년에는 5남 伍紹榮(즉, 伍元薇)에게 이화행을 맡겼지만 여전히 原商으로서 이화행을 총리하였다. 1840년 兩廣總督이 여러 行商들 중에서 오직 怡和行만이 殷實하다고 평가할 정도로 행상제도가 폐지될 때까지 번영을 구가한 것은 이화행뿐이었다.

행상집단 내에서의 이화행의 위상을 살피기 위해 먼저 東印度會社와의 무역계약에서 이화행이 차지한 무역 분담의 비중을 추산하였다. 모스의 편년체식 저술인 「The Chronicles of the East India Company Trading to China, 1635-1834」에서, 오병감이 이화행을 담당한 1801년부터 동인도회사가 중국무역독점권을 상실한 1833년까지의 기간 중 20개 연도의 행상들의 무역 분담액을 검출할 수 있었다. 여러 가지의 복잡한 계산과 추정을 통해 이화행이 행상 중 1위의 무역 분담액을 점한 것이 전체 20개 연도 중 14개 연도에 달한다는 사실을 확인할 수 있었다. 20개 연도의 이화행 분담액의 비중 평균을 계산하니 17%가 되었다. 그 기간 행상의 평균수가 9.9家이므로 평균보다 7% 정도 더 분담받았음을 알 수 있었다. 다른 행상보다 더 많은 무역 분담액을 차지했다는 것은 그만큼 이화행이 타 행상보다 더 많은 자본축적의 기회를 가졌다는 의미이기도 하다. 이화행의 오병감이 제1위의 무역 분담액을 차지한 것은 그가 총상이었다는 사실, 그의 경영능력 등과 직접적 관련이 있다. 怡和行이 기타 群小행상에게 근 50萬 兩의 거액을 대부해준 사실을 통해서도 이화행의 행상 내 위상을 엿볼 수 있다. 이화행은 이러한 대부를 통하여 여타 군소행상에 대해 영향력과 통제력을 발휘할 수 있었다. 아울러 여러 행상의 이익을 대변하고, 기타 행상을 보호하는 총상의 역할을 충실히 하고 있었음도 확인할 수 있었다. 그가 총상으로서 행상들의 지도자가 될 수 있었던 배경에는 복건상인 출신이라는 동향 네트워크와 광동 출신 행상과의 혼인동맹이라는 요소가 있었음을 지적할 수 있다.

다른 한편 무역 파트너인 東印度會社와의 관계를 통해서 이화행의 일면을 살펴보았다. 1813년 인도무역 독점권을 상실한 동인도회사는 사세가 기울기 시작하였고, 이에 따라 자금압박을 받을 때면 주로 이화행에서 자금을 빌렸다. 1812-1833년 사이의 자료에 따르면 매년 평균 77만 냥 정도를 행상에게서 빌리거나 행상에게 채무를 지고 있었는데 그중 약 60%인 46만여 냥이 이화행이 부담한 부분이었다. 그뿐만 아니라 동인도회사는 마카오로 퇴거할 때마다 이화행에 현금이나 여러 재화를 보관시켰다. 결국 동인도회사에 있어 怡和行

은 銀行과 같은 존재였다.

종래 추상적으로 怡和行 伍秉鑒을 최고의 행상, 가장 유력한 행상
으로 막연히 평가하였으나 본고에서는 그러한 이화행 오병감의 구
체적 무역 분담액 비중을 추산하였고, 동료 행상과 동인도회사에 대
한 구체적 대부 상황 등을 제시하였다. 이를 통해 이화행 오병감의
부유한 행상으로서의 이미지가 보다 구체화되고, 행상 집단 내에서
의 지도자로서의 위상도 보다 분명히 드러날 수 있었다고 생각한다.

이러한 결론에 대해 바로 제기될 수 있는 문제는 어떻게 이화행이
행상 집단 내에서 이러한 위상을 가지게 되었을까 하는 것이다. 본
론에서는 이 문제를 집중적으로 논하지 않았다. 그 자체로 하나의
논문주제가 될 수 있기 때문이다. 앞으로의 과제로 남겨 두고, 다만
여기서는 간략히 필자의 견해를 제시하는 것으로 그치고자 한다. 중
국사회를 분석할 때 꽌시(關係)가 아주 중요한 개념이고 요소이며,
동인이기도 하다. 따라서 이화행과 청조의 관계, 이화행과 외국상인
(동인도회사는 이미 언급했으므로 나머지 미국상인이나 散商)의 관
계가 이화행 발전의 중요한 배경이 아닐까 생각하고 있다. 본인의
최근의 연구에 따르면 1773-1843년 사이에 행상들이 청조 당국에
헌납한 기부금은 1,353.7만 냥에 이르고 이 중에 이화행이 부담한
액수는 369만 냥으로 추계되었다. 오병감이 이화행을 주도한 시기에
는 358만 냥을 기부하여 같은 시기 전체 행상기부액의 거의 30%를
점하였다.[97] 무역액의 17%를 담당한 이화행이 기부금에서는 30%를

97) 박기수, 「淸代 廣東 대외무역의 총아 廣東行商 怡和行 伍秉鑒(1769-1843)」, (고려
대학교민족문화연구원·명청사학회, 『동아시아상인 열전: 商人의 창을 통해 역사를
보다』 국제학술회의 발표문, 서울, 2015.8.21.), 121-125쪽.

부담한 것이다. 이 점은 이화행과 청조 당국의 관계를 설명하는 좋은 자료가 아닐 수 없다. 이화행과 미국 회사, 미국상인, 예컨대 金斯洋行(Perkins & Co.)이나 旗昌洋行(Russell & Co.), 쿠싱(J. P. Cushing), 포브스(J. M. Forbes), 헌터(W. C. Hunter) 등과의 우호적 관계[98]는 널리 잘 알려져 있다. 아울러 散商과도 관계가 밀접하여 예컨대 자딘 매더슨 회사(Jardine Matheson & Co., Ltd 査頓, 馬地臣行)는 中文行名을 伍怡和의 명칭을 본떠서 怡和洋行이라 할 정도였다.[99] 그렇다면 이화행은 영국 동인도회사와의 무역 분담액 비중 이상으로 이들 미국 회사나 散商과의 무역 분담액 비중이 높았을 가능성이 있다. 19세기 중반에 들어서면 앞에서도 보았듯이 散商의 대중국 무역액이 영국 동인도회사 무역액을 추월하고 있었다. 이러한 점을 고려하면 이화행 발전과 성장의 비밀이 풀리지 않을까.

---

98) 章文欽, 앞의 논문(1984-3), 177-185쪽.
99) 章文欽, 앞의 논문(1991), 77쪽.

近代 歸化城 漢商의 상업과 무역

정혜중

1. 머리말

이 연구는 중국 근대화가 전통상인들에게 미치는 영향을 규명하고자 하는 시도이다. 전근대시기에 활동이 매우 활발하였던 山西商人과 徽州商人들은 개항장인 廣州와 上海에서 경제활동이 미약한 편이었다. 특히 산서상인의 주요 활동 무대는 연해 개항장에서 비교적 멀리 위치한 내륙(山西省, 直豫省, 몽고)지역이었기 때문에 1860년대 이후 廣州 등 중국 연안에서 보이는 심각한 위기는 없었다. 아이러니하게도 1860년 이후 이 지역상인들의 경제활동이 발전양상을 보였다. 이 때문에 청조가 멸망하면서 시작되는 산서상인들의 쇠퇴는 서구 자본주의와는 일견 무관한 것으로 평가되었다. 따라서 산서상인 등 중국 전통상인들의 쇠락원인에 대해서 청조 봉건사회 내부의 지배구조, 산서상인의 전통적 경영 방식의 문제점에 무게를 두고 연구가 진행되었다.[1]

---

[1] 이와 같은 관점의 대표적인 연구는 (淸)李燧(1753-1825)著; 黃鑒暉校注, 『晋游日記(雪爪留痕)』(太原市: 山西人民出版社, 1989) 및 (淸)李宏齡(1847-1918)著; 黃鑒暉校注, 『同舟忠告』(太原市: 山西人民出版社, 1989), (淸)李宏齡齡著; 黃鑒暉校注

본고는 중국 근대사회에 대한 이해를 개항장 중심으로 분석하는 기왕의 연구시각에서 벗어나 북방에서의 변화에 주목하고 근대화가 산서상인에게 미치는 영향을 분석하고자 한다. 청대 북방에서의 무역은 중국 대외무역에서 중요한 위치를 차지하고 있었다. 중국과 러시아와의 교역 추이만을 본다면 茶 무역의 경우, 개항기 전후 중국 산업에서 적지 않은 비중을 차지하고 있었다.[2] 러시아와 몽고를 통한 교역에서 가장 핵심적인 활동주체는 산서상인이다. 이들은 청초부터 몽고지역에서 활동하면서 18세기 綿布, 19세기 茶貿易으로 거대한 부를 축적하였다.[3]

─────────────

『山西票商成敗記』(太原市: 山西人民出版社, 1989) 및『山西票號史』(山西經濟出版社, 2002) 및『中國銀行業史』(山西經濟出版社, 1994), 黃鑒暉,『明清山西商人研究』(山西经济出版社, 2002),『中国钱庄史』(黃鉴晖编著, 山西经济, 2005)『中国典當业史』(山西经济出版社, 2006)가 대표적이다. 그 외 杜拉柱 主編 王俊山常务主编,『平遥古城志』(北京: 中华书局, 2002), 山西省政协 '晋商史料全览' 编辑委员会编・阎爱英总主编,『晋商史料全览』(太原: 山西人民出版社, 2006); 山西财经大学晋商研究院编,『晋商研究早期论集』(北京: 经济管理出版社, 2008); 山西财经大学晋商研究院编,『晋商研究』(北京: 经济管理出版社, 2008); 董继斌, 景占魁主编,『晋商与中国近代金融』(山西经济出版社, 2002); 孫麗萍 著,『晋商研究新论』, (太原: 山西人民, 2005); 王尚義 著,『晋商商貿活動的歷史地理研究』(北京: 科學出版社, 2005); 刘建生, 刘鹏生, 燕红忠等著,『明清晋商制度变迁研究』(太原: 山西人民出版社, 2005); 殷俊玲 著,『晋商与晋中社会』(北京: 人民出版社, 2006); 杜正貞 著,『浙商与晋商的比较研究』(北京: 中国社会科学出版社, 2008).

2) 무역추세의 통계는 吉田金一과 米鎭波의 연구가 상세하다. 米鎭波,『清代中俄恰克圖邊境貿易』, 南開大學出版社, 2003, 84-95쪽, 156-166쪽; 吉田金一,『近代露清關係史』, 近藤出版社, 1974, 192-195쪽. 18세기 러시아의 주력수출품은 毛皮로 수출액의 80%를 점하였다. 주력 수입품은 南京木綿으로 전체 수입액 중 63%, 견직물이 18%였다. 茶는 16%에 지나지 않았다. 하지만 러시아는 1822년부터 강력한 보호관세를 설정하여 자본제 생산에 주력하고 대규모 기계제 생산을 정착시켜 면제품과 양모제품의 공장에서 면직물, 모직물을 대량으로 생산하게 되었다. 또한 교역에서는 남경목면에 대신하여 차를 중국과의 무역에서 평가 단위로 중요시하고 교역에서 鑄貨를 사용하는 것은 금지시키고 상품 對 상품으로 교역시키는 등의 변화에 힘입어 茶가 중국에서 러시아로 수입되는 중요상품이 되었다. 19세기 초기에는 200만 루블에 지나지 않았던 차는 1840년경에 800만 루블을 넘게 되어 중국에서 수입액의 94%를 차지하게 되었다.

주지하듯이 중국이 러시아, 몽고와 교역할 때 중요한 창구는 張家口와 歸化城이다. 張家口가 北京의 서북쪽 만리장성의 안쪽에 위치하는 것에 비해 歸化城은 山西省 북쪽 만리장성의 바깥쪽에 위치하기 때문에 산서상인들의 지리적인 접근과 활동이 매우 용이하였다. 歸化城은 16세기 중반 이후 성립된 몽고의 중심지로 청조가 들어서면서 직접 통치하였다. 청 멸망 후 1914년 북경정부의 행정개편으로 綏遠特別區域 歸綏縣으로 되었고, 1928년 9월 국민당 中央政治會議에서 綏遠特別區域을 綏遠省[4])으로 개편함에 따라 1945년까지 綏遠省에 속하게 되었다.

歸化城에 대해서는 많은 연구가 진행되었다. 가장 대표적인 연구인 今堀誠二의『中国封建社會の機構』[5])는 1944년 歸化城(＝歸綏縣)에 대한 실태조사를 토대로 歸綏縣 길드상인에 대한 종합적인 분석을 시도하였는데 귀화성의 경제구조를 이해하는 데 매우 유용하다. 또한

---

3) 佐伯富,「淸代に塞お外ける山西商人」 및「淸代における山西商人と內蒙古」,『中國史硏究』第3, 同朋舍, 53-93쪽.

4) 청조가 망하고 1914년 북경정부는 山西省의 歸綏道 12개 縣과 내몽고 烏蘭察布盟, 伊克昭盟으로 綏遠特別區를 신설하고 綏遠都督이 각 현과 맹의 행정사무를 통괄하게 하고 都督公署를 歸綏縣에 설치하였다. 1914년에는 豊鎭, 凉城, 興和, 陶林의 4개 현을 察哈爾特別區域으로 이관하였다. 1928년 綏遠省정부가 발족되고 이듬해인 1929年 1월 察哈爾省으로부터 豊鎭, 凉城, 興和, 陶林의 4현을 이관받아 행정구역을 확정하였다. 1937년 중일전쟁이 발발하고 바로 지역 대부분이 일본군에 의해 점령되어 성 정부는 伊克昭盟과 河套地區의 일부를 관할하는 데 지나지 않았다. 중일전쟁이 끝나면서 국민당 시정이 회복되었으나 국공내전시기 성 주석인 董其武이 중국공산당과 손을 잡았다. 국민당에 의해 성이 성립되고 나서 몽고족과 한족 간에는 성 행정권 주도권을 둘러싸고 대립이 지속되었다. 신중국 성립 후인 1954년 內蒙古自治區에 편입되어 현재까지 이어지고 있다. 현재의 중·서부 烏蘭察布盟과 伊克昭盟·巴彦淖爾 동부 지방이 綏遠省에 해당한다. 京包線 주변은 漢族 농경지대이고 나머지 부분은 몽고족의 유목지대이다.

5) 今堀誠二,『中國封建社會の機構』, 東京: 日本學術振興會刊, 1955. [今堀誠二,『中國封建社會の機構』, 東京: 汲古書院(影印版), 2002, 837쪽].

歸化城 몽고족의 토지소유, 원거리무역, 상업과 수공업의 경제구조,
종교활동 등에 다양한 방면에서 연구가 축적되었다. 최근 대부분의
연구는 근대 이전을 중심으로 청대 康熙(1661-1722), 雍正(1722-1735),
乾隆(1735-1795)의 귀화성의 발전 양상을 중심으로 분석하고 있다.[6]

　　근대 이후 귀화성에 대한 자료는 중국 현지보다 주변국의 탐험대
의 보고가 상세하다. 특히 일본과 러시아는 정치, 경제, 군사적으로
도 몽고와 만주지방을 중심으로 첨예하게 대립을 하면서 경쟁적으로
지역조사를 실시하여 자세한 자료를 남겼다. 러시아의 뾰즈네프 알렉
세이 마뜨베이비치(阿·馬·波玆德涅耶夫Pozdneev Aleksei Matveevich)
의 일기는 1892-1893년에 걸쳐 중국경제무역을 조사하기 위해 몽고
와 중국 북부를 답사한 결과이다.[7] 이 자료는 光緒 年間(1875-1908)
후반기의 귀화성의 상황을 보다 생동감 있게 묘사하고 있다. 일본인
도 다양한 계층이 몽고지역에 대한 조사를 실시하였다. 1908년에 초

6) 高延青主編,『呼和浩特經濟史』, 北京: 華夏出版社, 1995, 521쪽; 戴學稷編著,『呼
　和浩特簡史』, 中華書局, 1981, 107쪽; 豊若非,「清代北部邊疆權關稅收分配考察-
　以殺虎口、張家口和歸化城爲中心」,『中國社會經濟史研究』2013-3, 25-32쪽; 杜
　曉黎,「歸化城與蒙古草原絲路貿易」,『內蒙古文物考古』, 1998-1, 42-49쪽; 賴惠
　敏,「清代歸化省的藏傳佛寺與經濟」,『內蒙古師範大學學報』39-3, 2010, 89-101
　쪽; 許檀,「清代山西歸化城的商業」,『中國社會經濟史研究』2010-1, 83-92쪽 등이
　대표적이다. 그 외 Almas,「清代におけるモンゴル文農地質入契約文書の書式-歸
　化城トゥメト旗を中心に」,『日本モンゴル學會紀要』41(日本モンゴル學會), 2011,
　3-18쪽과「清代内モンゴルにおける農地質人契約の分類と質入れ時の慣行: 歸化城
　トゥメト旗を中心に」『北東アジア研究』24(島根縣立大學北東アジア地域研究セン
　ター 編), 89-104쪽, 近藤富成,「清代歸化城遠隔地交易路」,『人文學報』257 (首都
　大學東京都市教養學部人文·社會系) 1995, 51-87쪽과「清代歸化綏遠城市街地の
　形成過程」,『人民の歷史學』111號, 東京歷史科學研究會, 1992; 包慕萍,「18世紀歸
　化城(フフホト)の形成とその空簡構造について-中國内モンゴル近代都市と建築に關
　する研究 その1」,『日本建築學會大會學術講演梗概集』(東北) 2000 등이 있다.
7) 阿·馬·波玆德涅耶夫(Pozdneev, Aleksei Matveevich),『蒙古及蒙古人』1, 2, 內蒙
　古人民出版社, 1989.

고가 나온 『東部蒙古誌』, 『支那省別全誌』의 경우 歸化城을 비롯한 광범한 지역의 상황을 전해주고 있다.[8]

본고는 근대 귀화성의 산서상인들의 상업과 무역구조의 변화를 분석하는 데 다양한 외국 보고자료를 이용하여 전통상인들의 쇠락의 요인을 규명하는 데 일조할 수 있기를 기대한다. 이를 위해 먼저 귀화성에서 한인상인이 자리를 잡는 아편전쟁 전후의 역사를 고찰하고 러시아와 몽고와의 무역이 급성장하는 19세기 중반 이후의 상업과 무역에서의 특징을 뽀즈네프 알렉세이 마뜨베이비치(阿・馬・波玆德涅耶夫Pozdneev Aleksei Matveevich)의 일기를 통해 정리해보고자 한다. 또한 20세기 초기 귀화성 보고서를 토대로 귀화성의 상업단체의 조직을 분석함으로써 상업과 무역에서의 특징을 분석할 것이다. 19세기 상인의 진출과정[9]과 그 내용은 어떠한 경로를 겪으며 변천하여 20세기 신해혁명의 시기에 어떤 위치에 있는지를 분석함으로써 산서상인들의 衰落의 요인을 살펴볼 것이다.[10]

---

8) 辻村 編, 『東部蒙古誌(草稿)』, 東京; 辻村出版, 1908, 3권의 조사보고서이다. 『支那省別全誌』 또한 당시 중국의 행정적 변화와 상업상황을 살피기 위한 자료이다. 중국 사료로 『光緒 山西通志』([淸]曾國筌; 張煦 等修;[淸]王軒; 楊篤 等纂; 續修四庫全書編纂委員會 編, 上海: 上海古籍出版社, 1999) 및 『歸綏縣志』(新修方志叢刊, 臺北: 臺灣學生書局, 1968) 『歸化城廳志』 1897 등의 자료를 참고한다.

9) 일반적인 한족상인들의 몽골지역의 진출에 관한 연구로 後藤富男, 「近代內蒙古における漢人商人の進出」, 『社會經濟史學』 24(4), 東京: 社會經濟史學會 1958, 401-433쪽이 있으나 여기에서는 산서상인의 내용에 초점을 두고자 한다.

10) 冒頭에서 밝히고 있는 것처럼 이 글의 문제의식은 산서상인의 쇠락요인을 북방사회의 변화에서 찾아보고자 하는 것이다. 하지만 사료에 언급된 자료가 산서상인에 국한된 것이라고 단정하기 어려워 글의 제목은 漢商, 즉 한족상인이라는 개념으로 설명하였다. 한편 최근 귀화성 경제상황에 관심을 가지고 연구하고 있는 賴惠敏의 경우 寺廟와 喇嘛 그리고 喇嘛의 경제활동에 대한 분석을 시도한 바 있다. 이 연구는 명청대 각 당안(內閣大庫明淸檔案)과 더불어 러시아의 보고서를 중요한 사료로 하고 있다. 또 최근 타이완의 중앙연구원에서 명청연구회에서 이와 관련된 발표들이 끊이지 않고 계속되고 있다. 중국에서도 청사공정의 일환으로 청말 자료들이 광범위

2. 19세기 歸化城 漢商의 足跡

1) 아편전쟁 이전 歸化城의 滿蒙漢人

歸化城지역이 역사무대에 등장하는 것은 고대부터지만 특히 북방에서 遼가 등장하면서부터 유목과 농경사회가 연결되는 대제국시기에 발전하는 양상이 뚜렷하다. 이 지역을 歸化城이라고 부르게 된 것은 15-16세기 명조를 위협한 北虜 Altan Khan(諳達, 俺達汗, 阿勒坦汗)과 관련된다. 그는 15세기 중엽 이래 대대로 살던 선조들의 땅을 1571년(隆慶5) 명조에 바치고 귀화하여 歸義王(順義王)에 봉해졌다. 명조에 귀화한 칭기즈칸의 후예 Altan Khan은 1572년 잃어버린 大都(北京)와 유사한 성을 건설하기 시작한다. 陰山山脈 남쪽 강에 둘러싸인 원형 성벽도시인 庫庫和屯(呼和浩特)은 1575년에 준공되는데 이때 互市條約을 체결한 명조로부터 歸化城이라는 漢文 명칭을 받게 된다. 명청 교체기를 거치는 가운데 이 지역에서도 분쟁이 일었는데 土默特部에서 발생한 내분으로 土默特部는 察哈爾部에 굴복당한 상태로 있다가 1630년(崇禎3) 淸太宗이 察哈爾部를 토벌하고 귀화성을 점령하자 土默特部가 청에 복속되었다.[11]

청조는 초기부터 정치적·군사적 견지에서 몽고와 신강을 제압하기 위한 기반으로 귀화성의 가치를 높이 평가하고 군수품을 얻을 목적에서 농업축산 및 상공업을 보호하였을 뿐 아니라 산업을 장려하

하게 수집되고 중국어로 번역되는 과정에서 러시아 쪽 보고서가 중국어로 출판되었고 이와 관련된 연구가 적지 않게 나오고 있다.

11) 高延靑主編, 『呼和浩特經濟史』, 北京: 華夏出版社, 1995, 109쪽.

였다. 이렇게 귀화성의 정치, 경제적 역할이 중요해지자 청조정부는 귀화성의 통제를 용이하게 하기 위해 교통 중심지로 삼았기 때문에 동서남북을 통한 교통은 매우 비약적으로 발전하였다.[12] 특히 강희, 옹정, 건륭 연간에 걸쳐 귀화성은 만주족 청조의 도시로 탈바꿈하는 행정적 변화와 동시에 漢滿蒙의 문화가 뒤섞여 융합되는 문화적 변화를 겪게 되었다.

행정적 변화는 강희 연간에 집중되었다. 명대 Altan Khan에 의해 성립된 歸化城은 동서와 남북이 각 1.2km의 작은 규모로 남북으로 문이 각각 하나씩 있었다. 성안은 副都統署와 같은 관청이 있었지만 텅 빈 느낌이 들었다면 남문 밖의 상공업 지구는 인구가 조밀하여 성내의 수배에 달하는 곳으로 발전하였다. 1691년(康熙31)에 남문 밖에 외성을 건축하여 4개의 문을 가진 성으로 건축하고 종래의 남문을 鼓樓로 사용하여 대 확장 공사를 완성하였고 건륭, 도광, 동치 연간에 각각 중수하였다.[13]

이렇게 한인들이 귀화성으로 들어오게 되는 것은 청조 호부가 1704년 매년 800호의 한인 농가를 몽고 초원에 이주하여 경작하는 것을 허가한 정책과 관련이 있다. 청조는 1723년부터 이민을 관리하는 기구로 산서성 소속으로 歸化城廳을 설치하였다. 또한 1727년에는 러시아는 恰克圖條約을 맺고 1728년부터 캬흐타(Kiakhta: 恰克圖)에서 무역을 시작하면서 중국 내륙과 외몽고의 庫倫(울란바토르)과 함께 중개무역지로 성장하였다. 18세기 시작된 이민은 많은 산서성

---

12) 近藤富成,「淸代歸化城遠隔地交易路」, 55-59쪽.

13) 鄭値昌修, 鄭裕孚纂,『綏遠歸化縣志』1, 建置志, 城市[1934, 北平; 文嵐簃印(劉國瑞, 新修方志叢刊, 1967, 臺灣學生書局影印本)]

상인들이 귀화성에 상업에 종사하면서 歸化城 밖 남쪽으로 무계획적인 상업지구를 형성하였다.

한편, 건륭 초기인 1737년에 귀화성에서 북동쪽으로 떨어진 곳에 만주팔기를 주둔시키기 위한 綏遠城을 건설하여 정치의 중심지로 삼고자 하였다. 綏遠城에서 경제생활에 필요한 물품은 모두 귀화성에서 공급되었다. 綏遠城은 귀화성 동북 몇 개 마을로 구성된 사방에 4개 문을 설치한 요새로 장군이 거주하면서 변강의 중임을 수행하는 장군아문은 성내에 있다. 그 나머지는 巡歸綏驛傳兵備道, 理事同知 등의 각 아문이 있고 서부 2맹 각기의 개간 업무를 감독, 관리하였다.[14]

이렇게 행정적 재편으로 滿蒙漢의 사람들이 섞이게 되었던 귀화성은 문화적인 면에서도 滿蒙漢의 성격을 보이며 발전하였다. 명대의 Altan Khan은 歸化城을 건설하고 라마교를 몽고에 도입하면서 귀화성 성 밖 남쪽에 사원 大召를 건립하였다.[15] 평소 도시구역과 멀리 떨어진 넓은 지역에 산재하는 유목 생활을 하였지만 생활상의 필요, 특히 사원에 기도하기 위해 일상적으로 귀화성에 왔다. 귀화성이 발전하면서 몽고족의 문화적 상징인 라마 사원은 점점 늘어나면서 1727년까지 席力圖召, 小召 등 9개의 라마 사원이 성의 남쪽에 세워졌다.

이와 반대쪽 북성문 밖에는 1693년 淸鎭寺를 건설하고 이곳을 중심으로 回族 마을이 건설되었다. 주로 축산업을 경영하는 회족은 大西河가 흐르는 초지가 펼쳐진 북쪽에 자리 잡게 되었다. 도시의 발달

---

14) 關東都督府陸軍部, 『東部蒙古誌』, 1908, 419쪽.

15) 包慕萍, 「18世紀歸化城(フフホト)の形成とその空簡構造について－中國內モンゴル近代都市と建築に關する硏究その1」, 『日本建築學會大會學術講演梗概集』(東北), 2000.

에 따라 1723년 淸眞寺가 증축되면서 회족 주택과 상가 등이 淸鎭寺
를 중심으로 배치되었다. 大西河岸의 원거리교역에 이용되는 가축 거
래시장에서 거래된 몽고의 양과 소는 北京 등의 내지로 공급되었기에
귀화성은 그 주요 거점이 되었다. 『歸化城廳志』에는 歸化城市街地圖의
모습이 남아 있다. <지도 1>에 보이는 귀화성 시가지는 귀화성의
도시모습을 개관해볼 수 있는데 명대 Altan Khan의 歸化城에서 남쪽
을 중심으로 도시가 사방으로 발전하여 확대된 상태가 확인된다.

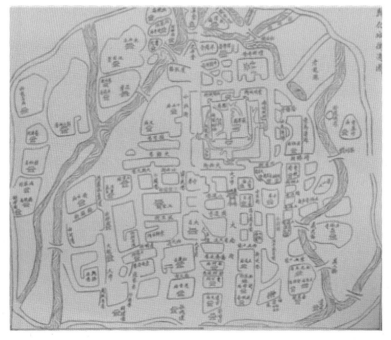

출처: 『歸化城廳志』.

〈지도 1〉 歸化城市街地圖

행정시설로는 귀화성의 몽고인을 관리하는 행정시설 議事廳과 都統署倉庫 및 1762년에 설립된 總稅局이 있고 동서남북에 성 출입을 관리하는 稅局, 관제묘가 있었다. 한족과 회족 이민을 관리하는 歸化城廳 등의 관아는 大西河岸에 배치되었다. 각 행정기구는 몽고족과 만주족의 기인들이 맡았고 한족이 신봉하는 觀音廟, 呂祖廟, 龍王廟 등은 모두 귀화성의 주변부에 설치되었다. 이곳은 이민으로 구성된 도시문화적 상징이었다.

1630년 淸이 점령한 무렵부터 漢商이 경제활동을 시작하였을 것으로 보이는데 이들은 처음에 봄과 여름 몽고인의 축제 때에 와서 사람들이 모이는 사원 주변에 가설점포와 시장을 열고 상행위를 하는 行商이었다. 상점을 개설한 것은 1724년 전후였다. 산서상인 三大號 "大盛魁,[16] 元盛德, 天義德"가 大召와 小召의 라마 사원 옆에 토지를 빌려 상업을 시작한 것에서 기원한다고 한다. 이들은 강희제의 1690년대 準噶爾 원정 때 청군에게 군량, 군마 등 군수품 공급에서 시작하여 대몽고의 무역권리를 독점한 후 이를 토대로 상업활동을 확장시켜 갔다.[17] 이후 계속 세워지는 산서상인의 점포도 각 라마 사원의 주변에 위치하였다. 그리고 大召, 席力圖召, 小召 등 라마 사원의 주변 남, 서, 동의 주변에 모두 상점가가 형성되었다.

---

[16] 大盛魁는 강희 연간 성립되어 외몽고와 러시아에 상로를 개척한 이후 민국시대까지 200여년간의 역사를 지닌다. 烏里雅蘇臺 科布多를 중심으로 내몽고 서부, 외몽고 대부분 지역에서 활동하였다. 銀標의 매매를 중심으로 牲畜, 毛皮, 약재, 차, 生煙 일용잡화를 판매하였다. 북경, 천진, 상해, 항주, 산서, 冀, 산동, 직예 湖廣 등지에 지점이 있었다. 무역총량은 은 1,000만 냥에 달하는 대 상인은 몽고지구에서 유일하였고 牧民, 工人 등이 포함된 고용직원이 6-7천 명에 달하였다. 산서상인 사례연구로 大盛魁에 대해서는 별고에서 다루고자 한다.

[17] 戴學稷, 『浩和浩特簡史』, 北京; 中華書局, 1981.

산서상인을 포함한 중국 측 상인들은 歸化城뿐만 아니라 정치, 군사적 목적으로 정비된 교통로를 통해 활동무대를 확대하였다. 상인들이 무역을 위해 이용한 루트는 5방면으로 나뉜다. 먼저 남쪽인 山西省 省城 太原府와의 거래 루트, 둘째, 張家口를 거쳐 京津지방에 이르는 루트, 셋째, 庫倫(울란바토르), 恰克圖(캬흐타)에 이르는 루트 넷째, 烏里雅蘇臺(우리야스타이), 科布多(호브드)에 이르는 루트, 다섯째, 包頭를 거쳐 陝西, 甘肅, 新疆에 이르는 루트가 그것이다.[18) 이 지역은 몽고에 속하기는 하지만 산서성과 접해 있는 곳에 위치하여 청 초기에 만들어진 교역로를 통해 몽고인과 한인, 유목경제와 농업경제가 혼합된 곳에서 유목경제, 농업경제지역으로 또 국외 러시아로 확장해갈 수 있는 중요 위치였다.

만주족, 몽고족, 한족이 섞여서 생활하는 다문화지역 歸化城에 자리 잡은 산서상인들은 귀화성 내를 상권으로 하면서 내외몽고 및 신강 방면의 경제도 좌지우지하는 실력을 갖추어갔다. 이는 歸綏盆地 전체에 걸친 개발이 급속하게 확장되어 가능하게 되었다. 귀화성은 아편전쟁 이후도 계속 확장되었다. 同治 年間(1862-1874)에 土垣이 성 밖에 설치되는 등 도시가 확장되었고 광서 연간의 중수를 거치며 청 말까지 번영이 지속되었다.[19) 이처럼 귀화성은 청의 세력확장과 더불어 군사적·정치적 목적에서 발달하였고 그러한 정치적 변화는 상업과 무역에 절대적인 영향을 주었음은 물론이다.

---

18) 近藤富成, 「淸代歸化城遠隔地交易路」, 56-59쪽.
19) 今堀誠二, 위의 책, 18쪽.

2) 歸化城의 漢商

중국이 개항하고 연안에서의 변화는 빠르게 진행되었고 특히 上海 등지의 조계에서는 서구문화가 급속하게 생활에 보급되었다. 그러나 북쪽 변방에서는 19세기 말까지 18세기 형성된 도시발전이 주변으로 확장되면서 러시아와의 茶무역이 확대되는 양상을 보인다. 러시아정부의 지원으로 몽고와 중국의 경제조사를 시작한 몽고학자 마뜨베이비치(阿·馬·波茲德涅耶夫, Pozdneev Aleksei Matveevich)는 1892년 러시아 상트페테르부르크(Saint Petersburg)에서 시베리아를 거쳐 6월 캬흐타(Kiakhta: 恰克圖)에 도착한 후 庫倫(울란바토르), 烏里雅蘇臺(우리야스타이), 科布多(호브드) 張家口, 北京 등을 답사하였다. 그는 1893년 2월 19일 張家口에 도착, 3월 1일까지 체류한 후 歸化城으로 이동하여 9일간 머물렀다.

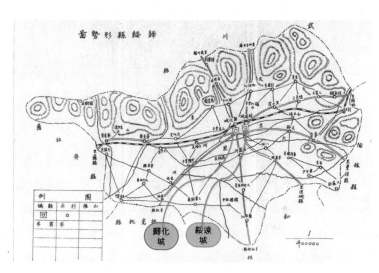

〈지도 2〉 歸化城 주변

다양한 종교적 공간을 가진 歸化城에서 마뜨베이비치 또한 종교에 대한 관심도 적지 않았다. 그는 歸化城에 대해 張家口와 北京에 비해 매우 더러운 도시라고 쓰고 있지만 귀화성의 역사와 종교에 많은 관심을 가지고 서술하고 있다. 歸化城으로 들어가기 전 그는 歸化城 주변에서 활동하는 山西 茶商과 運搬商人들에 대해 자세하게 설명하고 있다.

張家口에서 歸化城까지 9일간의 여정 중, 3월 5일 오후에 그는 "豊鎭"이라는 마을에 도착하였다. 張家口와 歸化城 사이의 최대 도시인 豊鎭의 상점 규모는 크지 않았지만 그는 이곳에서 張家口와 歸化城 간의 무역루트뿐 아니라 북방과의 무역로에 "老倌"이 있음에 주목하고 있다. 老倌에 대해서는 다음과 같이 언급하고 있다.

> "老倌은 山西人들에 의해 개설된 것으로 화물을 운반해야 하는 상인들을 위해 牛車를 이용하여 운반해주는 상점이다. 豊鎭은 러시아와의 관계가 깊은데 러시아는 매년 이곳을 통해 장가구에서 구입한 차를 庫倫으로 운반하였다. 이렇게 운반된 茶만 하여도 12,000箱이나 되었기 때문에 이곳에서의 운반업은 매우 중요한 영업의 하나였다."[20]

장가구에서 귀화성으로 가는 길목에 위치한 豊鎭에서 많은 산서상인들이 茶業과 운반업으로 활동하고 있음을 알 수 있다. 러시아는 1861년 중국과 天津條約을 맺어 러시아상인이 海路를 통해 화물을 유럽으로 운반할 수 있는 근거를 마련하였지만 恰克圖는 여전히 차(磚茶) 수입의 중요 창구였다. 왜냐하면 시베리아 경유의 차가 인도

---

20) 『蒙古及蒙古人』 第2卷, 46-50쪽.

양을 경유한 차보다 품질이 우수하고, 磚茶의 대량소비지인 시베리아, 중앙아시아로 운반하기 위해서는 恰克圖가 훨씬 가까웠기 때문이다. 러시아가 중국에서 수입하는 차가 19세기에 현격히 증가하는 것은 머리말에도 지적한 바이다. 19세기 러시아의 차 수입은 증가추세로 1880년에는 수출액이 수입액의 10%에도 미치지 못하는 상황이었다. 그 때문에 환시장에서는 미치는 영향이 심각하였고 중국에 많은 돈을 지불해야 하는 상황으로 계속되어 1890년의 경우 러시아가 유럽의 茶 수입대국인 영국을 누르고 중국차의 최대고객이 되었다.[21] 이러한 19세기 말 복잡한 국제경제적 상황은 차 거래를 주로 하는 귀화성 방면에도 즉각적으로 반영되었다.

그런데 특이한 것은 이들이 소를 이용하여 운반하였다는 점이다. 유목지구는 낙타운반이 일반적이었는데 소 또한 근거리 교역에 자주 사용되었다. 소와 낙타를 통한 운반업 또한 귀화성에서도 주요한 상업 중의 하나였다. 마뜨베이비치는

"영업이 잘되는 상점은 復合成(300輛의 大車 보유), 福興永(300냥의 大車 보유), 復元店(300냥의 大車 보유) 廣盛店(역시 300輛의 大車 보유), 그 외 崇和合, 天合勝, 天泰永, 崇和泰, 恒慶店, 復合永의 각 상점이 150輛의 大車를 보유하고 있었다. 따라서 豊鎭에서 움직일 수 있는 大車가 2,100여 냥으로 이들은 모두 전문적으로 茶를 운반하는 데 이용하였다. 이곳의 상인들이 운반하는 차는 漢口에서 직접 구입하는 것이 아니라 大同府의 張家口商人들로부터 구입한 것이었다. 하지만 茶를 운반하고 남는 이익은 매우 적어 이들은 庫倫에서 목재를 운반하여 손실을 보충하였으며 그 외에도 몽고 쪽으로 식량, 식염을 운반하는 역할도 하였다. 몽

---

21) 吉田金一, 앞의 책, 262-263쪽.

고 쪽에서 皮張, 熟羊皮를 구입하여 大同府와 천진 및 기타 중국
지방으로 운반하였다."[22]

라고 서술하고 있다. 귀화성의 산서상인들은 漢口에서 귀화성을
거쳐 恰克圖로 직접 茶를 운반하였지만 이곳 豊鎭의 산서상인들은 張
家口상인들로부터 茶를 구입하고 있는 것이 관찰된다. 이로써 보건
데 歸化城에서 恰克圖로 수출되는 루트뿐 아니라 張家口에서 恰克圖로
수출되는 무역에 산서상인이 깊게 관계하고 있었음을 알 수 있다.
歸化城에서는 무역상에 대해 다음과 같이 설명하고 있다.

"歸化城은 적지 않은 巨賈와 富商이 모여 있는 곳으로 그들은
이 지역에서 거액의 사업을 하고 있는데 모두 10만 箱의 茶와
100만 匹의 布 등을 판 것이다. 귀화성의 최대의 상점은 모두 서
북과의 무역 경영으로 부를 축적하였는데, 이들의 주요한 거래지
는 烏里雅蘇臺, 科布多, 庫倫, 伊犁 등지였다. 그중 규모가 최대
인 것은 大盛魁로 자본은 2,000萬 兩이나 되었고 科布多, 烏里
雅蘇臺, 庫倫과 張家口 등지에 지점이 설치되어 있었다. 大盛魁
가 소유한 낙타는 모두 1,500마리나 되었는데 이를 이용하여 몽고
의 각 부와의 무역이 900萬에서 1,000萬 兩에 달하였다. 그다음
이 元盛德으로 900마리의 낙타로 연간 거래하는 무역액은 800萬
兩이었다. 다음은 天義德으로 역시 900마리의 낙타를 가지고 연
간 700萬 兩의 매출을 올렸다. 義和敦은 700마리의 낙타로 500-
600萬 兩의 연간매출을 올렸다. 이 외에도 귀화성의 비교적 큰 상
호는 永德魁, 一善堂, 三合永, 慶中長, 天裕德, 大慶昌, 元昇永
등으로 매출액은 각각 10-25萬 兩, 그리고 소유한 낙타 또한 150
마리에서 200마리 정도였다. 이들이 서북 각지로 운반한 화물은
茶, 布匹, 綢緞, 鐵器와 木器 등이다."[23]

---

22) 『蒙古及蒙古人』 第2卷, 49쪽.

귀화성의 운송수단에 대해서는 다음과 같이 다시 구체적으로 서술하고 있다.

> "상점에서 이렇게 낙타를 自家所有하는 상황 외에도 귀화성에는 운수업을 전문으로 하는 상점도 많았는데 그중 비교적 규모가 큰 상점이 12개나 되었다. 예컨대 元德魁는 500마리의 낙타, 天聚德에는 400마리의 낙타가 있었는데 이 두 곳의 상점은 歸化城과 古城만을 전문적으로 왕래하였고, 雙興德과 天興恒 등 10개의 상점에서 소유한 낙타만도 2,430마리나 되었다. 이들은 몽고의 각 부뿐만 아니라 동투르키스탄과 張家口에서 차를 싣고 庫倫까지 운반하였다. 이 외에도 歸化城에는 낙타를 30-40마리씩 소유한 작은 상점들이 100여 개도 넘었다고 하는 것에서도 보면 귀화성의 모든 지역에서 사용할 수 있는 낙타만도 7,000마리에서 7,500마리에 달하였다. 이들이 운반할 수 있는 화물은 10만 pood(1,638,000kg)에 달하였는데 烏里雅蘇臺, 科布多와 古城 등지와 무역하였다."[24]

마뜨베이비치가 여행하던 1892-1893년 당시는 철도가 아직은 생소한 시기였다. 따라서 北京과 떨어진 歸化城에서 서북쪽과의 무역에 통상적으로 낙타를 이용하는 것은 당연한 것이었는데 몽고에 비교적 익숙하였던 마뜨베이비치조차도 歸化城의 상황을 설명하면서 특별하게 낙타에 대한 규모와 이를 통한 무역구조에 상당한 놀라움을 표시하고 있었다. 이러한 교통수단인 낙타와 철도교통은 각각 전통과 근대의 상징물로 대비된다. 즉, 낙타 운반이 철도의 수송으로 대치되면서 귀화성상인들의 자산 또한 사라져버리는 현실은 20세기 초기에 바로 시작되었다. 그것은 비단 운송 상인들에게만 미친 변화

---

23) 『蒙古及蒙古人』第2卷, 97-98쪽.
24) 『蒙古及蒙古人』第2卷, 96쪽.

가 아니라 대러시아 몽고 무역에 의존하여 부를 축적해온 歸化城 山西商人의 경제 전체에 타격을 주는 시작에 불과하였다. 귀화성을 중심으로 변화하는 경제 내용에 대해 장을 바꾸어 살펴보자.

3. 20세기 초 歸化城의 변화와 漢商

1) 신해혁명 전후의 歸化城

신해혁명 전후 귀화성도 다른 지역과 마찬가지로 경제적 위기에 봉착하였다. 1914년 북경정부의 수원특별지구 설정이라는 행정구역의 변화 자체가 사회경제의 구조에 미치는 영향이 적었다. 하지만 청조 멸망이 가져온 충격과 국제 환경의 변화는 滿蒙漢의 경제가 융합되면서 발전하였던 귀화성에 경제에 큰 타격을 가하며 상업과 무역에 큰 변화를 가져왔다. 1906년부터 2년간 동부 몽고에 대한 조사를 실시하고 1908년 발간된 汁村의 『東部蒙古誌』에는 歸化城에 대해 다음과 같이 언급하고 있다.

"歸化城은 庫庫和屯라고도 불리며 鄂爾多斯旗지역 黃河河套의 동북에 위치한다. 북경과의 거리는 약 160리로 陰山山脈 서에서 동북으로 향하는 완만한 지역에 놓여 있다. …… 인구는 약 3만으로 시가는 旗人, 喇嘛, 商賈의 세 지역으로 나누어져 있고 상업이 잘 발달하였다. 성내에는 副都統衙門 撫民同知 및 巡檢衙門 등의 관청과 미국, 스웨덴 敎會堂, 소학당 등이 있다. 원래 이 지역은 외몽고 烏里雅蘇臺, 科布多 지방에 함께 伊犁와 新疆에 이르는 요충지로 天津과 北京 쪽과 왕래가 많으며 무역의 계절에

이 지방을 통과하는 낙타대상이 상당하였다. 지역의 물산은 주로 가축, 그 외 油, 대리석 세공, 製皮 氈毯 등이 주를 이룬다. 종래 漢口에서 러시아령 시베리아로 수출되었던 磚茶는 대체로 이 지역을 통과해 수출되었고 몽고산 獸毛皮 등이 낙타로 운반되어 상업의 번영을 가져왔다. 최근 들어 러시아가 해운으로 차를 수출하고 또 張家口의 교통이 발달함에 따라 상권을 빼앗겨 점차 쇠퇴하고 있으나 아직 몽고 각 지방 상인의 근거지로 무역에서 중요한 위치를 차지하고 있다."25)

보고서는 첫째, 歸化城 성내의 모습을 언급하고 있다. 특히 약 3만 인구 귀화성에서 교회와 학교를 정부관청 이외의 주요 기관으로 지적하고 있는 점은 주목할 만하다. 1934년에 간행된 『歸綏縣志』의 조사에 따르면 조사자 汁村이 歸化城을 방문할 무렵인 1907년(光緖33) 舊城(＝歸化城)성에 총 3,117戶에 남자 16,523명, 여자 8,279명이므로 약 25,000명이 거주하고 있었다. 귀화성 주위 4鄕에 7,678戶, 남자 48,586명, 여자 27,989명을 합치면, 총 101,377명(남자 65,109명, 여자 36,268명)이 거주하였다. 이 외 滿州族이 1,450戶에 남녀 총 5,898명, 蒙古族이 2,920호에 남녀 총 16,868명인, 여기에 회족 2,437호에 남녀 9,748을 더하면26) 한족, 만주족, 몽고족, 회족으로 구성된 귀화성의 1907년 인구는 133,639명이었다. 도시 성립 초기인 18세기와 마찬가지로 20세기 초 당시도 다양한 민족구성이 도시공간도 다양하게 만들어 근대 이후 귀화성의 도시문화에서 반영되었다.

---

25) 汁村編, 『東部蒙古誌: 草稿』, 1908, 417-419쪽.

26) 鄭值昌修, 鄭裕孚纂, 『綏遠歸化縣志』 1, 民族志, 戶口 [1934, 北平; 文嵐簃印 (劉國瑞, 新修方志叢刊, 1967, 臺灣學生書局影印本)] 1932년 정부 歸綏縣 호구 조사에서 44,212호의 남자 158,976명 여자 94,219명, 총 253,195로 증가한 것을 알 수 있다. 아래 표 참조.

특히 종교, 교육에서의 다양화 모습을 뚜렷하게 드러내고 있다. 근대 이전의 만몽한의 종교시설에 천주교당 및 기독교 교회가 세워졌다. 1856년(咸豊6)에 러시아 정교회 교회와 1886년에 세워진 基督敎敎堂, 中國內地會(1890) 등의 활동이 그것이다. 또한 1920-1930년대도 救世軍(1920), 耶蘇敎堂(1921), 歸綏天主堂(1923), 基督復音安息日會(1932), 回敎市支會(1933) 등이 세워지게 되었다.[27)]

근대 이후 학교도 우후죽순처럼 생겼다. 종래 교육을 담당하였던 관학, 서원 중심의 만몽한식 교육에서 벗어나, 근대식 교육이 행해지는 학교로 縣立第一小學校(1911), 縣立第一女子小學校(1914), 各區區立小學校, 歸綏回部小學校(1910), 土默特小學堂(1904) 滿蒙學堂 등이 있었다.[28)] 이 외 적은 규모이지만 교회에서 영유아 교육도 병행되고 있었다.[29)] 한족의 교육보다는 滿蒙人을 위한 교육이 중심이 되었다면 신해혁명 전후시기부터 소학당이 전 지역에 확산되어 한족들을 위한 근대 교육 기회가 확대되었다.

둘째, 교통발달로 종래의 낙타운반이 크게 차질을 받고 있지만 몽

구별	호수	남자	여자	합계
제1구	13,963	53,601	23,881	77,482
제2구	10,356	34,594	31,495	66,089
제3구	7,613	28,492	13,532	42,024
제4구	12,280	42,289	25,311	67,600
합계	44,212	158,976	94,219	253,195

27) 『綏遠歸化縣志』 2, 神敎志, 10-11쪽. ·
28) 『綏遠歸化縣志』 2, 敎育志, 5-11쪽. 綏遠城官學(1724, 雍正2: 滿蒙八旗 子弟敎育) 土默特官學(1735, 雍正13), 古豊義學(創立年 未詳, 1803년 重修), 啓秀書院(1872), 古豊書院(1885) 등.
29) 『綏遠歸化縣志』 2, 神敎志, 綏遠省會敎會調査表.

고무역에 토대를 둔 지방무역을 중심으로 경제가 움직이고 있음이 확인된다. 歸化城은 張家口와 더불어 중국 내지, 몽고, 그리고 러시아와 차 무역의 중심 시장으로 18세기 이후 크게 발전한 외몽고와 관계에서 중요한 곳이었다. 20세기에 들어오면서 이와 같은 歸化城의 위상은 크게 변하게 되었다. 가장 주요한 원인은 귀화성을 통한 러시아로 차 수출이 감소하였기 때문이다. 1903년 東淸철도가 부설되었고 1905년에는 모스크바와 블라디보스토크까지 연결되는 시베리아 횡단철도가 완성되면서 중국과 러시아의 무역의 중심지 恰克圖와 중국 쪽 연결점에 해당하는 歸化城은 큰 충격을 받게 되었다. 같은 무렵 중국자본으로 처음 건설된 京張鐵道가 4년간 공사를 마치고 1909년에 완공되자 계속하여 歸化城까지 연장공사를 시작 1916년에 京綏鐵道가 완성되었다. 위의 보고서에 언급하는 시기는 京張鐵道가 완성을 코앞에 둔 상황으로 北京, 歸化城 간 철도건설로 인한 영향은 없었지만 중국 쪽 화물이 시베리아 철도를 통해 중앙아시아, 시베리아, 모스크바로 들어가기 시작된 때이므로 그로 인한 영향은 상당하였을 것으로 판단된다. 따라서 張家口의 교통발달로 인한 歸化城 상권 침탈은 도시 성장을 방해하는 중요 원인을 제공하였을 것이다.

2) 歸化城의 상인과 무역

汁村의『東部蒙古誌』에는 歸化城의 전체적 특징이 지적되었지만 경제 내용은 상세하지 않다. 하지만 1920년에 간행된『支那省別全誌』第17卷 山西省에는 歸化城의 商業機關을 자세하게 보고하고 있다.[30]

---

[30] 東亞同文書院이 설립되고 1902년 제1기생이 芝罘, 威海衛 등이 산동지역을 2주간

이들의 보고에 따르면 北京과 張家□로 철도가 개통되고 얼마 지나지 않은 1913년경의 산서성에서는 歸化城이 개시장으로는 되었으나 세관이 설치되지 못하고 상업기관 등도 종래의 관습에 따라 하는 등 신식 설비를 갖춘 상인들은 거의 없었다고 한다. 다만 20세기 초기의 귀화성의 상인들은 몇 개의 조직으로 묶여 함께 商務를 도모하였는데, 十五社, 社外九社, 社外各社 등의 조직으로 활동 단위를 삼았다.[31]

'社'[32]는 동업조합으로 幇, 郊(福建), 行(廣東)과 유사한 것으로 일정한 규칙을 두고 조합원 중에서 商務에 숙달하고 명망 있는 자를 社頭로 각 社에서 3-7명을 公選하였다. 이들은 1년에 1회 혹은 每期 단위로 교체되었고 분쟁 화해, 조합원 구제, 상관습의 제정, 아문과 교섭을 담당하였다. 社의 모든 조합원도 매년 한 차례 모여 연회를 열어 연극 등 관람하면서 집단의식을 고취시켰다. 社의 회원들은 鄕老公所에서 가입하였다. 社가 모두 鄕老公所에 가입한 것은 아니었지만 가입한 社는 향소공소의 통제, 관리를 받았다. 公所는 三賢廟 내에 있었

조사여행을 실시한 후 제2-4기에도 서원교수들과 함께 北京, 天津 일대, 양쯔 강 유역을 조사하였다. 1907년부터 중국 각지 현지조사가 본격적으로 이루어지면 제5기생은 8개 조사팀으로 구성되었다. 1908년 7월 제6기생의 12개 조사반이 몽고지역을 광범위하게 조사하였다. 그중 晋蒙班은 玉生武四郎, 梅津理, 宮崎吉藏 등 5명이 10월 24일까지 4개월 동안 張家口, 察合爾, 歸化成, 包頭 등을 조사하고 다양한 보고서를 남겼는데, 이 중『支那省別全誌』17卷 山西省 第9編 商業機關 16장 "歸化城의 商業機關"은 보고에 서를 토대로 한 것이다. 森久男, ウルジトクトフ, 「東亞同文書院の內蒙古調査紀行」,『愛知大學國際問題研究所紀要』136(愛知大學國際問題研究所編), 2010, 143-144쪽, 150쪽과「東亞同文書院の內蒙古調査紀行(続き)」,『愛知大學國際問題研究所紀要』138, 2011, 246쪽.

31) 東亞同文會編,『支那省別全誌 第17卷 山西省』, 東亞同文會, 1920, 736-737쪽.

32) 今堀誠二, 앞의 책, 30-31쪽, 今堀誠二는 귀화성에서는 상인들이 동업단체를 의미하는 行를 대신하여 종교단체의 요소를 표면에 나타내는 社를 칭하게 된 것은 심각해져 가는 사회해체에 대항하여 상인단체의 결합과 권위를 높이려는 노력이 나타난 것이라고 한다.

는데 鄕老 4명을 선출하여 업무(임기 1년)를 총괄하게 하고 老師 1명을 두어 관헌과의 교섭을 담당하게 하였다. 공소에서는 매월 주요 조합원과 회의를 가지며 상무를 협의하는 외에 단오, 중추, 정월에 조합원을 집회를 통해 화목을 도모하였다. 조합원과 관련된 긴급사항에 대해서는 鄕老 4명의 협의 결정이 존중되었는데 이들은 상업업무 수행 중에 발생하는 분쟁해결 외에 조세 대리징수, 상호구제, 상관습(고용인 사용법, 매매가격, 대금지불, 수수료, 할인액, 도량형 등)에 관한 제도가 주요 임무였다.[33]

주지하듯이 청조정부는 1903년 9월 실업진흥을 담당하는 商部를 설립하였고, 1904년 1월 「商會簡明章程」 26개조와 「上海商務總會暫行試辦詳細章程」 73개조를 반포하며 각지 상인들에게 상회 설치를 장려하였다. 이에 따라 1904년 5월 上海에서 먼저 상업회의 공소를 상무 총회로 개조한 데 이어, 같은 해 11월 天津에서도 상무공소를 상무총회로 개조하였다. 그런데 실제적으로 각지 상회는 상인들이 시장을 안정시켜, 상인조직의 확장을 통해 상업발전을 꾀하고자 하였다. 이러한 상인들의 단체 결집을 둘러싼 노력은 청일전쟁 이후 상품유통이 재편됨에 따라 중국상인들 간에도 자유경쟁이 출현하고 분쟁이 잦아지자 이를 방지하기 위해 스스로를 조직화하고, 외국자본에 대항하여 실업의 진흥과 이권의 회복을 도모하자는 자각에 따른 것이기도 하였다.

上海, 天津과 마찬가지로 귀화성에서도 상인들의 조직화가 진행되었는데 전통적으로 존재해오던 鄕老公所와 社에 모인 동업집단이 十

---

33) 『支那省別全誌』 第17卷 山西省, 742쪽.

五社를 구성하는 형태가 가장 기본적인 틀이 되었다. 十五社에 속하지 않은 단체는 각각 社外九社, 社外各社를 구성하여 스스로를 조직화하여 결속해갔다. 十五社, 社外九社, 社外各社의 각각의 업종과 활동 상인들을 분석하면서 귀화성의 상업을 토대로 하는 무역구조를 살펴보자. 이를 위해 먼저 十五社에 속한 각 상인에 관해 정리한 것이 다음 표 <1908년 歸化城 十五社>이다. 十五社에 속한 상인들의 업종과 특징을 한마디로 요약하기 힘들 정도로 일상생활에 필요한 업종이 모두 포함되어 있다는 점을 주목해볼 필요가 있다.

〈표 1〉 1908년 歸化城 十五社

社	대상	상점
1. 醇厚社	① 洋貨鋪	聚生泰, 聚生厚, 萬順恒, 永順恒 등 30개
	② 估衣鋪(古着商)	順泰 巨生泰, 聚興慶 등 20개
2. 聚錦社	곡류도매상(糧店)	西盛店, 德和店, 源巨昌店, 會豊店 등 20개
	곡류도매상(貨店, 숙박 겸영)	義萬盛店 天榮店, 德興店, 通順店, 東升店, 東泰店, 奎隆店 등 20개
3. 靑龍社	麵粉業者	萬盛六, 豊盛魁 長泰湧 등 20개
4. 衡義社	生皮加功販賣商	川盛玉 謙益長, 泰興玉, 慶興泰 등 10여 개
5. 集錦社	무역업(몽고 쪽 일명 榮外路)	大盛魁, 天義德, 元盛德
6. 福虎社	제분업자	약 40개
7. 寶豊社	錢鋪, 銀號	瑞生慶, 謙益永 등 30여 개
8. 集義社	皮鞋商	永德魁, 奧盛正, 泰和德, 三義興 등 10개
9. 威鎮社	粉皮房[34]	恒巨湧, 德和永, 春泉泰, 中泰恒 등
10. 聚仙社	茶館業	廣和元, 四盛元, 永馨館 등 17호
11. 仙翁社	요리점	
12. 當行社	전당업	天盛當, 謙和當, 復源當, 義源當, 日盛當, 德永當 등
13. 馬店社	生畜販賣商	30여 개
14. 興隆社	地方行商	
15. 毡氈社	담요, 카펫 제조	天元成, 晋豊永, 中元永 등 약 10여 개

또 十五社의 각 社 상인들을 출신지별로 구분해보면 醇厚社, 聚錦社, 靑龍社, 衡義社, 集錦社는 산서성지역 출신이 중심을 이루고 있다. 가장 유명한 集錦社는 庫倫, 烏里雅蘇臺지역을 대상으로 대규모 무역을 진행하였다. 이들은 출발에 앞서 모임을 갖으며 제반 사항을 협의하며 행동을 함께하였다. 매년 9월 무렵에 출발하여 이듬해 봄 혹은 여름에 돌아오며 綿布와 茶를 취급하고 있었다. 集錦社의 大盛魁, 天義德, 元盛德는 "三大號口"로 불릴 정도로 규모가 큰 歸化城의 무역상이었다.

곡물상들의 조직인 聚錦社는 糧店과 貨店으로 구분되는데 山西省 忻州 代州 및 大同商人이 경영에 참여하면서 7-8천 냥에서 1만 냥을 3-4명이 함께 출자하여 농가와 예약매입 계약을 통해 매매가의 약 20% 정도가 수익을 올리고 있었다. 전포의 구조를 확대하여 객실을 넓히고 숙박까지 겸업하는 貨店의 경우 창고를 가지고 창고료(棧租, 대체로 1馱, 즉 200斤에 은 3錢을 징수)에 대한 수입도 올렸는데 창고는 客棧과 떨어져 있는 경우도 있다. 이 중 通順, 長泰, 東升, 奎隆 4개의 상점은 四大店口로 불인 大商이다. 醇厚社는 주식회사(合顆)의 형태로 자본(1만 냥)을 모아 口外(몽고 쪽) 지방상인을 고객으로 각종 잡화와 綿絲布, 帶子, 褲子 등을 도매하였다.[35] 이들은 모두 非歸化城 출신의 상인들로 지리적으로 주변(산서성 중남부)에서 귀화성으로 옮겨와 상업과 북방무역에 종사하였다.

歸化城 출신은 集義社, 威鎭社, 當行社, 馬店社에 대부분 속하였다. 集義社의 경우, 口外에서 구입한 생가죽을 부드럽게 하거나 가공하였

---

34) 製革으로 모자, 상의, 외투, 바지, 혁대 등을 만들어 판매하는 상인.

35) 『支那省別全誌』第17卷 山西省, 737쪽.

는데 주로 양가죽과 말가죽을 취급하였다. 庫倫(울란바토르)에서 수입한 수달피가죽, 담비가죽 등 고가의 가죽을 취급하는 자들도 적지 않았다. 威鎭社의 경우도 몽고 쪽으로 나가 목축업자로부터 직접 재료를 구입하였다. 馬店社는 말을 매매하기 위해 귀화성에 오는 몽고인들을 馬店에 숙박하면서 중개인의 주선으로 거래하였다. 중개인의 역할은 매우 중요하게 취급되어 수수료는 매매가의 6%, 매매자 양쪽이 모두 지불해야 했다. 8-9월에 거래가 가장 많은 시기였다.[36] 귀화성 출신이 많은 社는 유목적 특성이 강한 상업분야로 유목적 성격이 강한 귀화성의 상인들에게 매우 적합한 상업영역이다. 가죽을 취급하거나 가축을 매매하는 작업은 몽고에 직접 나가 거래하거나 口外에서 귀화성으로 들어온 몽고인들과 거래해야 했으므로 타지방에서 온 상인들이 종사하기에 불리하였을 것이다.

산서성 이외 지역 출신의 상인은 興隆社와 氈氈社에 많았다. 興隆社는 산서상인인 集錦社처럼 몽고지역을 대상으로 영업하였지만 규모가 작고 취급품에서 차이가 있었다. 興隆社는 張家口 출신 상인들로 주로 사묘(廟) 등에 숙박하면서 몽고 각지에서 서양 잡화, 綿絲布 등을 거래하였다. 氈氈社는 山西省 太原과 天津 사람들이 출자한 것이 많았고 원료는 口外 지방에서 駱駝毛 혹은 羊毛를 구입하여 직조하였는데[37] 천진을 중심으로 한 외국양행의 진출이 확장됨에 따라 심각한 영향을 받게 되었다.

양모는 1880년대의 중국무역의 새로운 품목이었다. 천진이 개항된 이후 수출품을 모색하던 외국상사가 양모거래의 가능성에 착목

---

36) 『支那省別全誌』 第17卷 山西省, 745쪽.
37) 『支那省別全誌』 第17卷 山西省, 743쪽.

하여 新泰興洋行(Wilsin & Co.)과 仁記洋行(William Forbes & Co.) 천진에 대리점을 열고 양모수출을 시작하였다. 중국상인도 양모무역의 이익에 주목하여 甘肅, 靑海, 寧夏, 新疆, 綏遠, 내외몽고가 있었다. 張家口에서 양모를 구입하기 위한 외국양행과 중국상인들의 경쟁으로 가격이 폭등하자 외국양행은 대리인을 1882년경 歸化城, 1883년 包頭, 1885년 寧夏의 西寧에 파견하여 20세기 초기까지 양모무역은 천진을 중심으로 재편되었다.[38]

서비스업자들인 茶館業者와 요리점을 대상으로 하는 聚仙社와 仙翁社에서는 上海 등 다른 지방에서 하는 것과 마찬가지로 점내에 상인들의 상담 장소를 별도로 두고 상인들이 모임을 갖도록 배려하였다. 각 社 상인의 출신에 대해서는 자세한 기록이 보이지 않지만 聚仙社의 경우 貨店, 糧店業者 등에 한해 영업을 마친 후 장소를 빌려주어 상담하게 하는 관습도 있었다는 지적에서 산서상인들이 주축 된 상인집단 내지는 이들과 이해관계가 있는 귀화성의 상인들로 추측된다.

향노공소에 가입하지 않은 상인들은 동업별로 별도의 조직을 구성하였는데 이것이 社外九社이다. 향노공소에 가입한 社조직이 무역에 기초한 상업거래였다면 社外九社는 사보다 규모가 작은 무역업에 기초한 상인들의 거래와 수공업 생산에 기초한 상업을 중심으로 귀화성 출신의 상인들이 주축이 되었다. 그들은 다음과 같다.

---

38) リンダ グローブ, 「華北における對外貿易と國內市場ネットワークの形成」, 杉山伸也編, 『近代アジア流通ネットワーク』, 創文社, 1999, 103-104쪽.

社	대상	상점
錢行社	鍛冶業者	福盛隆, 恒裕昌, 恒裕豊 등 10여 개, 鐵舖와 연계하여 碎銀
福興社	牛洋店	文合公, 萬盛義, 興盛公, 天盛長 등 30개
福慶社	駝店(낙타 매매 및 숙박을 영업)	天元德, 協盛玉, 元盛泰 등 10여 개, 숙박시설의 중앙에 정원에 400-500마리의 낙타 수용)
生皮社	屠殺, 剝皮에 종사하는 상인	興隆玉, 興隆義 등 10여 개, 봄, 가을로 口外지역에서 나가 生皮를 구매한 후 牛車에 싣고 돌아옴.
金爐社	금속세공업자	天元, 爐, 泉德爐 등 20여 개, 茶壺, 鐵器, 주적, 농기구 등 제작
染房社	土布의 염색업자	永吉昌, 永昌義 등 라마교가 성행으로 주로 법의염색
蠟行社	초, 종이, 향 판매업자	德寶義, 萬義永 大元昌 등 20여 개
藥行社	藥房	永合堂, 廣泰和, 廣興泰 등 10 여 개, 天津과 漢口 등지에서 들어오는 약재판매, 몽고의 合碩 지방에서 생산되는 녹용은 약제 중의 최고로 간주
煤炭行社	石炭, 장작, 숯 판매	萬義店, 公義店, 元盛店 등 20여 개

　또한 社 등의 조직에 속하지 않는 상인단체도 존재하였는데 山貨行(목재점: 귀화성의 서북 일대의 산맥 뒤쪽 매년 우마차 혹은 당나귀를 이용하여 이동), 銀匠行(은세공, 萬福興, 福興永, 三合義 등 10여개), 雜營行(일상용품을 판매하는 소상인, 永長義, 德盛長, 十益昌) 및 雜永灘(일상용품을 판매하는 노점상), 西營駝戶(운반업자)가 있다. 이들은 동종업종끼리 영업의 정보교환 등을 했을 것으로 보이는데 기록은 자세하지 않다. 한편 귀화성에서 몽고인과 교역을 하기 위해서는 중국인들 중 몽고어를 말하는 通事들의 중재를 받아야 했다. 이들을 家躂子行이라 하였다. 家躂子는 몽고지방을 가리킨다. 이와 같이 귀화성상인들은 다양한 조직형태로 동업종 간의 결속력을 강화시켜가기 위해 노력하였다.

　앞에서 지적한 上海와 天津지역 이외의 대부분의 중국에서는 청조가 망하고 민국이 되면서 중화민국임시약법 제6조 제4항의 규정에 따라 공상부의 인가를 받아 상회로 개칭하였다. 귀화성에서 상회는 歸綏商務總會라 불리다가 1914년 歸綏特別區의 성립과 동시에 민국 5년 綏遠總商會로 명칭이 바뀌었다. 1912년 이후 외몽고의 독립의 움직임은 도시번영의 주축이었던 對蒙古 무역에 치명상을 주었고 이후 匪亂, 兵禍, 暴政으로 귀화성은 부근의 향촌과 함께 심각한 피폐로 빠진다. 게다가 1916년 京綏鐵道가 개통되면서 북경과 천진 및 외국상인들의 자본이 들어오면서 상업시설이 확장되고 공장과 은행이 설립되는 변화를 겪게 되었다. 1911년 歸綏商務總會에 가입한 상사는 모두 1,800개였지만 철도가 개통되고 정치, 경제의 소용돌이 속에서 1925년에 이르면 1,400개로 증가하였다. 이러한 변화는 귀화성 전체 상업발전으로 볼 때는 질적 변화로 평가될 수도 있다.[39] 하지만 청초부터 귀화성을 중심으로 대몽고 무역에 종사하였던 산서상인을 중심으로 하는 한족의 상인들에게는 큰 충격이 되어 쇠락의 길을 걷게 하는 요인이 되었다.

4. 맺음말

18-19세기 滿蒙漢人의 도시로 급속하게 발전하던 歸化城은 러시아 몽고와의 무역으로 이 지역에서 활동한 상인들에게 경제적 이익을 안겨주었다. 1900년을 전후한 시기의 귀화성의 상업은 최성기에 달했다고 평가되는데 이 시기의 상인 조직은 업종별 전문성과 규모와 지역성을 갖는 조직으로 다양한 형태를 갖추게 되었다. 중국의 상인

---

39) 今堀誠二, 앞의 책, 130쪽.

조직이 그러하듯이 상인 출신지는 매우 중요하였다. 귀화성에는 식량, 차의 무역과 이 무역에 필요한 금융업 등 대자본을 필요로 하는 분야는 물론이거니와 많은 상거래에서 산서상인들의 참여를 확인할 수 있었다. 귀화성은 몽고인과 거래해야 하고 몽고지역을 대상으로 하는 거래였기 때문에 지역에 익숙하지 않은 외부상인들의 참여가 상당히 제한적이었다. 따라서 지리적으로 역사적으로 이곳과 매우 밀접한 관계를 갖는 산서상인들에 의해 독점되었다.

중국과 러시아와의 교역이 확대되는 19세기는 중심 거래품인 茶의 매매와 운송을 둘러싸고 漢商(山西商人)들의 성장 또한 매우 주목되었다. 하지만 위에서 살펴본 것처럼 20세기 초 철도 개통은 낙타와 소를 운송수단으로 하였던 산서상인들에게 치명적인 타격을 주었다.

한편 신해혁명으로 독립을 선포한 외몽고에 대해 1912년 러시아는 몽고와 협약을 맺으며 몽고가 자치를 유지하도록 지원해주었다. 1913년 11월에 중국과 러시아가 선언서를 조인하여 외몽고의 자치를 인정하였다. 2년 뒤 1915년에는 외몽고 자체에 관한 러시아, 중국, 외몽고의 협약이 恰克圖(캬흐타)에서 체결되는데 이로 인해 러시아의 상인들이 외몽고에서 세금 없이 수출입무역을 할 수 있게 되었다. 러시아상인들과 중국 쪽 상인들은 몽고지역 시장을 둘러싸고 19세기 후반 이후 경쟁이 계속되었는데 1915년 시점에서 중국상인은 더 이상 러시아상인과 경쟁할 수 없게 되었다. 시장이 축소되면서 러시아, 몽고와 무역에 종사하던 산서상인들은 지역상인으로 전락하거나 새로운 방법을 모색해야 되는 단계였다. 결국 신해혁명이 끝난 후의 정치적·외교적 변화는 운송수단이라는 근대화의 무기와 함께 산서상인들의 발전을 저지하는 외부 요인으로 작용하였다.

근대 중국 영화사의 지배구조와 운영

이호현

1. 서론

개혁개방정책 실시 이후 중국 성장은 세계 자본주의 질서에 발걸음을 맞춘 결과였으며, 그렇기 때문에 경제적 동력이 가장 큰 역할을 담당하였다. 그중에서 국유기업과 민영기업으로 대변되는 중국기업의 특성은 서구 이론으로는 설명할 수 없는 중국적 색채를 띠는 것으로 많은 이들의 주목을 받았다.

중국기업연구는 학문 간 차이가 존재, 예를 들어 역사학에서는 전통문화의 영향, 사회구조나 권력관계 속 기업연구가, 경영학은 주로 기업 내부 관리체계나 조직방식을, 그리고 정치학은 기업 내부 권력관계나 노동과정, 노동조직, 노동관계 등에 집중되어 연구가 이루어졌다.[1] 그러나 여전히 연구성과는 부족하고 역사 쪽 연구는 특히 활발하지 못하다.

---

[1] 중국 기업에 대한 연구는 중국 자본주의 발전의 특징을 이해하는 데 중요할 뿐 아니라, 근대화라는 역사적 과정에서 중국이 보여준 제도의 수용방식과 재창조 측면에서 매우 중요한 주제 중의 하나라는 인식에서, 장윤미는 각 학문분야별 연구성과를 정리하고 있다(장윤미, 「중국 기업연구의 동향과 쟁점」, 『중국학연구』 56, 2011).

물론 명청시기 전통적 운영방식과 개혁개방정책 실시 후 중국 경제성장을 이끈 향진기업과 연관을 밝히거나[2] 개별적 연구로서 1920년대 봉천방사창을 중심으로 전통적 합과관행과 근대 기업운영의 차이점을 밝혀낸 실증적 연구도 최근에 이루어졌다.[3] 그러나 아직도 중화민국시기 기업들의 성격을 엿볼 수 있는 실증적 연구들은 상당히 부족한 편이다. 본고는 이러한 문제의식에서 출발해 중화민국시기 영화사를 중심으로 관련 장정을 통한 그들의 지배구조와 운영을 살펴보고자 한다.

1904년 청조에 의해 「欽定大淸商律 公司律」이 제정된 이후 모든 회사는 관련 중앙부서에 등록을 해야만 했다. 등록된 자료의 일부가 대만 중앙연구원 근대사연구소 당안관에 보존되어 있고, 그중 본고는 영화사 자료를 중심으로 연구를 진행하고자 한다. 현재 당안관에 보관된 영화사 자료는 중화민국시기 '실업부'와 '경제부'에 등록된 총 50개 영화사로서, 그중 주식회사형 영화사가 24개, 유한, 무한, 양합회사형 영화사가 12개, 그리고 외국회사자료가 11개 회사가 있으며, 이 자료를 본고의 분석대상으로 삼고자 한다.[4] 이를 바탕으로 본고의 목적은 각 영화사 개별 장정 속 내용 중 주주총회[股董會]와

---

2) Philip C. C. Huang, *The Theoretical and Practical Implications of China's Development Experience: The Role of Informal Economic Practices*, Modern China 37(1)3-43, 2011; 鄭址鎬, 「중국 합과의 현대사적 전개-농업집단화운동, 향진기업, 대만방을 중심으로-」, 『중국학보』 45, 2002.

3) 김희신, 「중국동북지역의 기업지배구조와 기업관행-1920년대 봉천방사창을 중심으로-」, 『중앙사론』 40, 2014.

4) 총 50개 영화사 중 3개 회사, 즉 大華電影社, 樂華影業股份有限公司, 蘇州電影製作廠는 본고에서 원하는 장정의 내용을 포함하고 있지 않아 분석대상에서 제외되었다. 또한 자료의 근거가 되는 館藏號는 모든 영화사에 기입하지 않고 각주가 필요한 경우에만 기재하였다.

이사회[董事會], 결산방식 등의 내용분석을 통해 근대 기업 지배구조와 운영을 이해하는 데 도움을 주고자 한다.

2. 영화사의 등기상황

명청시기 상업활동은 나름대로 규칙이 존재하였지만, 근대법 차원의 법률도 관련부서도 존재하지 않았다. 그러나 세계 자본주의 시장으로 들어가게 된 청말, 청조는 근대적 경제를 담당할 정부조직 개편을 단행했다. 그 시초는 1903년(光緖 29년) 7월 설치된 商部로서, 청조는 이를 근대 중국의 첫 번째 중앙정부경제사무를 담당하는 기구로 삼았다. 이 후 1906년 청정은 工部를 商部에 倂合시키고 工商部라 개칭, 전체 農, 工, 商 행정을 장악하는 최고 기구로 변모시켰다. 그러나 1912년 남경임시정부는 農工商部를 實業部로 바꾸고 관할 범위를 확대하여 農, 工, 商, 礦, 漁, 林 및 度量衡 등의 사무를 통괄케 했다. 다시 북양정부는 農工商部를 農林, 工商 兩部로 분리하였고, 1913년 다시 農商部로 합병, 이 후 1927년 北京軍政府가 農商部를 農工, 實業 兩部로 나누었다. 그러나 남경국민정부 성립 후 1928년 12월 行政院 관할하에 農礦, 工商 양부를 두고, 1930년 12월 實業部로 합병하여 國民政府 抗戰前까지 경제를 주관하는 대표기구로 삼았다. 결국 國民政府가 戰時體制를 실시(1938년 1월), 實業部를 없애고 建設委員會와 합병하여 經濟部를 설치, 그 직권과 조직규모는 더욱 확대되었다.

한편 이러한 조직개편과 더불어 청조에 의한 근대 회사법이 멸망 직전 제정되었다(「欽定大淸商律 公司律」). 이후 중화민국시기 동안 4

차례의 회사법 제정과 개정이 이루어졌고[5] 이들 회사법에 의해 공식적으로 모든 회사는 국가 주관부서에 등록을 해야만 했다. 그중에는 영화사도 포함되어 있었다.

초기 영화사들은 소규모자본으로 시작하였으나 점차 대형영화사 중심으로 구조가 재편되었다.[6] 본고는 자료비교와 분석을 용이하게 하기 위해 근대적 형태의 주식회사형 영화사와 기타 유한, 무한, 양합회사형 영화사를 분류하여 표로 작성하였다.[7] 먼저, 규모나 소재지, 연도를 중심으로 그 형태를 살펴보면 다음과 같다.

---

[5] 회사법 규정은 懷效鋒 編,『淸末法制變革史料(下) - 欽定大淸商律, 公司律』, 中國政法大學出版社, 2010; 蔡鴻源 主編,『民國法規集成』, 合肥: 黃山書社, 1999 참조. 회사법 변천과 성격에 관해서는 李浩賢・盧恩泳,「중국 회사법의 변천과 근대성」,『중국사연구』92, 2013 참조.

[6] 『中國電影年監』(1927년)에서 "민국 십 년 이래, 영화사 조직이 우후죽순으로 일시에 일어나" 통계에 의하면 "北京 2곳, 天津 4곳, 鎭江 1곳, 無錫 1곳, 杭州 3곳, 成都 1곳, 漢口 4곳, 夏門 1곳, 汕頭 1곳, 廣州 8곳, 香港 6곳, 九龍 1곳, 上海 142곳" 등이다. 그러나 이 수치는 실제와 좀 차이가 있다. 그 이유는 "영화사 중에는 금방 생겨났다가 금방 문을 닫는 경우가 잦고, 설립한 후 한편도 제작하지 못한 영화사가 있는가 하면, 이미 문을 닫았는데도 존재하는 경우가 있고 문을 닫은 이후 새롭게 영화를 제작하는 경우도 있었다." 또한 영화사가 합병하는 경우도 있어, 당시 대략적으로 전국적으로 180여 개의 영화사가 존재하였고 그중 130여 개 영화사가 상해에 집중되어 있었을 것으로 추정하고 있다. 그러나 그 반 정도만 작품을 제작할 수 있었다(程樹仁 編,『中國電影年監 1927』, 1927). 또한 가장 영화사가 집중되어 있는 상해의 경우도 실제 영화사 수는 1920년대 말 절정이었다가 30년대에는 10여 개로 감소하고 있다(졸고,「중국 근대 회사의 조직적 특징과 운영형태 - 1920, 30년대 上海 明星影片股份有限公司를 중심으로 -」,『중국근현대사연구』60, 2013 참조).

[7] 유한회사를 제외한 무한, 양합회사 형태는 중화인민공화국 성립 이후 회사로 규정되지 않아, 회사법 규정을 받지 않게 되었다. 회사유형에 따른 정의나 규정은 李浩賢・盧恩泳, 앞의 논문 참조.

<표 1> 주식회사형 영화사의 규모와 소재지

	상호명	자본총액(주식총수/1股額)	소재지	연도
1	明星影片股份有限公司	20萬元(2萬股/10元)	상해	1929년
2	上海南怡怡股份有限公司	30萬元(3千股/1百元)	상해	1929년
3	揚子電影股份有限公司	11萬5百元(1千1百5股/100元)	상해	1930년
4	天一影片股份有限公司	5萬(500股/100元)	상해	1934년
5	電通股份有限公司	10萬(1千股/100元)	상해	1935년
6	藝華影業股份有限公司	50萬元(5千股/100元)	상해	1935년
7	華安影業股份有限公司	6萬(600股/100元)	상해	1936년
8	興華製片股份有限公司(1)	4千萬(80萬股/50元)	상해	1936년
9	中央電影製片股份有限公司	10億(10萬股/1萬元)	상해	1947년
10	綜藝電影製片股份有限公司	3億5千2百萬(3萬5千2百股/1萬元)	상해	1947년
11	中國彩色影片股份有限公司	5萬(1千股/50萬元)	상해	1948년
12	大同電影企業股份有限公司	30億(300萬股/1千元)	상해	1948년
13	宇宙電影企業股份有限公司	金圓1萬元(100股/100元)	상해	1948년
14	崑崙影業股份有限公司	5億(5萬股/1萬元)	상해	1948년
15	益智股份有限公司	毫洋 2萬2千元(4百4十股/50元)	광주	1928년
16	大陸電影股份有限公司	5萬元(1千股/50元)	북평	1931년
17	興華製片股份有限公司(2)[8]	10萬元(2千/50元)	항주	1936년
18	西北影業股份有限公司(1)	10萬元(1千/100元)	태원	1936년
19	西北影業股份有限公司(2)	5億(500/100萬元)	상해	1948년
20	農業敎育電影股份有限公司	2億(2萬/1萬元)	남경	1946년
21	大中華電影企業股份有限公司	10億(1萬/10萬元)	중경	1946년
22	聯華影業製片股份有限公司	1億(1萬/1萬元)	광주	1947년
23	裕中攝工業股份有限公司	3千萬(3萬/1千元)	천진	1946년
24	業餘攝影供應股份有限公司	5千萬(5千/1萬元)	서안	1948년

* 연도는 자료에 기입된 날짜이며 설립, 등기날짜와 다를 수 있다.
* 자본총액의 단위는 國幣이다.
* 명칭이 동일한 두 회사는 자료에 기입된 연도와 영화소재지 자체가 다른 연관성이 없는 별도의 영화사로서 (1), (2)로 구분하였다.

---

8) 장정상에서는 총자본액이 10만 원으로 되어 있으나 등기표에는 5만 원으로 기재되어 있다(17-23-01-13-30-006).

	상호명	자본총액(주식총수/1股 액수)	회사형태	연도
1	西湖影片兩合公司	4千元	양합회사	1930년
2	武漢影片無限公司	5千元	무한회사	1931년
3	藝光攝影製片無限公司	3千元	무한회사	1934년
4	上藝影片有限公司	2億元	유한회사	1937년
5	啓明影業有限公司	20億元	유한회사	1937년
6	國泰影業無限公司	10億元	무한회사	1947년
7	新藝影片有限公司	2千萬元(20股/1百元)	유한회사	1947년
8	華光影業製片廠股份兩合公司	3億5千萬(35萬股/1千元)	고분양합회사	1947년
9	聯利影片有限公司	5億元	유한회사	1948년
10	聯合影片有限公司	2千萬元	유한회사	1946년
11	中聯影業有限公司	金圓 5千元	유한회사	1948년
12	淸華影片有限公司	2億元	유한회사	1948년

한편, 이미 1920년대 후반부터 할리우드 영화가 대도시를 중심으로 주요 메이저영화사 지점이 모두 중국으로 진출할 정도로 큰 성공을 거두고 있었으며 1930, 1940년대에도 화려한 대도시 극장에는 할리우드 영화가 대세를 이루고 있었다.9) 그 때문에 중국 영화를 다룰 때 할리우드 영화는 무시할 수 없는 요소이지만, 외국영화사의 등기기록 내용, 특히 본고에서 중점적으로 다루고 있는 개별 영화사의 장정내용 중 주주총회나 이사회, 결산방식에 관한 내용이 비교하기에 충분한 내용을 담고 있지 않아 여기에서는 당시 외국 영화사의 규모, 소재지만을 파악하기 위해 표로 작성하였다.

---

9) 할리우드 영화와 관련해서 程孝華, 『中國電影發展史』, 中國電影出版社, 1981, 57-60 쪽; 上海電影志編纂委員會 編, 『上海電影志』, 上海社會科學院出版社, 1999, 30-35; 졸고, 「1930年代 上海와 할리우드 映畵 -『申報-電影專刊』 할리우드 映畵評과 '不怕死'案을 중심으로」, 『중국사연구』 76, 2012 참조.

<표 3> 외국영화사 분점의 규모와 회사형태

	상호명	주식총액/주식총수	회사형태	연도
1	美商二十世紀福斯影片股份有限公司 (天津分公司)	美金 1萬元	주식회사	1946
2	美商環球影片股份有限公司 (天津分公司)	美金 10萬元	주식회사	1946
3	美商米高梅影片股份有限公司 (上海分公司)	美金 5萬元	주식회사	1946
4	美商哥倫比亞影片有限公司 (重慶分公司)	美金 2千元(國幣 8千4百萬元)	유한회사	1947
5	美商派拉夢影片股份有限公司 (天津分公司)	美金 5萬元	주식회사	1947
6	美商國光聯合影業股份有限公司 (上海分公司)	美金 350萬元	주식회사	1947
7	美商華納第一國家影片股份有限公司 (天津分公司)	美金 6萬元	주식회사	1947
8	美商聯美影片股份有限公司		주식회사	1948
9	英商西聯股份有限公司 (上海分公司)	規元 10萬兩(中國法幣 13萬9千8百6十元)	주식회사	1947
10	英商永華影業有限公司	港幣 5百萬元	유한회사	1948
11	英商鷹獅影片有限公司	英金 1百磅 1百股	유한회사	1948

위의 표 내용에서 다음과 같은 몇 가지 사실을 추론해볼 수 있다. 첫째, 규모 면에서 영화사는 타 산업에 비해 자본의 규모가 큰 편이다. 특히 1940년대 영화사의 자본총액은 비록 분점이지만 외국영화사에 비교해도 놀라운 정도였다. 물론 1940년대 대도시 물가의 영향도 있겠지만, 큰 자본이 필요한 만큼 주식회사형 영화사가 타 산업분야에 비해 높은 비율을 차지했다고 생각한다. 둘째, 우리가 알고있는 바와 같이 영화제작사가 대도시 중심으로 발달 특히 상해 중심인 것을 알 수 있다. 또한 외국영화사 지점들도 대부분 대도시에 집중되어 있다. <표 3>에서는 상해, 천진지역만을 언급하고 있지만 실제 자료 내용을 보면 두 지역 이외, 북평, 한구, 중경, 광주 이러한

지역들이 외국영화사가 진출한 지역으로서 영화산업이 대도시 중심이었음을 반증하고 있다.[10] 셋째, 기존 연구에서는 알려지지 않은 영화사들의 존재가 등기기록을 통해 밝힌 점이다. 물론 후속작업을 통해 보완되어야 할 부분이지만, 예를 들어 1930년대 대표적 영화사였던 나명우의 연화영화사는 지금까지 1937년 항전 시작과 함께 나명우 자신과 영화사가 더 이상 활동을 하지 않은 것으로 알려져 있었다. 그러나 광주에 등록된 연화영화사의 기록을 통해 1947년 이 영화사가 지속적으로 활동하고 있음을 알 수 있었다.[11]

3. 주식회사형 영화사의 지배구조와 운영

회사법에 의해 중국에 있는 모든 회사는 관련부서-실업부와 경제부-에서 요구하는 양식에 맞추어 등록을 해야만 했다. 각 회사마다, 시기마다 약간의 제출된 서류에 차이가 있지만, 기본적으로 등기표, 영화사 장정, 주주명단, 이사와 감사명단 등이 제출되었고, 그 밖에 영업계획서, 주주총회나 이사회 기록 등이 일부 포함되어 있는 경우도 있었다. 그중에서 각 영화사 장정은 회사유형, 영업내용, 자본총액, 주주총회와 이사회개최, 결산방법 등이 규정되어 있어 지배구조를 살펴보기에 중요한 정보를 제공해주고 있다.

---

10) 특히 상해가 그중에서도 압도적이라 할 수 있는데, 忻平은 다양한 자료를 통해 당시 경제적 상황이 상해가 다른 대도시보다 훨씬 여유로웠음을 밝혀내고 있다(忻平, 『從上海發現歷史 - 現代化進程中的上海人及其社會生活(1927-1937)』, 上海人民出版社, 1996, 201-210쪽).

11) 예화영화사가 중국 전체 영화사에 갖는 비중을 생각한다면 예화영화사 활동은 그 어느 주제보다 지속과 단절을 흥미롭게 보여줄 의미 있는 연구주제이다.

1) 주주총회와 이사회

먼저, 주주총회 내용을 정리하면, 주주의 자격,[12] 권리, 이사나 감사가 될 자격요건 및 회의개최방법 등을 규정하고 있다. 대략적인 내용을 살펴보면,

① 매 1股는 결의권 및 선거권 1權利를 갖는다. 그러나 몇몇 회사들은 11股 이상 주식을 보유한 주주에 대해 결의권을 제한(축소)하고 있다. 예를 들어 11股 이상인 경우 2股에 대해 1결의권을 주는 형식이다. ② 특별한 규정이 없다면 모든 주주가 이사나 감사가 될 자격을 갖고 있다. 그러나 이 또한 몇몇 회사에서는 주식보유 수에 따라 차별을 두는 경우가 있다. ③ 주주총회는 정기총회와 임시총회로 나누어져 있다. 정기총회는 매년 일정한 날짜에 각 영화사마다 진행되는 회의지만 임시총회의 경우는 이사회 혹은 일정 주식보유 이상인 고동이 제의하는 경우 이루어진다. ④ 주주가 특별한 이유로 회의에 참석하지 못하는 경우 다른 대리인에게 권리를 위탁할 수 있었다. 위탁인을 반드시 영화사 내 주주로 제한한 경우도 있으며 반드시 위탁서를 영화사에 보관해야만 한다. ⑤ 사안에 대한 의결방법은 과반수 주주의 출석과 출석인 과반수 찬성으로 진행된다. ⑥ 회의내용은 반드시 회의록에 기록하고 주석이 서명, 도장을 찍고 출석한 주주명부와 위탁명부도 함께 보관해두었다.

한편 또 다른 주요 회의로서 이사회의 경우에도 ① 앞서 언급하였듯이, 모든 주주가 이사나 감사의 자격을 갖는 경우도 있지만, 주식보

---

[12] 몇몇 영화사는 주주를 중화민국 국민으로 제한하거나, 주식 양도에 있어 중화민국 국민 혹은 동일 영화사 주주로 제한하고 있다.

유 수의 제한을 두는 경우도 있다. ② 이사나 감사의 임기를 보면 대부분 이사는 3년이며 감사는 1년, 연임도 가능하다. ③ 이사장 1인을 선거로 뽑아 전체 사업계획과 회사업무를 맡은 經理를 감독하며 전체 업무를 관리케 한다.[13] ④ 이사는 직원과 겸임이 가능하지만 감사는 직원을 겸임할 수 없으며 經理나 協理의 경우 이사회의 추천으로 결정되는 경우가 많고 다른 직원들의 任免權은 經理가 대부분 맡는다.[14] ⑤ 이사회 의결은 과반수의 찬성으로 결정지으며 동수인 경우는 이사장이 결정한다. 이와 관련된 내용을 표로 나타내면 다음과 같다.

〈표 4〉 주식회사 주주총회, 이사회 관련장정

	상호명	고동회		동사회	
		의결권 (1주식당 표결권)	회의신청	이사, 감사피선거 자격	이사와 감사인원
1	明星影片股份有限公司	11股 이상－8折[15]	1/20[16]	20股 이상	이사 11 감사 3
2	上海南怡怡股份有限公司	1股－1權	1/20	25股 이상	이사 9 감사 2
3	揚子電影股份有限公司	1股－1權		20股 이상	이사 9 감사 2
4	天一影片股份有限公司	11股 이상－2股1權			이사 7 감사 2
5	電通股份有限公司	11股 이상－2股1權			이사 1 감사 3
6	藝華影業股份有限公司	11股 이상－9折		이사 5股 감사 4股	이사 7 감사 2

---

13) 직원관련 규정은 자세하지 않다. 그러나 경리에 대한 규정으로서 운영을 맡을 경리 혹은 총경리를 두고 이를 돕는 협리를 두는 경우도 있었다.

14) '중국식 사회주의'체제 속에서 현재 중국은 소유권 문제와 함께 인사권문제가 가장 큰 논쟁거리 중 하나이다.

15) 8折, 9折는 11股 이상 소유자가 보유 수에 따라 20%, 10% 삭감됨을 의미한다.

7	華安影業股份有限公司	11股 이상−8折			이사 5 감사 2
8	興華製片股份有限公司(1)	11股 이상−9折			이사 5 감사 3
9	中央電影製片股份有限公司	1股−1權			이사 21 감사 7
10	綜藝電影製片股份有限公司	11股이상−9折			이사 17 감사 3
11	中國彩色影片股份有限公司	1股−1權			이사 3 감사 1
12	大同電影企業股份有限公司	1股−1權			이사 3 감사 1
13	宇宙電影企業股份有限公司	1股−1權			이사 5 감사 2
14	崑崙影業股份有限公司	1股−1權			이사 5 감사 1
15	益智股份有限公司	11股 이상−5股1權		이사 10股 감사 5股	이사 5 감사 2
16	大陸電影股份有限公司	11股 이상−2股1權 50股 이상−5股1權 100股 이상−10股1權		3股 이상	이사 7 감사 3
17	興華製片股份有限公司(2)	1股−1權			이사 5 감사 3
18	西北影業股份有限公司(1)	11股 이상−5股1權	1/2[17]		이사 7 감사 3
19	西北影業股份有限公司(2)	11股 이상−2股1權 21股 이상−3股1權 31股 이상−4股1權 41股 이상−5股1權			이사 9-11 감사 5-7
20	農業教育電影股份有限公司	1股-1권			이사 11 감사 3
21	大中華電影企業股份有限公司	11股 이상−2股1權	1/20		이사 11 감사 3
22	聯華影業製片股份有限公司	11股 이상−2股1權	1/20		이사 7 감사 3
23	裕中攝工業股份有限公司	1股−1權			이사 5 감사 2
24	業餘攝影供應股份有限公司	1股−1權			이사 8 감사 3

2) 결산방식

외국 영화사인 경우 결산방식을 따로 장정에 규정해놓지 않고 있다. 그러나 중국 영화사인 경우 대부분 이윤이 나지 않으면 이익을 나누지 않지만, 이윤이 난 경우 항목을 정해 배분비율을 장정 말미에 규정해놓고 있다. 이러한 결산방식은 매년 1번 혹은 2번 실시하며 주주총회 30일 전 관련 서류를 갖추어 감사와 이사회의 검열을 받아야 했다. 또한 각 항목을 규정해서 이윤을 배분하는데 대부분 법적 공적금 이윤의 10%를 제외한 부분을 백분율로 나누어 주주와 이사, 감사의 보수 그리고 경리를 비롯한 직원보수 등으로 이윤을 배분했다. 이를 표로 나타내면 다음과 같다.

〈표 5〉 주식회사형 영화사 결산방식

	상호명	결산방식 항				
		법적 공적금	주주	이사, 감사 보수	경리 및 직원보수	기타
1	明星影片股份有限公司[18]	10	58	12	24	특별공적금6
2	上海南怡怡股份有限公司[19]	20	58	8.4	12.5	특별공적금8.4 창립자4.3 발기인8.4
3	揚子電影股份有限公司[20]	10				
4	天一影片股份有限公司	10	70	20	10	
5	電通股份有限公司	15	60	5	30	총경리5
6	藝華影業股份有限公司[21]	10	62.5	12.5	12.5	직원장려금12.5
7	華安影業股份有限公司	10	65	7	24	기술장려금4
8	興華製片股份有限公司(1)	10	70	10	20	

---

16) 전체 주식의 20분의 1 이상을 보유한 주주인 경우 임시총회를 제의할 수 있다.

17) 장정상에는 2분의 1로 나와 있으나 다른 영화사와 비교할 때 20분의 1의 오타인 것으로 생각된다(18-23-01-04-30-001).

9	中央電影製片股份有限公司	10	50	5	20	직원복리금10 사회공익보조15
10	綜藝電影製片股份有限公司	10	70	10	20	
11	中國彩色影片股份有限公司	10	55	10	30	직원복리금5
12	大同電影企業股份有限公司	10	70	10	20	
13	宇宙電影企業股份有限公司	10	60	5	25	직원복리금10
14	崑崙影業股份有限公司	10	60	5	30	직원복리금5
15	益智股份有限公司[22]	10				
16	大陸電影股份有限公司[23]	10	70	30		
17	興華製片股份有限公司(2)	10	70	10	20	
18	西北影業股份有限公司(1)	20	60	10		직원장려금30
19	西北影業股份有限公司(2)	10	50	5		직원복리금30 특별공적금10 문화교육보조금5
20	農業教育電影股份有限公司	10	50	5	20	직원복리금15
21	大中華電影企業股份有限公司	10	60	10	20	직원복리금10
22	聯華影業製片股份有限公司[24]	10				
23	裕中攝工業股份有限公司[25]	10				
24	業餘攝影供應股份有限公司	10	50	5	35	직원복리금5 사회사업보조5

---

[18] 다른 영화사와 달리 법적 공적금 10, 발기인 5, 직원 5, 배당 후 나머지는 17로 나누어 주주와 이사, 감사, 직원, 특별공적금을 배분하고 있다. 이를 백분율로 환산하였다(17-23-01-72-30-008).

[19] 장정상에는 법적 공적금 이외 나머지 이윤을 백분율로 하지 않고 120으로 나누어 배분하였다. 비교를 위해 백분율로 환산한 수치이다(17-23-01-72-30-010).

[20] 법적 공적금 1/10을 제외한 이윤을 주주총회에서 결정하고 특정 수치를 규정하고 있지 않다(18-23-01-74-30-002).

[21] 규정에는 법적 공적금 10분의 1을 제외한 이윤을 16으로 나누어 비교하기 쉽게 백분율로 환산하였다(17-23-01-72-30-021).

[22] 법적 공적금 규정 이외 직원장려금이 전체 20분의 1을 넘지 말아야 한다는 내용만 규정짓고 있다.

[23] 규정에는 이사와 감사가 경리보다 20% 적어야 함을 규정하고 있다(17-23-01-73-30-002).

[24] 법적 공적금 10분의 1을 제외한 순이익은 주주총회에서 결정하고 특정 수치를 규정하고 있지 않다(18-23-01-23-30-001).

[25] 법적 공적금 10분의 1을 제외한 순이익은 수주총회에서 결정하고 특정 수치를 규정하고 있지 않다.

위의 분석으로부터 첫째, 주식보유에 따른 제한 혹은 특혜가 존재하고 있다는 점이다. 주식보유 수에 따른 표결권의 축소나 일정 주식보유자가 임시주주총회를 소집할 수 있는 권리 그리고 이사, 감사의 피선거권자격 등이 존재하고 있기 때문이다. 둘째, 대체적으로 이사나 감사의 수는 이사의 경우 7명 전후, 감사인 경우 3명 전후로 나타난다. 다만 이사의 수가 좀 더 변화의 폭이 큰데, 이는 초기 발기인들이 이사로 선정되어 운영에 적극 참여하는 경우가 많기 때문인 것으로 추측된다. 셋째, 법적 공적금인 이윤의 10%를 대부분 제하고 나머지를 백분율로 나누어 70% 정도를 주주들의 이윤으로, 10% 전후로 이사나 감사의 보수로, 그리고 20%를 직원 보수로 지불됨을 알 수 있다. 넷째, 결산의 기타사항에서 지적된 직원복리금을 5-10% 책정한 회사가 전체 9개 회사로서 3분의 1 이상을 차지하고 있다. 이는 회사법에도 규정되어 있지 않은 조항임에도 불구하고 복리금지불이 드물지 않은 상황임을 반영하고 있다.

4. 유한, 무한, 양합회사형 영화사 운영

주식회사형 영화사와 달리 유한회사나 무한회사, 양합회사형 지배구조는 주주총회나 이사회에 대한 규정이 자세하지 않다. 몇몇 창립자 중심으로 운영되기 때문에 회사운영을 맡은 경리도 추천이나 선거에 의한 것이 아니라 창립자 중 중심인물을 장정에 직접 규정하는 경우도 있으며 따라서 이사나 감사에 의한 통제가 주식회사보다 미약하다.[26] 또한 생활비나 광고비에 대한 제한을 가하는 규정이 주식회사와 달리 나타나는데 이는 회사특성상 주주가 대부분 지인, 친

척, 가족으로 한정된 경우가 많아 직접 운영에 필요한 경비절약의 내용으로 해석될 수 있다.

그렇다면 주식회사와 달리 지배구조나 운영이 단순한 유한, 무한, 양합회사의 경우는 어떠한 결산방식을 채택하고 있는지 알아보자.

<표 6> 유한, 무한, 양합회사형 영화사 결산방식

	상호명	결산방법				
		법적 공적금	주주	이사, 감사 보수	경리 및 직원보수	기타
1	西湖影片兩合公司[27]	30	30		직원, 배우 23 경리협리 7	발기인10
2	武漢影片無限公司	10	40		경리 10 직원 20	직원장려금 20
3	藝光攝影製片無限公司[28]	13	67		경리 7 同事 13	
4	上藝影片有限公司	20	70		경리 8 직원 12	직원장려금 10
5	啓明影業有限公司	10	60		총경리 20	직원장려금 20
6	國泰影業無限公司[29]	10	70		직원 20 업무집행주주 10	官利 20
7	新藝影片有限公司	10	70	10	20	
8	華光影業製片廠股份兩合公司	10	70	2	25	발기인3
9	聯利影片有限公司	10	70		30	
10	聯合影片有限公司[30]	10				
11	中聯影業有限公司	10	60	14	16	특별공적금 10
12	清華影片有限公司	20	70		경리 8 직원 12	직원장려금 10

---

26) 西湖影片兩合公司인 경우 주주총회를 매월 한차례 개최하고 주주총회에서 감사를 선출하기도 했다(17-23-01-13-30-007).

27) 법적 공적금까지 전체를 백분율로 이윤을 나누었으며, 감사가 존재하시만 감사에 대한 보수는 따로 정해놓지 않았다(17-23-01-13-30-007).

표에서 분석해놓은 바와 같이 결산방식은 주식회사와 크게 다르지 않다. 다만 법적 공적금을 회사법에 의해 따로 제하지 않고 전체 이윤에서 배분하는 경우가 있으며, 또한 이사와 감사가 없는 경우 대신 발기인에게 이윤을 배분하고, 비록 한 곳이지만 官利의 형태가 남아 있는 영화사도 있었다. 그렇지만 주식회사의 직원복리금과 마찬가지로 직원장려금이란 형태(4곳. 3분의 1 정도)도 규정되어 있고, 전반적인 결산방식은 주식회사와 마찬가지로 기업의 지속성에 불리한 지나친 高利나 官利의 존속이, 적어도 장정 속에서는 찾아볼 수 없었다.

5. 결론

근대 중국기업의 성장, 변화가 중국 근대화와 밀접한 관련성을 갖고 있음에도 불구하고 역사학 쪽에서는 이 주제가 잘 다루어지지 않고 있다. 여러 요인이 있겠지만 자료적 한계로 기존의 연구보다 진전된 성과물을 내기 어려운 점이 그 원인 중 하나라고 생각한다. 그렇기 때문에 본고에서는 기초자료를 제공한다는 의미로써 대만 근대사연구소 당안관에 소장된 영화사 등기기록을 중심으로 중화민국 시기 영화사의 지배구조와 운영이 어떠했는지 분석해보았다.

---

28) 법적 공적금까지 포함하여 백분율이 아닌 전체를 15로 나눈 수치를 백분율로 환산한 것이다(17-23-01-72-30-020).

29) 법적 공적금과 官利를 제외하고 백분율로 나누어 이윤을 배분하고 있다(18-23-01-72-30-020).

30) 법적 공적금 이외 균등분배로 규정하고 있다(18-23-01-72-30-041).

그중에서 관심을 갖은 부분은 각 영화사의 장정으로 특히 지배구조로서 주주총회와 이사회에 주목하였고 기업의 지속성에 불리한 요소로 작용한 高利, 官利 등의 문제를 결산방식을 통해 살펴보았다. 먼저, 주주총회나 이사회와 관련해선 주식회사의 경우 첫째, 주식보유에 따른 제한 혹은 특혜가 존재하고 있다는 점을 알 수 있었다. 주식보유 수에 따라 표결권의 축소나 일정 주식보유자가 임시주주총회를 소집할 수 있는 권리 그리고 이사, 감사의 피선거권자격 등이 존재하고 있었다. 둘째, 법적공적금인 이윤의 10% 이상을 모든 회사에서 이윤배분 항목으로 설정해 놓았고 특별공적금을 따로 적립해 두는 회사도 있었다. 이는 官利의 존재가 거의 폐지된 상황에서 (전체 분석대상 회사 중 한곳만 규정) 회사의 영속성을 보완하기 위한 제도적 장치가 철저히 진행되고 있음을 보여준다고 할 것이다. 셋째, 많은 회사에서 직원복리금을 5-10%를 책정해 놓고 있는데 (3분의 1 이상), 이는 공식적인 회사법에서도 규정되어 있지 않은 항목임에도 복리금지불이 드물지 않은 상황임을 말해 준다. 결국 이러한 이윤결산방식은 중화민국시기 중국 회사조직의 '제도적 근대화' 추세를 잘 반영해 주고 있다.

마지막으로 본 연구가 좀 더 중화민국시기 중국기업에 대한 성격을 잘 드러내기 위해서는 각 영화사별 사정을 좀 더 치밀하게 고찰하여 미묘한 차별성을 밝혀내고 아울러 타 산업과 비교, 시대적 비교 등을 통한 비교분석이 더 보충되어야만 할 것이다. 이러한 연구가 후속작업으로 이어지길 기대하는 바이다.

제2부

중국 전통 상업의식의 형성과 변화

『客商一覽醒迷』의 번역과 상업언어

강용중

1. 서론

중국사에 있어서 명청대는 어느 때보다 상업이 발달했다. 이러한 상업의 발전은 커다란 사회적 변화를 초래했으며, 문학이나 언어 등에도 상당한 영향을 미쳤다. 중국문화의 입장에서 본다면 상업발전은 경제적 기반을 제공하고 사람들로 하여금 다양한 교류를 가능하게 했다. 명청대 상업의 발전은 경제적 지표나 무역거래 등에도 나타나지만 상업적 의식의 발전과 더불어 상업서(商業書)[1]라는 독특한 전문서적을 탄생시켰다. 상업서란 상업과 관련된 지식이나 도덕규범 등을 정리해놓은 책으로, 특히 명대 이후에 본격적으로 출현하였다. 본고에서 다루려는 책은 『客商一覽醒迷』[2]이다.

다만 국내에서는 이러한 상업서에 대한 소개나 인식이 아직 제대로 이루어지지 않았다. 중국의 학술에 관련해서는 儒學이나 諸子에 대한 연구가, 종교에 대해서는 불교와 도교가, 그 밖의 영역에서는

---

[1] 중국에서는 줄여서 '商書'라고도 한다.
[2] (明)李晉德著 楊正泰校注, 『客商一覽醒迷』, 山西人民出版社, 1992.9.

문학, 언어, 예술, 의학 등 실로 다양한 분야에서 이루어지고 있지만, 민간에서나 상업에 종사하던 상인들에게만 전파되었던 상업서가 지금까지 주목받지 못한 사실은 그리 이상할 것도 없다. 다만 중국인의 商術과 商慣行 혹은 商道는 중국문화와 깊은 관련을 맺고 있을 뿐만 아니라, 특히 명대 이후 중국문학과도 밀접한 관계가 있기 때문에 이에 대한 번역이나 체계적인 소개가 절실하다 하겠다. 기실 상업서에 대한 연구는 중국사회경제사와도 밀접한 관련을 가진다. 선행연구 또한 이 분야에서 주로 이루어진 사실을 보더라도 역사학 특히 명청사 연구자들이 주로 소개와 연구를 진행했다.

그러나 본고에서 다루려는 대표적인 상업서인 『客商一覽醒迷』만 하더라도 지금까지 校註本은 있으나 아직까지 번역본이 나온 적이 없으며, 내용 또한 기존의 학술문헌과는 달리 상당히 이질적인 요소로 이루어져 있다. 게다가 문체 또한 고문과 명대의 구어 및 방언 어휘 그리고 상업관련 전문용어가 반영되어 있어 관심이 있는 독자나 연구자가 접근하기에 어려움이 있다. 상업서인 『客商一覽醒迷』는 다른 중국 전통 문헌과는 달리 그간 학계에서 주목을 받지 못했을 뿐만 아니라 변변한 주석서도 없다. 그러므로 이 책의 소개와 번역은 우리나라의 중국사학계나 중국문화관련 연구자에게 꼭 필요한 일이라 하겠다. 게다가 이 책이 상업서이니만큼 상업과 관련된 언어를 분석하는 것은 일정한 의의를 가진다고 할 수 있다.

이에 본고는 『客商一覽醒迷』의 소개와 번역에 대한 시론적인 견해를 정리할 것이며, 상업서의 중요한 표지인 상업용어를 대략적으로 소개하고자 한다. 본고는 이러한 취지에서 출발해 『客商一覽醒迷』의 번역 사례를 소개하고, 특징적인 상업어휘에 대해 분석할 것이다.

우선 2장에서는『客商一覽醒迷』의 서지적 소개를 진행하고 본고와 관련된 연구방법을 제시할 것이다. 아울러『客商一覽醒迷』의 기본 내용도 소개하기로 한다. 다음으로 3장에서는『客商一覽醒迷』의 번역과 관련한 몇 가지 원칙을 정리하고, 또 전문용어로 분류되는 상업어휘를 복음절사 위주로 근대중국어시기에 해당하는 구어를 선별하여 소개할 것이다. 그리고 상업서에만 보이는 독특한 표현양식과 몇몇 방언 성분에 대해서도 살펴볼 것이다.

본고가 이후에 본격적으로 진행될『客商一覽醒迷』의 국내 소개와 번역작업 및 관심을 이끌어내는 계기가 되기를 기대한다.

2.『客商一覽醒迷』의 소개와 연구방법

본 장에서는 연구방법에 대해 소개하는 동시에『客商一覽醒迷』의 내용과 체재를 아울러 소개하며, 선행연구에 대해서도 대략적으로 알아보고자 한다.

1)『客商一覽醒迷』의 내용과 체재

우선 이 책에 대한 기본적인 이해를 도모하기 위해 간략한 소개를 진행하고자 한다.『客商一覽醒迷』는 명대의 福建상인 李晉德이 崇禎 八年(1635)에 간행한 상업서이다.『客商一覽醒迷』의 구성은 다음과 같다.

商賈一迷醒迷

目錄

1. 商賈醒迷 內附悲商歌 警世歌
2. 警世歌
3. 逐月出行吉日
4. 憎天翻地覆時
5. 楊公忌日
6. 六十甲子逐日吉兇

　처음에 보이는 <商賈醒迷>은 이 책의 본문에 해당한다. 이의 부
록으로는 <悲商歌> 30首와 <警世歌> 16首가 있다. 이어서 <警世
歌> 24首를 따로 수록하고 있다. 이 24首의 <警世歌>는 <商賈醒迷>
의 부록 <警世歌> 16首와는 달라 출처가 같지 않음을 알 수 있다.

　다음으로 <逐月出行吉日>은 매월 길한 날짜를 기록하고 있으며,
다른 내용은 없다. 이어서 보이는 <憎天翻地覆時>는 매월 변고가
많은 날짜를 하나씩 들고 있으며, 이 또한 대단히 간략하다. 다섯 번
째에 보이는 <楊公忌日>에도 마찬가지로 上官(관부에 부임하는 것
을 나타냄), 이사, 安葬, 혼인, 출행, 화물적재, 거래 등에서 반드시
피해야 하는 날짜를 매월 하루씩 기록하고 있다. 마지막으로 <六十
甲子逐日吉凶>에서는 六十甲子에 따라 각각의 운세가 기록되어 있으
며 吉凶을 구분하여 서술하고 있다.

　본문에 해당하는 <商賈醒迷>의 체재는 [원문]과 [주석]의 형태로
되어 있다. 楊正泰의 校注本(275쪽)의 한 단락을 예로 들면 다음과 같다.

　　[원문] 門雖無貨, 但物精地潔, 不妨. 店縱有人, 若膈3)網凳塵,
　　　　　可懼.4)

가게에 비록 물건이 많지 않아도 정선되어 있고 실내도 깨끗하다
면 괜찮다. 점포에 사람이 있어도 창문에 거미줄이 끼고 의자에
먼지가 있다면 우려할 만하다.

[주석] 觀人家之盛衰, 在宅居之垢潔. 行中雖無貨物, 但精潔不
　　　 塵, 必是興旺之家. 若莓苔滿地, 塵網盈庭, 縱有人居, 必
　　　 爲廢敗無人拘管之室.

한 집안이 흥할지 쇠락할지는 그 집이 깨끗한지 아니면 더러운지
를 보면 된다. 가게에 비록 물건이 많지 않아도 정결하고 먼지가
없다면 틀림없이 번창한 집이다. 만약 사방에 이끼가 끼고 온 집
안에 먼지 낀 거미줄이 가득하다면 비록 사람이 살고 있어도 황폐
하여 아무도 돌보지 않는 집처럼 보일 것이다.

　여기에서 보는 대로 우선 원문에서 짧은 구절이 등장하고, 이어서
원문에 대한 상세한 풀이가 보인다. 한편 <商賈醒迷>의 내용에 대
해서는 일본 학자 斯波義信의 <『新刻客商一覽醒迷天下水陸路程』略論>
에서 두 가지 중요한 정보를 제공해주고 있다. 우선 <商賈醒迷>의
체재와 부분적인 내용은 明 萬曆 연간에 간행된 『三台萬用正宗』 卷21
<商旅門·客商規鑒論>에서 기원한다고 보았다. 그리고 이 <商賈醒
迷>는 이후의 상업서인 『仕商要覽』와 『商賈便覽』에 각각 55조와 42
조가 그대로 채록되고 있다고 주장했다. 이로써 알 수 있는 사실은
<商賈醒迷>가 전후의 상업서의 맥락을 잇고 있는 중요한 저작이라
는 점이다. 다음으로 斯波義信는 <商賈醒迷>의 내용을 주제별로 다
음과 같이 분류했다.

---

3) 일본 山口大學 소장 원본에는 '摠(憁)'이나 양정테 본에는 '膈'으로 되어 있다.
4) 山口大學 원본에는 '愳'(속자)를 쓰고 있다. '愳'는 '懼'의 속자이다.

A. 才能과 競爭 23條

B. 人格主義 58條

C. 經營과 管理 55條

D. 商業出行時 注意點[5] 10條

E. 都賣 및 販賣 關聯[6] 108條

F. 官牙와의 접촉 및 교섭 6條

앞에서 보는 대로 <商賈醒迷>의 내용은 이상의 여섯 개 방면으로 구성되어 있으며, 전체 260條가 각각의 주제에 따라 서로 다른 분포를 보이고 있다. 물론 이러한 분류는 다소 주관적인 요소가 개입되어 있으므로 추후에 새로운 분류도 가능하다.

운문 부분은 <商賈醒迷>에 [悲商歌] 30수와 [警世歌] 16수가 있다. 그중의 예로 다음을 들 수 있다(楊正泰의 校注本 300쪽[悲商歌] 제17수).

其十七
畫角[7]聲裂動客悲,[8] 夜深長嘆幾千回. 追思[9]未了平生志, 功業
無成兩鬢催.[10]

---

[5] 斯波義信의 중문번역본 논문에서는 '旅行心得'라 하였으나, 내용에 맞게 '商業出行時 注意點'으로 수정한다.

[6] 斯波義信의 중문번역본 논문에서는 '批發銷售機構'라 하였으나, 내용에 맞게 '官牙와의 접촉 및 교섭'으로 수정한다.

[7] 畫角은 악기의 한 종류로 대나무 또는 동물의 가죽으로 만들며, 표면에 그림을 그려 넣어 '畫角'이라 했다. 일반적으로 일출이나 일몰시에 불어 경보나 시간을 알리는 데 썼다고 전해진다.

[8] 全唐詩(卷270-89, 戎昱의 <桂州口號>)에 "畫角三聲動客愁, 曉霜如雪覆江樓. 誰道桂林風景暖, 到來重著皂貂裘"라는 시가 보여 관련성이 있다고 볼 수 있다.

[9] 追思는 '追憶하다', '思念하다'의 의미로, 주로 돌아가신 분이나 멀리 떠난 가족 또는 옛 친구 등을 추억한다는 뜻이다.

[10] 賀知章의 『回鄕偶書』에 '少小離家老大回, 鄕音不改鬢毛衰'라는 구절에서 전고를 사용했다.

화각의 찢어질 듯한 소리가 객상을 슬픔에 빠지게 하고, 깊은 밤 장탄식을 몇천 번이나 했던가? 다하지 못한 일생의 뜻을 되짚어 생각해보면 이룬 일은 없는데 양쪽 귀밑머리에 흰머리 재촉하네.

여기에서 보는 대로 운문은 한 수가 七言四句로 되어 있다. 이들 시구는 대부분 객상의 艱苦한 처지나 가족에 대한 그리움 또는 상거래에서 중요시해야 하는 덕목 등을 노래하고 있다. <商賈醒迷> 전체 체재에서 이러한 시가의 비중은 작지만, 내용적으로 본문의 산문과 부합할 뿐만 아니라 客商의 정서를 오히려 시적으로 잘 승화시키고 있다고 볼 수 있다.

2) 선행연구

상업서는 중국 전통학문과 문화예술분야와 비교하면 상당히 미미한 영역이다. 그러나 이러한 상업서는 오히려 상인이라는 신분적 특수성과 특히 명청시대 이후 발달한 사회관계의 주요한 축으로서의 상업에 대한 세계와 그들의 가치관 혹은 세계관을 반영하고 있다는 측면에서 자료적인 가치는 분명히 긍정적으로 평가되어야 한다. 특히 현대의 개력개방 이래로 날로 발전하고 있는 중국의 경제와 상업의 이해에 있어서 중국상인의 전통적인 풍모나 상관습을 살펴볼 수 있다는 점에서 그 자료적 가치는 더해진다 하겠다.

현전하는 중국의 명청대의 전통 상업서로는 『客商一覽醒迷』이외에도 다음의 것들이 있다.[11]

---

11) 張海英, 「從明淸商書看商業知識的傳授」, 『浙江學刊』, 2007/02(83-90쪽) 참조.

黃汴,『一統路程圖記』明 隆慶刊

陶承慶,『商程一覽』明 萬曆刊

余象斗,『新刻天下四民便覽三台萬用正宗·商旅門』明 萬曆刊

程春宇,『士商類要』明 天啟刊

憺漪子,『士商要覽』明 崇禎刊

吳中孚,『商賈便覽』淸 乾隆刊

王秉元,『生意世事初階』淸 抄本

王秉元,『貿易須知』淸 光緒刊

　　상업서의 대체적인 분류는『一統路程圖記』와 같은 상업교통로 정보를 수록한 것이 있는가 하면,『萬寶全書』와 같은 日用類書에 수록된 <算法> 등과 같은 계산방법을 소개하는 것도 있지만, 주류를 이루는 것은 상업관행이나 상도덕 등을 다루는 것이 대종을 이룬다.

　　중국에서 이루어진 선행연구는 상업서의 소개나 전파과정, 상업교육 또는 상업관념 등의 방면에서 다양한 연구가 시도되었다.[12]

---

12) 선행연구의 성과로는 아래의 것들이 있다.

郭孟良 張繼紅,「明淸商書的出版傳播學考察」,『編輯之友』, 2009/10.

大林洋五,「資本主義の精神－李晋德『客商一覽醒迷』をめぐって」, Asian economic review 60(1), 105-116, 2001.8.31., Yamaguchi University.

斯波義信,「新刻客商一覧醒迷天下水陸路程」, 森三樹三郎博士頌壽記念事業會編,『東洋學論集: 森三樹三郎博士頌壽記念』, 朋友書店, 1979.

山根幸夫,「批評と紹介: 楊正泰 校注,『天下水陸路程』·『天下路程圖引』·『客商一覽醒迷』」,『東洋學報』75-1·2, 1993.

張海英,「從明淸商書看商業知識的傳授」,『浙江學刊』, 2007/02.

張海英,「日用類書中的"商書" － 析『新刻天下四民便覽三台萬用正宗·商旅門』」,『明史硏究』, 2005.

周海燕,「論明淸商書的旅遊學價値」,『重慶科技學院學報(社會科學版)』, 2012/22.

陳學文,「明代一部商賈之敎程、行旅之指南－陶承慶『新刻京本華夷風物商程一覽』評述(明淸商書系列硏究之七)」,『中國社會經濟史硏究』, 1996/01.

陳學文,「明淸時期商業文化的代表作『商賈便覽』－明淸商書硏究系列之十」,『杭州師範學院學報』, 1996/02.

陳學文,『明淸時期商業書及商人書之硏究』, 臺北: 洪葉文化事業有限公司, 1997. 下篇 제3장「苦心勸誡, 合理經商－客商一覽醒迷天下水陸路程對於商賈職業道德的論述」.

『客商一覽醒迷』를 독립적으로 다룬 논문은 없으나 다른 주제의 논문에서 방계연구가 다수 이루어졌다. 대표적인 학자로는 대만의 陳學文이나 복단대학의 張海英이 있다.

한편 일본에는 斯波義信, 山根幸夫, 大林洋五 등의 학자들이『客商一覽醒迷』를 직접 제목으로 특정하여 소개했다. 斯波義信는 앞에서 본대로 내용을 분류하고, 기타 상업서와의 문헌 전승관계에 대해 논했다. 山根幸夫의 논문에서는『客商一覽醒迷』에 대한 서평을 했으며, 大林洋五의 그것은 강연원고로 주로 중국의 자본주의 발전과 정신이라는 주제하에『客商一覽醒迷』에 대한 관심을 환기시켰다.

국내에서는 홍성화 교수[13])의「明代後期 商業書를 통해서 본 客商의 윤리의식」에서는 상업서 전반에 대한 소개를 진행했으며, 이어서『士商類要』와『客商一覽醒迷』를 중심으로 객상의 윤리의식을 '불안한 교환의 세계', '신용과 자선활동의 세계'라는 주제로 재구성하고 평가하였다.

다만 필자가 조사한 바로는 일본과 우리나라에 번역본이 간행되지 않았고,『客商一覽醒迷』에 반영된 상업용어에 대한 소개는 아직 진행되지 않았다. 이런 상황에서『客商一覽醒迷』의 번역과 관련된 논의를 진행하여 많은 독자들이 접근하는 계기를 만드는 것이 필요하며,『客商一覽醒迷』의 주요 주제인 상업용어에 대한 고찰은 이 텍스트에 대한 이해를 한층 더 높여줄 것이다.

---

13) 洪成和,「明代後期 商業書를 통해서 본 客商의 윤리의식」,『中國史硏究』, 제56집, 2008. 한편 부산대 사범대에 재직 중인 홍성화 교수는 필자에게 일본 山口大學 소장의『客商一覽醒迷』원본의 사본을 제공해주었다. 이 지면을 빌려 심심한 사의를 표한다.

3) 연구방법

본고의 연구방법은『客商一覽醒迷』의 번역과 상업용어에 대한 고찰을 초보적으로나마 진행할 수 있기 위해 설계되었다.『客商一覽醒迷』는 다수의 산문과 일부 운문으로 구성되어 있다. 이러한 측면에서 번역의 문제도 당연히 이 두 서로 다른 문체를 각각 다루어야 할 것이다. 그리고 텍스트가 古籍이므로 校勘의 문제에 대해서도 충분히 고민해야 할 것이다. 나아가『客商一覽醒迷』의 문체가 일반 전통 중국 문헌과는 다른 측면이 많으므로 이 점에 대해서도 세심한 주의가 필요하다.

이에 번역문제에 관련해서는 원문의 교감문제,『客商一覽醒迷』의 독특한 표현, 산문과 운문의 번역문제 등을 중심으로 살펴보고자 한다. 교감의 문제란 일차적으로 원본인 山口大學본에 대한 교감을 가리킨다. 다음으로 양정태의 교주본이 유일한 현대적 판본이므로 이에 대한 대비와 교감이 필요할 것이다.『客商一覽醒迷』의 텍스트와 관련된 독특한 표현은 대체로 두 가지로 나누어 볼 수 있다. 그 하나는 다른 문헌에 보이지 않는 상업서에만 보이는 표현을 말한다. 다른 하나는『客商一覽醒迷』에 포함된 근대중국어 성분이다. 근대중국어 성분은 고문과 현대중국어와는 다른 영역의 언어이며, 명대의 저작인『客商一覽醒迷』에 이 근대중국어 성분이 다소 포함되어 있으므로 번역 과정에서 반드시 유념할 필요가 있는 것이다. 본고는 번역문제와 관련하여 이상의 문제를 원문의 예시와 初譯을 제시하며 검토하고자 한다.

다음으로 상업언어의 풀이는 범위의 설정에서 지면관계로 이음절어 근대중국어 또는 고문 이외의 언어 단위를 대상으로 한다는 원칙을 세웠다. 기실 필자의 조사에 따르면『客商一覽醒迷』에는 상당수의 상업어휘가 출현한다. 그러나 상용하는 단음절어나 일반적인 의미로 따로 연구하지 않아도 알 수 있는 것은 본고에서 제외할 것이다. 이러할 때만이『客商一覽醒迷』에 반영된 고유의 언어적 특색을 부각시킬 수 있을 뿐만 아니라, 다른 전적에서 보이지 않는 의미 있는 언어 단위에 대해 접근할 수 있기 때문이다. 다만 본고에서는 대략의 상황을 소개하는 데 주안점을 두고 있으므로 구체적인 분석은 몇몇 단어에 국한하여 살펴보기로 한다.

마지막으로 본고에서 사용하는『客商一覽醒迷』의 텍스트는 山西人民出版社에서 1992년에 출간한 楊正泰校注本임을 밝혀둔다.

3.『客商一覽醒迷』의 번역과 상업언어

1)『客商一覽醒迷』의 번역문제

고전의 번역은 힘들고 어려운 작업이다. 왜냐하면 원래의 필자가 의도한 바를 정확히 알지 않으면 안 될 뿐만 아니라, 언어적으로도 긴 시간적 차이를 극복해야 하기 때문이다. 예를 들어 思想書의 번역에서는 그 사상의 요체를 꿰뚫고 있어야만 하나의 호흡으로 해당 전적을 이해할 수 있으며, 이러한 바탕 위에 비로소 지금의 언어로 옮겨낼 수 있다. 또한 언어적인 문제로 보자면 문자의 교감과 그 텍스트에서만 쓰이는 독특한 표현방법 등에 대해 상당한 지식이 있어야만 제대로 된 번역을 할 수 있다. 만약 이 텍스트가 古語로 되어 있다면 통시적인 어감에 해당하는 고전을 번역할 수 있는 객관적인 언어 소양을 갖추어야 한다. 이상의 일반론적인 접근 이외에도 문자적인 교감이나 판본 간의 대 비 등 문헌학적 작업도 동시에 수반되어야 함은 두말할 필요도 없다.

(1) 문자교감

고적을 다루는 첫걸음은 문자의 교감이다. 특히 하나의 경우 이체자나 간체자 등이 많이 존재하며 판본에 따라 서로 다른 글자를 쓰기도 한다. 특히 중국의 고적은 문자적인 교감을 반드시 거쳐야 한다.

『客商一覽醒迷』는 주지하듯이 상인이나 상업과 관련된 제한된 신분의 사람들이 보던 책이다. 그리고 경전류 저작과는 달이 엄밀성이나 정자체를 고집할 필요가 없다. 이러한 속성으로 말미암아 『客商一覽醒迷』에는 다수의 간체자가 사용되었다. 다음의 예들을 살펴보자.

> (1) 財爲養命之源, 人豈可無有! 而不會營運, 則蠶食易盡, 必須
> 生放經商, 庶可獲利, 爲資身策也.(270쪽)[14]
> 재물은 생명을 양육하는 근본이 되므로 사람에게 어찌 없을 수 있는가! 그러나 그것을 운영할 줄 모른다면 잠식되어 쉽게 소진될 것이니 반드시 돈을 빌려주어 이자를 얻거나 상업에 종사해 이문을 얻을 수 있게 되면 자신에게 유리한 길이 될 것이다.
> (2) 賣貨不日客克, 或衆强成, 或牙捺壓, 皆非公平交易, 難免會
> 帳無低昂爭也.(279쪽)
> 물건을 팔았다고 해서 객상이 성공했다고 말할 수 없다. 어떤 경우는 여러 사람이 강제로 성사시키고 어떤 경우는 아행이 압력을

---

[14] 이하 楊正泰의 校注本의 쪽수를 따른다.

행사하니 모두 공평하지 않은 교역이어서 장부를 결산할 때 머리를 숙이지 않고 얼굴을 쳐들어 싸우는 것을 면하기 어렵다.

예문 (1)과 (2)에 보이는 '盡'과 '難'은 山口대학 원본에는 각각 '尽'과 '难'으로 되어 있다. 양정태의 교주본이 일률적으로 번체자를 채택하고 있어 원본의 속자 또는 간체자를 임의로 번체화시킨 예로 볼 수 있다. 이러한 다수의 속체자는 당시 민간이나 비정식 문서에 많이 사용되었으므로『客商一覽醒迷』의 텍스트적인 속성, 즉 정통 문헌이 아닌 통속적인 성격을 대변해준다고도 볼 수 있다. 다만 이러한 경우 번역에는 영향을 미치지 않는다.

그러나 겉으로 보기에는 正字와 俗字의 관계 같지만 문자적 교감을 통해 이러한 것과 거리가 먼 예도 있다.

(3) 對客坐間, 或與家人耳邊唧拶(−扌＋口), 言不出聲; 或家僕
   之類, 掩藏撫拾, 衣包背攜, 低頭邪視出入者, 非家中有事,
   即易換飮食, 艱難輾轉物件也.(274쪽)
손님이 와 앉아 있는데도 집안사람과 귓속말로 소곤대기만 하고 소리를 내지 않거나, 집안에서 일하는 노복들이 주섬주섬 주워서 숨기고 등에 둘러맨 것을 옷으로 감싸며 고개를 숙이고 출입하는 사람을 곁눈질하여 살피는 것은 집안에 일이 있지 않으면, (아행이 객상을 대접하는) 음식종류를 바꾸고 곤란하다는 핑계로 물건을 (품질이 나쁜 것으로) 돌리는 것이다.

(4) 牙家接客, 家僮之輩衣裙絲縷, 鞋襪穴穿, 面垢頭篷, 老充幼
   使, 此是眞貧之家.(274쪽)
중개인이 손님을 접대하는데 그 집안의 노복들의 옷이 헤지고 신발과 양말에는 구멍이 나 있으며 얼굴에는 땟국물이 흐르고 머리카락은 새집을 짓고 늙거나 어린 노복들이 분주하기만 하면(늙은 노복을 젊은 노복이 해야 하는 일에 충당한다면) 이는 정말로 가난한 집이다.

예문 (3)과 (4)는 '家僕'와 '家僮'의 '家'는 山口대학 원본에 '价'로 되어 있다. 만약 이 예들을 앞의 (1)이나 (2)의 경우처럼 正字와 俗字의 관계로 보거나 '家'를 '价'로 잘못 쓴 것이라고 판단하면 잘못을 범하게 된다. 고서의 경우 근접한 단락에서 유사한 착오가 동시에 발생하는 경우는 많지 않다. 우선 여기의 '价'는 '價'의 속자 또는 간체자가 아니다. 『詩經』에 "价人維藩"이라는 구절이 보이며 여기에서의 '价'는 '갑옷'이라고 풀이하는 경우나 '善'으로 풀이하는 두 갈래의 주석이 있다. 후대에 '善'의 의미에서 파생되어 '~를 잘하는 [사람]'의 뜻으로 사용되었다. 『宋史』에 보이는 '鄰道守將走价馳書來詣'에서 '走价'는 바로 '파발을 전하는 잘 걷는 걸음꾼'이라는 뜻이다. 이러한 용법으로 '价儐'이나 '价婦'라는 단어가 있으며 그 의미는 각각 '导引和接待宾客之人'[15)와 '仆妾'[16)이다. 그러므로 양정태 교주본의 (3)과 (4)에 보이는 '家僕'과 '家僮'은 '价僕'과 '价僮'으로 환원되어야 한다. 마찬가지로 번역에서도 '집안의 노복'이 아니라 '노비' 또는 '어린 노복' 등으로 해야 한다.

이러한 사례를 하나 더 들면 다음과 같다.

> (5) 禮貌謙逾, 心中叵測. 起坐眞率, 面亦無阿.(273쪽)
> 행동거지가 예의 바르고 지나치게 겸손한 자일수록, 그 마음을 헤아리기 어렵고, 행동거지가 진솔할수록 얼굴에 아첨하는 기색이 없는 법이다.

양정태의 교주본에 '逾'로 되어 있으나 山口대학 원본에는 '迂'로

---

15) 金 馮璧, 『雨後看並玉所控諸峰』詩: "接武如朋簪, 承迎如价儐."
16) 淸 梁章鉅, 『稱謂錄·婢』: "价婦: 『留靑集』: '价婦, 僕妾也.'"

되어 있다. 어느 것이 맞는지를 판단하지 않으면 의미의 방향이 전혀 다르게 된다. 만약 '逾'로 본다면 '예를 갖춘 모습이 지나치게 겸손하다'로 번역할 수 있지만 이 번역은 어법이나 어감으로 볼 때 억지스러운 구석이 없지 않다. 그러나 山□대학 원본대로 번역하면 오히려 순통한다. '迂'는 '曲折' 또는 '말이나 행동 또는 견해가 진부하고 시의에 맞지 않다'의 뜻을 가지고 있다. 이를 번역해보면 '예를 갖춘 모습이 지나치게 겸손하고 형식에 얽매여 진부하다'로 보면 뒤 구절과의 호응이 자연스럽다. 게다가 현대중국어로 보더라고 성모와 운모가 비록 같지만 성조가 '迂'는 陰平이고 '逾'는 陽平이므로 同音 관계가 아니다. 중고음에서 보더라도 전자는 云母 合口三等字이고 후자는 以母 合□三等이므로 엄격히 말해 동음이 아니다. 양정태본에서 왜 이렇게 전사했는지는 알 수 없지만 번역의 입장에서는 커다란 착오라고 말하지 않을 수 없다.

그 밖에도 단순한 오류도 발견되는바 문자교감의 중요성을 한번 더 주의해야 하는 예를 보기로 하자.

(6) 財者通行蠻貊, 雖嬰孩亦所知. 愛是以人多競求强取, 致有喪身失德, 忘恥受辱, 甘當無侮. 其知義安分, 不事妄貪者, 世之罕有.(270쪽)
재화는 변방의 四夷지역에서도 통행되고 젖먹이나 어린아이라 할지라도 아는 바이다. 애착이라는 행위는 사람들이 대개 경쟁적으로 구하고 강제로 취하므로, 몸을 망치고 덕을 잃으며, 수치를 잊고 욕을 먹으며, 즐거이 감당하여 후회하지 않는 데까지 이른다. 의를 알고 본분에 안주하며 망령된 탐욕을 일삼지 않는 자는 세상에 드물다.

예문 (6)에는 '侮'라고 되어 있으나 이는 응당 '悔'로 보아야 한다. 만약 이러한 수정을 가하지 않는다면 중대한 번역의 오류를 범할 수 있다.

이상의 예에서 볼 수 있듯 문자교감은 원문의 정확한 용법을 알 수 있는 가장 기본적인 작업이며, 특히 고적의 번역에서는 엄밀한 교감과 이에 따른 판단이 필요함을 알 수 있었다.

(2) 상업서의 특이 표현

일반적으로 경전은 오랜 기간에 걸쳐 많은 사람들이 연구하고 활용해 풍부한 자료와 다양한 주석서가 전해져온다. 한편 문학작품은 친근한 생활용어로 기록되어 있을 뿐만 아니라 대중들의 사랑을 받아 접근하기에 큰 어려움이 없다. 그러나 전문서적이나 특수한 계층의 사람들만 보던 책은 다양한 주석이나 방계자료가 많지 않으며 게다가 사용하는 언어나 서사방식 또한 접근하기에 어려움을 더해준다. 『客商一覽醒迷』는 상업서이다. 그러므로 주요 화두 자체가 상업과 관련되어 있다. 이러한 맥락과 이 텍스트 내에서만 사용되는 독특한 표현양식을 제대로 파악하지 못하면 제대로 된 번역은 힘들어질 수밖에 없다.

아래의 예문을 통해 이 방면의 문제를 살펴보기로 하자.

(7) [원문] 取帳誇能威彼懼, 討期言外啓人寬.(288쪽)
장부를 다루는 데 능력을 과시하면 상대를 위엄으로 겁주는 것이고, 기한을 정할 때 쓸데없는 이야기를 하면 상대는 기한을 늘일 수 있다고 여기게 할 수 있다.
[주석] 主家同客到人店中取帳, 約期不以緊切直言, 返以別事談

講, 延曼[17]扯拽良久, 方及正事, 則人以爲可緩, 決不爲
急還計也. 若笑舞誇己之能, 及稱善于詞訟者, 此皆欲張
己威而使彼畏愵[18]矣.(288쪽)

아행이 객상을 데리고 어떤 사람의 가게에 가 장부를 다루면서 기
한을 정할 때 절실하게 직언하지 않고 오히려 다른 일로 말을 걸
고 오랫동안 길게 끊이지 않고 한담하다가 그 사안에 대해 언급한
다면 그 가게의 주인은 상환일시를 늦출 수 있다고 여기게 되니
이는 결코 빨리 돌려받기 위한 계책이 될 수 없다. 만약 웃음을
날리며 자신의 능력을 과시하고 송사에 능하다고 말한다면 이는
다 자신의 위엄을 늘어놓아 저 사람으로 하여금 두려워하게 하기
위함이다.

(8) [원문] 圖多用而帳野, 爲酒食以限遲.(288쪽)

구전을 많이 바라면 장부가 부실해지고, 지나친 접대를 받으면 기
한이 늘어진다.

[주석] 經紀發貨, 惟圖多取, 用錢不顧客本, 彼肯貴價賒者, 斷
然乏本空虛, 不可不察. 及以頻頻酒食款待, 延捱限期,
此等鋪家最防覺.(288쪽)

중개인(거간꾼)이 물건을 낼 때는 오로지 많은 用錢(즉, 口錢: 흥
정을 붙여주고 그 대가로 받는 돈)을 취하여 객상의 본전 따위는
고려하지 않는 법이다. 중개인이 높은 값으로 외상거래를 하려 한
다면, 필시 본전이 다 떨어진 경우이니 살피지 않을 수 없다. 빈번
히 술자리를 만들어 후한 접대를 하며 기한을 미루려는 경우에는
이런 가게들에 대해서도 가장 경각심을 가져야 한다.

예문(7)에 보이는 取帳, 誇能, 討期, 主家, 約期, 笑舞誇己, 欲張己威,
使彼畏愵 또는 예문(8)의 帳野, 限遲, 經紀, 發貨, 客本, 鋪家 등은 상업
행위나 관습에 대한 이해가 없으면 바로 이해하기 힘들며 상거래를

---

17) 山口大學 원문에는 '延蔓'으로 되어 있다.
18) 山口大學 원문에는 '攝'으로 되어 있다.

둘러싼 쌍방 간의 심리적 배경을 이해하지 못하면 매끄럽게 번역할 수 없다. 그러므로 텍스트의 성격에 따라 우선 작가의 머릿속으로 들어가 그가 그리고 있는 상황을 깊게 이해하고 그런 후에 구체적인 문맥이 말하려는 바를 입체적으로 재구성해야만 제대로 된 번역을 수행할 수 있다.

(3) 문체에 따른 번역문제

앞에서 살펴본 대로 『客商一覽醒迷』는 크게 산문 부분과 운문 부분으로 나뉜다. 산문 부분은 산문의 기능적인 특성을 십분 활용하여 상업서가 가져야 할 교훈적인 내용이나 警策 등이 주요 내용이므로 번역의 문체도 이러한 특성을 반영해야 한다.

> (9) [원문] 格船行李瀟然, 定是不良之輩.(296쪽)
> 배를 타는데 짐이 간단하면 틀림없이 불량배이다.
> [주석] 同船搭船之人, 或人物衣冠整齊, 無甚行李, 蹤跡可疑之
> 者, 非拐子[19]即掏摸[20]吊剪之流. 或自相賭戲以煽誘, 或
> 置毒餅果以迷人, 或共夥黨而前後登舟, 或充正載而邀吾
> 入伴者, 不識其奸, 財本遭擄. 又蘇, 杭, 湖船人載人居上
> 層, 行李藏於板下, 苟不謹慎, 多被竊取.(296쪽)
> 같은 배를 타는 사람이 인물이나 옷차림이 번듯하고 별다른 짐이
> 없고 종적이 의심스러운 자는 사기꾼 아니면 좀도둑, 소매치기 따
> 위이다. 혹은 자기들끼리 짜고 도박 놀음으로 (뭇사람을) 부추겨
> 속이려 하거나, 독이 든 음식으로 혼미하게 하며, 혹은 공모하여

---

19) 사람이나 재물을 속여서 빼앗는 사람을 말한다.

20) 掏摸는 도둑을 가리킨다. 明 楊慎, 『升庵經說·周易·坎爲盜』: "項氏謂月行於
夜爲盜象……(餘弟)用敍曰: 盜可配天, 則天是窩主, 星辰皆掏摸矣. 其言雖戱,
亦有理."

패거리를 짜서 앞뒤로 승선하거나, 혹은 선주로 가장하여 나를 같은 무리에 끌어들이려 하니 그들의 간계를 알아차리지 못하면 재물과 본전을 약탈당할 수 있다. 또 蘇州, 杭州, 湖州 등지의 뱃사람들은 승객은 위층에, 짐은 갑판 아래에 두니 정말 조심하지 않으면 절도를 당할 우려가 크다.

(10) [원문] 老舟槳帆朽壞, 應防風浪之危.(296쪽)
낡은 배는 노나 돛이 썩어 파손된 경우도 있으니 반드시 풍랑의 위험에 대비해야 한다.

[주석] 僱船必要看新舊, 若舵損帆穿, 通舟板片板腐者, 不耐風浪, 恐防傾覆之危.(296쪽)
배를 빌릴 때는 반드시 새 배인지 낡은 배인지를 보아야 하며, 만약 조타(키)가 망가지고 돛이 찢겨지고 온 배의 선체나 갑판의 나무가 갈라져 있거나 썩은 경우 풍랑을 이기지 못하니 배가 전복될 위험에 만전을 기해 대비해야 한다.

앞의 두 예에서 보듯 산문 부분의 내용은 여러 가지 정보를 제시하여 客商이 반드시 알고 대비해야 하는 사항을 강조하고 있다. 그러므로 번역에 있어서도 이러한 특성을 제대로 반영해야 할 것이다.

다음으로 운문문체의 번역에 대해 살펴보기로 하자. 중국 고전에서 운문은 기본적으로 음악에 맞추어 노래로 부를 수 있는 가사이다. 게다가 고도의 문학적 추상을 통해 표현된다. 그러므로 운문의 번역에서는 이 두 가지 특성을 충분히 구현하는 것이 중요하다. 다음의 詩句를 통해 이 문제를 검토해보기로 하자. 아래는 <悲商歌> 제23수부터 제26수까지이다.

(11) 故園花發誰同賞?旅邸凌涼我獨悲.衣錦夜行人不見, 他鄉富貴有何爲.(300쪽)
옛 동산에 꽃이 피면 누구와 함께 감상할까? 여관의 처량함에 나만 홀로 슬프구나. 비단옷을 입고서 밤길을 다녀도 남들이 알아주지 않으니, 남의 동내에서 부귀를 누린들 무슨 소용이 있겠는가?

(12) 柳下池邊襏襫樣, 素紈湘簟黑甛眠. 不安此樂離鄕國, 涉水登山冒酷炎.(301쪽)

연못가 버드나무 아래에서 패랭이 모자를 쓰고 있고, 희고 가는 비단옷에 湘지방 특산 대나무 자리에서 깊은 잠을 잤었네. 이러한 소소한 낙에 만족하지 않고 고향을 떠나 산 넘고 물 건너 모진 더위를 무릅쓰네.

(13) 砧聲偏向愁人急, 木瑟難堪靜坐時. 對菊眼前非骨肉, 可憐身被利羈縻.(301쪽)

다듬이 소리가 하필이면 사람을 더 수심에 빠지게 하고, 나무 거문고 소리가 가만히 앉아 있기도 힘들게 하네. 국화를 마주하나 눈앞에는 가족이 아니며, 가련한 이내 몸은 이익에 얽매이고 말았네.

(14) 湯婆伴我衾猶冷, 獸炭頻烘背怯單. 未似細君團一塊, 冰霜三尺不知寒.(301쪽)

뜨거운 물주머니를 끼고 있어도 이불 속은 여전히 차갑고, 짐승 모양으로 만든 숯불로 아무리 여러 번 덥혀도 등짝은 홑겹 옷을 입은 듯 춥구나. 아내와 한 덩어리가 되는 것만 못하네. 그러면 얼음이 삼 척이나 되어도 추운 줄 모르련만.

이 네 수의 시구는 일견 유사한 情調로 각기 다른 것을 노래하는 것처럼 보인다. 그러나 그 가운데로 들어가 핵심 詩語를 찾아가다 보면 홍미로운 사실을 발견할 수 있다. 즉, (11)의 花發, (12)의 素紈湘簟, 酷炎, (13)의 對菊, (14)의 湯婆, 衾猶冷, 獸炭, 烘背, 冰霜, 寒 등의 시어에 주목하면 어렵지 않게 이 네 수가 春夏秋冬의 정경을 자연스럽게 바탕으로 삼고 있음을 알 수 있다. 만약 이러한 운문에 나타난 시어의 특징으로부터 그 연관성을 파악하지 못한다면 수준 있는 번역을 하기는 힘들 수밖에 없다.

다음으로 운문 번역에서 번역문의 문체에도 당연히 신경을 써야 한다. 앞의 번역에서 보듯 다소 입에는 붙지 않지만 시적인 번역을 시도하고 완성해나가야 비로소 운문 번역의 성공을 기대할 수 있다.

이상에서 살펴본 대로 『客商一覽醒迷』의 번역에 대해서는 텍스트와 언어 그리고 주제에 대한 분명한 인식에 기초해야 한다는 사실을 알 수 있었다.

2) 『客商一覽醒迷』의 언어문제

『客商一覽醒迷』의 언어문제와 관련하여 주의할 만한 것은 근대중국어 성분의 반영과 많은 상업용어의 출현이다. 이 소절에서는 바로 이 두 주제를 중심으로 서술하고자 한다.

(1) 근대중국어 성분의 반영

『客商一覽醒迷』에는 왜 속어 또는 구어로 일컬어지는 근대중국어 성분이 많이 포함된 것일까? 필자가 판단하기에는 『客商一覽醒迷』의 저자나 독자는 사상적인 굴레나 지나친 격식이 필요하지 않아서일 것이다. 상업서는 상인을 대상으로 저술된 것이다. 내용이 중요하지 과거나 이데올로기와는 상관이 없다. 그러므로 경전의 학습과 같은 일률적인 古文專用이 필요하지 않으며, 오히려 구어가 반영된 속담이나 성어를 자연스럽게 사용했을 것이라는 추측이 가능해진다.

이 책의 저자 이진덕은 명대 복건 사람이다. 그러므로 이러한 지역적 배경과 명대라는 사회언어학적 환경에 대해 살펴볼 필요가 있다. 우선 명대의 사대기서는 장회체를 토대로 전형적인 구어로 기록되었다. 상업과 도시의 발전과 관련이 있는 통속소설의 구어화는 독자의 수요나 문학적 토대의 변화를 반영하고 있다. 한편 복건 출신의 남송 유학자 朱熹(朱子)의 경우에도 그의 서간문이나 어록에 강한 구어성분이 남아 있다. 이러한 배경으로부터 추측할 수 있는 사실은 만약 정통 경전학문이 아니라면, 게다가 특수한 신분인 상인 등이 갖추어 일상적으로 본 상업서의 경우 語體에서 자유로울 수 있었던 것이다. 아마도 이러한 어체의 자유로운 선택 혹은 구사는 명대 이후 광범위하게 확산되었다고 보아도 무방할 것이다.

(15) 攛掇買, 攛掇賣, 豈良主之心. 不强人, 不强貨, 是賢東之德.(283쪽)

사도록 부추기고 팔도록 종용한다면, 어찌 좋은 주인의 마음이라 할 수 있겠는가. 남에게 강요하지 않고 물건을 강요하지 않는 것은 좋은 아행의 미덕이다.

有等經紀惟圖牙用, 不當買之物, 攛令客買, 不可賣之貨, 攛令客賣, 以致折本徒勞, 其過豈小. 彼賢東主者, 旣不募人邀客, 又不强客起貨, 在客自投, 聽其自便.(283쪽)

어떤 아행들은 단지 중개 수수료를 도모할 목적으로 사서는 안 될 물건을 객상더러 사도록 종용하고 팔아서는 안 될 상품을 객상더러 팔도록 강요함으로써 본전을 밑지고 헛수고하도록 만드는 결과를 초래하니, 이런 잘못이 어찌 작다 하겠는가. 좋은 아행은 사람을 모아 객상을 끌어들이지 않고, 또 객상에게 강제로 상품을 구매하도록 하지 않고, 객상이 직접 판매할 때에 그가 편한 대로 하도록 둔다.

이 예문에 보이는 '攛掇'는 송대의 新詞로 '종용하다', '독촉하다',

'처리하다', '도와주다' 등의 의미로 사용되었다. 여기에서는 '종용하다', '독촉하다'의 의미로 사용되었다. 『漢語大詞典』에서 인용하고 있는 텍스트는 『朱子語類』, 『水湖志』, 『金瓶梅词话』, 『西游记』 등과 같은 백화 어록이나 소설들이다. 이러한 사실로 미루어볼 때 『客商一覽醒迷』의 어체 또한 이들 작품과 유사한 면을 보여주고 있다고 하겠다. 다만 전체적으로 보면 이러한 구어화된 언어 단위의 활용은 다른 문학작품이나 어록체 문장보다 현격히 떨어진다.

한편 방언어휘로 분류할 수 있는 용례도 발견되었다. 아래는 <警世歌> 제14수이다.

>(16) 讓人誰道我痴騃, 息氣輸爭勝得之. 四體不勞心自泰, 恐驚
>無擾夢魂時.(303쪽)
>남에게 양보한 것을 보고 누가 나를 바보라고 하지만, 기세를 식히고 싸움에서 패했다 하지만 승리를 얻은 것이라네. 몸도 힘들지 않고 마음도 편안하여, 아마도 꿈속의 혼령을 어지럽히지 않을 것이라네.

이 문장에 보이는 恐驚은 『漢語大詞典』 등의 대형사서에 보이지 않는다. 이 단어는 閩南語로 恐怕(아마도)의 의미이다.[21) 驚에도 '놀라다'의 뜻이 있으므로 '怕'와 마찬가지로 '恐'과 같이 사용된 유추의 예이나 다른 방언이나 현대 표준중국어에 사용되지 않으므로 방언어휘라고 초보적으로 단정할 수 있다. 흥미로운 사실은 이 책의 저자 이진덕이 바로 복건 사람이라는 점이다. 물론 명대의 恐驚이 그대

---

21) http://twblg.dict.edu.tw/holodict_new/result_detail.jsp?n_no=6002&curpage=1&sample=%E9%A9%9A&radiobutton=1&querytarget=1&limit=100000&pagenum=1&rowcount=32 참조.

로 閩方言에 남아 있다는 확증은 없지만 최소한의 가능성은 있다고 판단할 수 있다.

이렇듯 『客商一覽醒迷』의 어체는 상대적으로 유연하며 바로 이러한 사실로 말미암아 상업서 이외의 언어적인 연구 자료로도 활용될 수 있는 여지를 확인할 수 있었다.

(2) 『客商一覽醒迷』의 상업용어

상업어휘는 어휘학에서 전문용어에 속한다. 즉, 해당 언어의 기본 어휘나 상용사가 아니라 전문적인 파트에서만 사용되는 용어라는 의미이다. 상업서로서의 『客商一覽醒迷』에는 다수의 상업어휘가 수록되어 있다. 이러한 상업어휘 중 買, 賣, 貨物, 物件, 主人 등과 같은 古語에서 이미 사용되었거나 단어 자체로 의미상 큰 어려움이 없는 것은 굳이 『客商一覽醒迷』를 통해 고찰할 필요는 없다. 그러므로 본 절에서는 근대중국어시기의 이음절 상업어휘를 위주로 소개하고자 한다.

우선 상업어휘와 관련하여 중요한 연구 영역 중의 하나는 상업어휘의 분류이다. 어휘의 분류는 형식적인 것과 내용적인 것이 있지만 전문용어의 특색을 살리기 위해서는 내용적 분류가 더 비중이 있다. 이를테면 거래당사자, 계약관련, 운수관련, 상품관련, 계략관련 등등으로 구분할 수 있는 것이다. 거래당사자를 예로 들면 買主, 賣主, 客商, 牙行, 主人 등으로 구분하는 것과 같다. 이러한 내용적 분류는 한 텍스트에 출현하는 모든 특정 전문용어가 수집되어야만 가능하다. 그리고 이러한 분류에는 古語나 구어 성분을 구분해서는 안 된다. 왜냐하면 분류어휘의 취지는 바로 한 텍스트 혹은 특정 조건하의 모든 어휘를 대상으로 분류하여 그 내부의 구성원 간의 관계나 빈도 등을 조사해야만이 유의미한 결론을 도출할 수 있기 때문이다. 다만 현재 필자의 연구 진도는 아직 『客商一覽醒迷』의 전체 상업어휘를 수합하지 못했다. 게다가 본고의 연구목적은 근대중국어 평면의 상업어휘의 면모를 살피는 데 있으므로 분류작업은 차후의 연구로 미룬다.

그렇다면 『客商一覽醒迷』에 반영된 근대중국어 상업어휘의 진면목은 어떠한가? 다음의 예문을 통해 이 문제에 대해 접근하기로 하자.

(17) [원문] 相見恭而席豊, 貨鋒有價.(273쪽)
서로 대하는 것이 공손하고 대접이 풍성하면, 상품은 잘 팔리고 가치가 있다는 것이다.
[주석] 主人初會, 恭敬盎然, 出于分外, 酒席破格豊盛, 跟從懽騰, 情意甚熾, 則知貨有價而鋒快也.(273쪽)
주인과 처음 만났을 때 공경하는 모습이 넘쳐 과도한 듯하고, 술자리가 파격적으로 풍성하며, 아랫사람들도 크게 환호하고 情意가 매우 좋으면 상품은 가치가 있으며 매우 잘 팔릴 것임을 알 수 있다.
(18) [원문] 跟隨緩而款略, 本少且遲.(273쪽)
아랫사람의 행동도 느릿느릿하고, 대접이 소홀하면 본전이 적고 상품도 잘 팔리지 않은 까닭이다.
[주석] 客到主家, 而主僕不甚緊隨, 款待疏略, 不以爲意, 非貨遲而因本少也.(273쪽)
객상이 아행의 집에 도착하였는데도 주인과 노복이 그다지 긴밀하게 따르지 않고 접대도 소홀하며, 그다지 신경을 쓰지 않는 것은 상품이 잘 안 팔리거나 아니면 본전이 적기 때문이다.

예문(17)의 [원문]에 보이는 貨鋒과 [주석]에 보이는 鋒快는 언뜻 보기에는 그 의미가 잘 들어오지 않는다. 그러나 그 아래의 예문(18)에 遲와 貨遲가 보여 앞의 貨鋒 또는 鋒快와 대비되고 있음을 발견할 수 있다. 한편 양정태 교주본의 貨鋒에 대한 풀이는 '容易銷售的

貨物, 喩搶手貨'라고 하여 鋒의 의미에 잘 팔린다는 의미가 있음을 알
수 있다. 그러므로 鋒의 반의사인 遲는 잘 팔리지 않는다는 의미가
있게 되는 것이다. 다만 이러한 鋒과 遲는 당시 상인들이 사용하던
전문용어였고, 그중 鋒快는 이음절화된 하나의 단어임을 알 수 있다.

어떤 어휘는 속어에서 기원한 것 같은 인상을 주기도 한다.

(19) [원문] 門前久坐, 專等姨夫.(273쪽)
　　문 앞에서 오래 기다리는 것은 오로지 姨夫錢을 기다리기 때문이다.
　　[주석] 若無貨之客, 久坐門前. 如失魄喪神, 顏色憔悴, 强爲談
　　　　　笑者, 必巴巴望眼, 專等新來之人, 以代己歸.(273쪽)
　　만약 상품이 없는 객상이 오랫동안 문 앞에 앉아 있는 모습이 마
　　치 혼이 나가고 정신이 없으며, 안색은 초췌하며 억지로 떠들거나
　　웃는 자는 반드시 새로운 객상을 눈이 빠지도록 기다려 자신의 것
　　을 되찾으려고 하는 것이다.

예 (19)의 [원문]에 보이는 姨夫는 글자 그 자체로만 보면 이해가
쉽지 않다. 여기서 姨夫가 비유하는 것은 姨夫錢이다. 姨夫錢은 순환
해서 끌어다 쓰는 남의 돈(指可供循環挪用的他人的錢財)을 가리킨다.
홍성화 교수는 그 이유를 남편이 죽으면 첩은 다른 사람에게 시집가
는 것에서 유래했다고 보았다. 여기에서 '姨'는 妾을 의미한다고 본
것이다. 한편 『漢語大詞典』에는 明 郎瑛 ≪七修類稿·奇謔二·姨夫錢≫:
"杭有無賴子某, 祖起延商貨賣. 後至無賴, 因不事生而貧矣, 然尚業其祖父.
有客至, 則入其財爲己有. 客索時, 則又俟後客之貨轉賣以償焉. 年復年, 客復
客, 名曰姨夫錢. 蓋以夫死姨復可以嫁人之意耳"를 인용하고 있어 홍 교수
의 의견과 부합하고 있음을 알 수 있다.

또 다른 한편으로 『客商一覽醒迷』의 체재가 [원문]과 [주석]으로

이루어져 있으므로 [원문]의 어떤 구절에 대한 풀이가 [주석]에 보이는 경우도 있다. 다음의 예가 그것이다.

(20) [원문] 上下視而吐語, 料量算人.(272쪽)
아래위로 훑어보면서 말을 내뱉는 사람은 다른 사람을 헤아리고 계산하고 있는 것이다.
[주석] 乍見會語之間, 便不出口, 以目上下估看, 方露微言, 則
　　　其心中打量, 必有所計較耳.(273쪽)
잠깐 만나서 말을 나누는 사이에도 말을 곧바로 꺼내지 않고 눈으로 사람을 아래위로 훑어보면서 헤아린 다음에 비로소 간단한 몇 마디 말을 내뱉는 사람은 그의 마음속으로 다른 사람을 가늠하면서 반드시 (속으로) 계산을 하고 있을 따름이다.

이 경우 [원문]에는 料量算人이라 했고 [주석]에서는 打量과 計較로 풀었다. 그중에 料量과 打量은 한 조의 동의사임에 틀림없다. 이러한 체재의 특징으로 말미암아 생경할 수 있는 근대중국어 상업어휘의 풀이도 가능한 경우가 종종 있다.

4. 결론

이상에서 살펴본 대로 『客商一覽醒迷』는 중국 명청대의 대표적인 상업서로 국내에 본격적으로 소개된 일은 많지 않다. 본고에서는 이러한 배경에서 중국문화의 이해와 상업서의 이해를 목적으로 『客商一覽醒迷』의 부분적인 번역과 상업어휘에 대한 소개를 시도했다.

우선 2장에서는 『客商一覽醒迷』의 내용과 체재를 소개하고 선행연구를 살펴보면서 본고의 연구방업을 제시했다. 특정의 텍스트를 이해하기 위해서는 내용과 체재의 소개가 필요하고, 선행연구에서 이 부분에 대한 기존학자들의 견해를 살펴보았다.

3장의 첫 번째 내용은 『客商一覽醒迷』의 번역문제이다. 여기에서는 문자교감, 상업서의 특이한 표현, 문체에 따른 번역문제 등을 다루었다. 아무래도 『客商一覽醒迷』가 전통 문헌과 성질이 다르며, 지금까지 번역서가 없었으므로 이들 문제에 대한 주의가 필요할 것이다.

두 번째 내용은 『客商一覽醒迷』의 언어문제를 다루었으며, 구체적으로는 근대중국어 성분의 반영, 상업용어 등으로 나누어 서술했다.

이러한 시도가 향후 『客商一覽醒迷』의 이해와 연구에 도움이 되기 바라마지 않는다. 번역에 있어서는 그간 주석서가 전무한 상태이므로 상당한 노력을 기울여 매 글자를 찾고 연구해야 할 것이다. 향후에 제대로 된 완역본이 나오길 기대해본다.

상업어휘는 『客商一覽醒迷』의 핵심적인 내용이다. 그러므로 이에 대한 연구 또한 다양한 방법으로 진행될 필요가 있다.

明代 徽州商人의 전당 운영 배경과 분포에 나타난 상업의식

최지희

1. 머리말

휘상은 木材와 茶 및 米穀, 綿布 등의 판매와 유통을 배경으로 상업적인 기반을 마련했고 명대 중기에 본격적으로 鹽業에 참여하면서 거대 商幇으로 성장할 수 있었다. 동시에 휘상은 축적된 자본을 바탕으로 典當을 운영하였다. 典當은 명대 이전에는 國家와 寺院, 民間이 모두 운영하는 형태였다가 명대 이후에는 民間을 중심으로 운영되었다. 특히 상인의 참여가 두드러졌는데 그중에서 휘상이 운영했던 전당을 주목할 만하다. 휘상의 전당은 전국적으로 퍼져 있었고 민간에서는 '無典不徽'라는 말이 있을 정도로 그들은 대표적인 전당상인이었다.

명청대 휘상 전당에 대한 연구는 전당업에 투자되었던 자본의 증가,[1] 구체적인 전당 문서의 수집과 분석,[2] 휘상 전당업의 전반적인

---

[1] 汪崇篔, 「徽州典當資本的增值:以程虛宇家族爲例」, 『中國社會經濟史研究』 2004-3; 鄭小娟, 「「乾隆十六年黃熾等立闔分合同」所見徽商典當資本研究」, 『福建師範大

흐름과 盛衰의 요인 등으로 나눌 수 있다.[3] 이러한 연구들을 통해 명대 사회변화로 인해 민영전당업이 성행했던 모습과 중기 이후 휘상의 전당이 전국적으로 성행했던 모습, 성행의 요인, 청대 이후 전당포의 수와 전당자본의 증가가 지속되는 양상을 확인할 수 있다.

그런데 기존의 연구에서는 휘상의 전당업 발전을 명청대라는 하나의 단위로 묶어 살피고 있다. 명대에는 상인들이 주도하는 민간전당이 성행했지만 청대에는 상인들뿐만 아니라 官廳과 皇室까지도 전당 운영에 참여하였다. 또한 명대와는 달리 청대에는 산서상인이 운영하는 전당업 역시 크게 성행하였다.[4] 즉, 明代와 淸代에는 휘상 전

學學報』2007-5; 鄭小娟, 「嘗試性分業與階段性繼業 -『崇禎二年休寧程虛宇立分書』所見典當資本繼承方式研究」, 『安徽史學』 2008-2. 汪崇筭은 徽商 程虛宇의 家族이 아버지에게서 물려받은 典當을 어떻게 운영하고 있는지를 추적하여 전당에 투자되는 자본의 증가를 밝히고, 이러한 증가율과 이윤을 통계적으로 계산하였다. 이러한 휘상 전당 자본의 증가는 이후 청대에도 지속되었다는 것을 鄭小娟의 연구에서 확인할 수 있다.

2) 汪慶元, 「徽商典當鋪會票」, 『中國文物報』 2002.6.12; 汪慶元, 「『王氏典業鬮書』研究 - 淸代徽商典當業的一個實例」, 『安徽史學』 2003-5; 王振忠, 「『汪作霖同年哀挽彔』 中的徽州典商事跡」, 『安徽史學』 2005-2. 王振忠은 청대 汪贊綸이라는 徽商의 예를 통해 이들이 운영했던 전당이 세대에 걸쳐 세습되어 왔다는 것과 전당의 판매와 수취계약 등의 구체적인 계약의 형태와 내용을 제시하였다.

3) 王廷元, 「徽州典商述論」, 『安徽史學』 1986-1; 張海鵬・王廷元 主編, 『徽商研究』 (安徽人民出版社, 1997); 王世華, 「明淸徽州典商的盛衰」, 『淸史研究』 1999-2; 王賢輝・媛媛, 「淸朝徽州典當商胡貫三」, 『產權導刊』 2008-2. 그 외에 彭超, 「論明淸時期徽州地區的土地典當」, 『安徽史學』 1987-3; 吳仁安, 「論明淸徽商在上海地區的經營活動與歷史作用」, 『大連大學學報』 1999-5; 徐暢, 「近代長江中下遊地區農村典當三題」, 『安徽史學』 2005-3과 같은 연구들이 있다. 張海鵬과 王廷元은 『徽商研究』에서 휘상 전당의 개략적인 모습을 살펴보고 있는데, 명청대 휘주 전당상인의 성장을 은의 화폐화와 세금의 은납화에 따른 사회의 변화에 기인한 것으로 보고 전당을 고리대 자본의 한 형태라고 주장하였다. 王世華은 「明淸徽州典商的盛衰」를 통해 명청대 전당업의 성행 요인, 휘상의 전당 운영 특징, 청대 전당업의 쇠락에 대해서 세세하게 서술하였다.

4) 劉建生・王瑞芬은 청대 江北에서 산서상인의 전당이 차지하는 비중이 휘주상인의 전당을 초월하였고 乾隆시기 『臨淸州志』[市廛志]에 따르면 "이전에는 휘주의 전당포였는데 지금은 모두 산서상인의 전당포이다"라고 하였다(劉建生・王瑞芬, 「淺析

당의 발전 배경이나 영향력에 차이가 있었다. 王世華의 연구에서는 휘상 전당의 성행 요인과 특징들이 명청대에 걸쳐 서술되어 있기 때문에 전체적인 발전상에 대해서는 알 수 있지만, 淸代의 상황을 明代까지 소급시키거나 혹은 明代의 상황을 淸代에 적용하는 경향이 있었다.

또한 휘상이 전당업에 자본을 투자하게 되는 모습을 경제적인 이윤의 측면에서 바라보는 경향이 강하다. 상인에게 있어서 자본을 투자하게 되는 원인은 경제적인 이윤이 많은 부분을 차지하겠지만 휘상의 경우 다른 부가적인 요인도 있었다고 생각한다. 전당에 투자되는 자본과 전당 운영이 가져다주는 높은 이윤성만 따진다면 다른 상인집단과 어떤 차이가 있었기에 휘상이 전당상인으로 성공할 수 있었는지 설명하지 못할 것이다.

또 하나의 문제는 휘상의 전당에 대해 양적·수적인 팽창에 초점이 맞추어져 있다는 것이다. 명청대를 거치며 규모가 커진 것은 사실이지만 휘주상인의 전당을 평가할 때 전당의 개수나 규모, 자본의 양에만 기준을 둔다면, 단순히 수의 많고 적음에 치우쳐 명대 휘주상인의 특성을 놓칠 수 있다고 생각한다. 기존의 연구들이 밝히는 '전당의 전국적인 분포'에서도 특징을 살펴볼 수 있을 것이다.

따라서 본고에서는 기존의 연구 성과를 토대로 명대 민영전당업이 성행하게 된 원인과 더불어 휘상이 전당운영에 참여하게 된 배경과 휘상 전당의 전국적인 분포가 어떠한 특징을 가지고 있는지를 살피고자 한다.

明淸以來山西典商的特點」, 『山西大學學報』 25-5, 2002, 13쪽).

2. 명대 民營典當業의 성행

典當은 명대에 처음 나타나는 것은 아니며 그 역사는 위진남북조 시대까지 거슬러 올라갈 수 있고 이후 청대에도 명맥을 유지하고 있었다. 그런데 명대의 전당은 다른 시기와는 달리 전당을 운영했던 것이 주로 민간이었다는 특징을 갖는다. 보통 전당을 운영했던 주체는 크게 3가지로 나누어볼 수 있는데 불교사원과 국가 그리고 민간이었다. 명대 이전에는 국가와 불교사원이 운영하는 전당이 많은 비중을 차지했고 청대에는 국가가 주관하는 전당이 크게 성행했다. 하지만 명대에는 국가와 사원이 운영하는 전당이 점차 줄어들고, 민간에서 전당을 운영하는 경향이 두드러지게 나타났다.

불교사원의 전당업 경영은 長生庫라는 이름으로 宋, 元代까지 크게 성행했지만 明, 淸代에 이르러서는 쇠락하였다. 그 이유에 대해서는 명확하게 나타난 바가 없지만,[5] 청대의 고증학자인 兪樾의 말에서 유추해볼 수 있다. "『老學菴筆記』에서는 사원이 번번이 質庫를 열어 이득을 취하고 이를 長生庫라고 한다고 했지만…… 지금은 富商大賈가 곧잘 돈을 빌려주고 이득을 취하며 승려와 사원은 그렇지 못하니 또한 옛날과 다르다."[6] 兪樾이 말한 것처럼 富商大賈가 막대한 자본으로 돈을 빌려주었기 때문에 상인의 典當鋪에 밀려 쇠락했음을 추측할 수 있다.

---

5) 劉秋根은 명청대에 사원의 전당업이 쇠퇴했던 배경에 대해 뚜렷이 제시할 만한 사료를 찾지 못했다고 하며 이후에 계속 밝혀야 할 부분이라고 지적하였다(劉秋根, 『中國典當制度史』, 上海古籍出版社, 1993, 32쪽).

6) 兪樾, 『兪樾禮記』, 「茶香室叢說」 卷11 「長生庫」.

국가가 운영했던 '貸金'이라는 행위는 이윤을 위해서라기보다 기본적으로는 백성들의 생활을 안정시키기 위해서 이루어졌다. 예를 들어 還穀이라는 제도도 춘궁기 때 미리 곡식을 나누어주고 가을에 수확한 것을 돌려받는 것으로 錢 대신 곡식을 이용한 대금의 한 형태이다. 이러한 貸金사업이 관영전당으로 발전되었는데 역시 취지는 백성들의 생활안정에 있었다. 국가가 민간이나 사원의 대금업의 횡포에서 농민들을 보호하기 위해 시중의 이자율보다 낮은 이자로 빌려주는 것이었다. 이후 淸代에 이르기까지 그 명맥이 유지되었다.[7] 다만 明代에는 官營典當의 흔적을 찾을 수 없다.[8]

이렇게 국가와 사원의 전당이 쇠퇴함으로 인해 민간에서 운영하는 전당과 私債가 성행하게 되었던 것이다. 예전부터 민간의 전당을 운영하는 이들은 전당에 필요한 자본을 투자할 수 있는 상인이나 지주, 관료 등이었다. 명 초에 洪武帝는 宗室과 훈구대신들에게 상업을 경영하여 백성과 이익을 다투지 말라는 금령을 내린 바가 있다. 또한 『大明律』에는 관리에 대한 규범으로 "만약 監臨官吏가 담당하는 부 내에서 金錢貸借를 하고 재물을 전당잡은 경우는 장형 80에 처한다"라는 조항이 있다.[9] 그렇지만 국가가 아무리 엄격하게 관리의 經商을 금지한다고 해도 막대한 경제적 이익을 얻을 수 있는 유혹은 막을 수 없었다. 또한 이러한 법 조항은 관리들의 상업활동 참여를

---

7) 官營典當業의 성격을 기본적으로 백성의 생활안정이라고 했는데 이후 국가의 재정이 어려워지면 전당업을 이용하여 재정에 충당하고자 하는 목적도 생겨났다. 가장 대표적인 예가 청대의 發商生息제도이다.

8) 명대의 官營典當業의 쇠퇴에 대해서도 劉秋根은 명대의 正史, 文集, 小說, 方志 등을 찾아보았으나 흔적을 찾을 수 없었다고 밝히고 있으며 추후에 연구해야 할 문제로 남겨놓고 있다(劉秋根, 앞의 책, 20쪽).

9) 『大明律』 卷 第9, 戶律6, 錢債, 「違禁取利」(瀋陽, 遼瀋書社, 1989) 81-82쪽.

反證하는 것이다. 명 중기 이후에는 관료뿐만 아니라 황족이 점포를 열고 상업활동을 했으며 전당업을 운영하는 일도 있었다.[10] 명대 상업에 대한 시각의 변화와 상인의 성장으로 인해 관리이자 유학자이면서 상업활동에 참여하는 이들이 늘어났던 점을 상기해보면[11] 상인 이외의 신사·지주계층이 전당업에 참여했던 점을 이해할 수 있다.

이처럼 경제력을 확보한 이들이 전당을 운영하고 자본을 투자하게 되는 원인은 그만큼 전당업이 번성할 만한 사회의 요구와 분위기가 갖추어졌기 때문이다. 여러 학자가 지적한 것처럼 명대에는 상품경제의 발달과 은의 유통이라는 특수한 상황이 전당포의 증가를 자극했다.[12] 그리고 덧붙여 사회의 불안정과 유동성이 전당포의 수요를 부추겼을 것이라고 생각한다.

상품경제의 발달과 은의 유통과 같은 사회경제적 변화는 전당포의 증가를 불러왔다. 명대에는 농업에서의 생산력 증가뿐만 아니라 농민들이 곡물 이외에도 뽕잎이나 면화를 재배하는 등 상품작물의 재배가 보편화되었다. 이러한 농작물의 재배는 단순히 곡물을 재배하는 것 이외에 부수적인 소득을 가져다주었으므로, 점차 넓은 지역으로 확산되었다. 뽕잎이나 면화재배의 증가는 이를 다시 가공해야하는 과정을 필요로 하게 되는데, 이로 인해 민영수공업도 발달하게 되었다. 또한 상품을 판매할 시장, 즉 도시가 번성하게 되었다. 각지의 농촌에서 생산된 물품들은 인근의 대도시로 모여들었고 도시에

---

10) 許敏, 「商業與社會變遷」(萬明 主編, 『晚明社會變遷問題與研究』, 商務印書館, 2005, 99쪽); 石毓符, 『中國貨幣金融史略』(天津人民出版社, 1984) 71-72쪽.

11) 余英時 著, 鄭仁在 譯, 『中國近世宗敎倫理와 商人精神』(大韓敎科書株式會社, 1993).

12) 張海鵬, 주편, 『徽商硏究』(安徽人民出版社, 1997), 292-296쪽.

190 중국 전통 상업관행과 상인의식의 근현대적 변용

모인 상품은 다른 도시로 유통되었다. 결과적으로 상품을 유통하고 판매하는 상인층을 성장시켰다.

銀의 유통은 이러한 상품경제를 촉진시켰다. 원래 명대 초기에는 銅錢과 紙幣가 쓰였고 金·銀을 화폐로 사용하는 것을 금지하고 있었다. 이후 紙幣의 발행이 남발되면서 점점 화폐로써의 가치가 떨어지게 되었고, 이 때문에 민간에서는 화폐 가치가 있는 금과 은을 화폐로 사용하게 되었다. 그중 銀이 대체화폐로 각광받게 되었다. 국가의 금지에도 불구하고 은의 사용이 증가하자 明朝도 결국 은을 화폐로 사용하는 것을 인정하게 되어 正統 元年(1436) 이후에는 관리의 봉급을 은으로 지급하게 되었다. 같은 해(1436) 田賦의 銀納이 실시되었고, 1568년에는 稅制를 통합하여 은납하는 一條鞭法이 시행되었다. 이로 인해 강남 델타지역같이 상업이 발달하여 비교적 은을 구하기가 쉬운 지역뿐만 아니라 상업이 발달하지 않은 농가에서도 은을 구입하기 위해 가내수공업과 상품작물 재배에 매진하였다. 곧 은은 동전과 함께 중국 각지에서 화폐로 유통되었고 납세에서뿐만 아니라 의식주에도 긴밀한 관련을 맺게 되었다. 즉, 명 말에 은은 주요 생산물·상품교역 이외에도 일상생활 구석구석까지 스며들어 있었다.[13]

명대 세금의 은납화와 은본위 경제의 확산은 전당의 성행을 촉진하였다. 농민은 세금납부를 위해 농업 이외의 가내수공업에 종사하거나 상품작물을 재배해야만 했는데, 이것으로도 부족할 때는 전당에 의존하게 되었다. 세금의 은납화 때문에 자급자족하던 농민은 화폐경제와 시장에 예속되었다. 이런 사정은 富豪들도 마찬가지였다.

---

13) 萬明, 「白銀貨幣化與中外變革」(萬明 主編, 앞의 책), 188쪽.

부의 개념도 점차 粟帛 등 현물소유에서 백은 화폐로 변하였기 때문이다. 특히 鄕村에 살고 있던 지주들은 가지고 있는 재산의 기반이 땅이나 추수 후의 수확물이었으므로 가지고 있는 현물을 은으로 바꾸기 위해서 전당포를 이용하였다.

이러한 현상은 상업활동의 증가로 이어졌다. 상업활동의 증가는 致富를 하려는 목적에서 상인이 되거나 혹은 銀納을 피해서 토지를 버리고 도망간 농민이 도시로 몰려들어 상인이 되는 비율이 늘어나는데서 기인하고 있었다. 명대 상인이 상업 자본을 마련하기 위해 돈을 빌리는 것은 점차 보편적인 현상이 되었다.[14] 명대 烏鎭 출신으로 嘉靖, 隆慶, 萬歷 삼대를 겪으며 강서지역 지현으로 임하기도 하였던 李樂은『見聞雜記』에서 "시중의 상인 중 10에 6, 7은 자본을 富人에게서 빌리"며, 富人이라 지칭된 이들도 "빌려준 돈으로부터 이익이 생기기를 바란다"라고 묘사하고 있다.[15] 여기에서 자본을 빌려준 자 역시 빌려준 돈으로부터 생기는 이자를 얻었다는 것을 볼 수 있다. 자본을 빌리는 자가 10에 6, 7 정도였다면 빌려주는 일을 맡은 곳 또한 성행했을 것이다.

상업으로 이윤을 얻을 수 있는 기회가 많아졌는데 이에 필요한 자금이 없을 경우 전당업이나 돈을 빌려줄 만한 사채 기관에 의존하였

---

[14] 孫强은 그의 논문에서 상업 자본에 대해 '국가에 대비되어 개인이 자신의 명의로 상업경영에 투입하는 자본'이라고 설명하고 있다(孫强, 「晚明商業資本的籌集方式, 經營機制及信用關契研究」, 東北師範大學 박사학위논문, 2005, 4쪽). 본고에서도 이 개념을 따르고자 한다.

[15] 李樂,『見聞雜記』卷9(續修四庫全書. 1171, 子部, 雜家類. 上海古籍出版社, 1995), 699쪽.
先生宗侄將爲賈苦於無本商之先生 先生曰汝徍市中問許多業賈者其資本皆自己有之抑借諸富人子乎 侄還白十有六 七借人者 先生曰富人有本只欲生利但若人失信負之爾 汝未暇求本先須立信信立則我不求富人而富人當先覓汝矣.

다. 상인들은 장사를 시작하기 위한 자금을 마련하거나 장사를 유지
확대 변화시키기 위해 자금을 대출받고는 하였다. 자금을 대출받는
계층도 다양하였고 이러한 현상은 광범위한 지역에서 나타났다.[16]
특히 명대와 같이 대규모의 장거리 상품 유통이 나타났던 시기에는
현지에서 자금을 조달할 수 있는 방법이 필요했는데 전당업이 그러
한 자금 융통에 도움을 주기도 하였다. 米穀상인의 경우 전당포를 이
용하여 자본을 융통·확대하고 양식을 둔적하는 일이 자주 있었
다.[17] 이처럼 전당포의 성행은 상업활동의 확산과 관련이 있었다.

　사회의 불안정과 유동성도 전당이 성행하게 되는 요인이었다. 명
대는 상품경제의 성행, 은경제의 발달이 나타난 시대임과 동시에 중
기 이후에는 사회의 혼란이 가중되었다. 명대 중기 이후 왜구의 침
입, 세금의 중압, 기후의 변화로 인한 흉작으로 인해 사회에서 유리
되는 빈민들이 많아졌지만 명조는 사회 구제를 제대로 시행하지 못
했다. 明 初에는 災害에 대해 관심을 기울이고 그 피해상황에 대한
조사를 중시했으며 구황정책을 제도화시켜 勘災(재해의 조사), 報災
(재해의 보고), 蠲免(세금의 감면) 등을 시행했다. 특히 賑貸를 통해
재해를 입은 백성에게 곡식이나 돈을 무상, 또는 유상으로 빌려주었
다. 또한 洪武 年間에는 國庫에 영향을 받지 않고 災荒에 대비하기 위
해 전국에 豫備倉을 세워 전문적으로 진량미를 저장하도록 명령했
다.[18] 그러나 成化 年間(1465-1487) 이후 국가의 구황정책이 와해되

---

16) 劉秋根, 『明淸高利貸資本』(東方歷史學術文庫 社會科學文獻出版社, 2000), 282-304쪽.
17) 劉秋根, 『中國典當制度史』, 284쪽.
18) 張兆裕, 「變遷中政府權力的轉移」(萬明 主編, 『晚明社會變遷問題與研究』, 商務
　　印書館, 2005), 311쪽.

기 시작했고, 예비창의 관리 또한 소홀해지기 시작했다. 자연재해가 발생하거나 흉년이 들었을 때 국가의 대처 능력은 갈수록 떨어졌고 民은 사적인 방법에 의존해야 했다. 명대 중기 이후 고리대가 급증하고 전당의 수가 늘어났던 것에는 이러한 이유들이 있었던 것이다. 휘상이 전당을 운영했던 때는 사채와 전당에 대한 수요가 급증하고 이에 따라 그 수도 증가했던 시기였다.

3. 徽商의 典當 運營 배경과 상업자본의 투자

명대에 은의 유통과 은경제의 확산, 상업활동의 증가, 동시에 사회의 불안요소들이 늘어나면서 전당업 또한 활성화되었다. 또한 사회의 전당포 수요가 늘어날수록 상인 및 재력가들은 전당업에 종사하며 이윤을 얻고자 하였다. 휘상도 그러한 무리들 중의 하나였다.

휘상은 소금과 목재, 차 등을 다루며 각지에서 상권을 장악했던 거대 상단이었고 '無徽不成鎭'라고 일컬어질 정도였다. 그들이 상업에 종사하게 된 것은 휘주지역이 농토에 적합하지 않고 자원이 충분하지 않았기 때문이었다. 휘주지역은 산지가 많고 田地가 적었으며 唐 末·五代와 南宋 初 동란기 때 많은 수의 인구가 유입되어 인구 과다 현상을 겪었다.[19] 이 때문에 휘주인들은 농업에 종사하는 것만으로는 생활을 영위할 수 없어 객지로 나가 상업활동을 하게 되었

---

[19] 휘상의 성장 배경으로 들고 있는 농사에 적합하지 않은 토지의 열악한 환경과 인구 초과 현상은 휘상 이외에도 명청 10대 商幇으로 불리는 섬서, 산서, 영파, 동정, 복건 등의 상인들의 성장 배경에서도 지적되는 부분이다(唐力行, 『商人與中國近世社會』, 浙江人民出版社, 1993), 44-45쪽.

다. 휘주지역은 산지가 많았기 때문에 陸路로는 외부와 자유롭게 왕래하기 힘들었으나 水路로는 외부로 나가기가 용이했다. 수로를 통해 경제 선진지역이며 인구가 밀집한 江南이라는 거대 시장과 교역할 수 있었던 것은 휘주인들이 외지로 진출하여 상업적 기반을 닦을 수 있었던 중요한 조건이었다. 또한 당시 鹽場이었던 揚州와 가까운 위치에 있었기 때문에 開中法의 변화 이후 염업에 진출할 수 있는 유리한 고지를 차지할 수 있었고 휘상은 거대 商幫으로 성장하여 탄탄한 자본을 마련하였다.

앞서 밝혔듯이 휘상도 민영전당업이 성행하였던 사회분위기의 영향을 받았고 이로 인해 전당을 운영하게 되었다. 상인들의 다수가 전당을 운영하였지만 그중에서도 휘상의 전당은 전국에 퍼져 있었으며 특히 강남·강북지역에서 유명하였고 민간에서는 '無典不徽'라는 말이 있을 정도였다.[20] 이러한 휘상의 전당상인으로서의 성공은 다른 전당상인들의 모습과 차별성을 가진다고 보인다. 휘상이 이토록 전당에 자본을 투자하고 전당상인으로 성장하며 다른 상인들과 비교했을 때 독보적인 성공을 누렸던 것은 탄탄한 자본력이 있었기 때문이다.[21] 전당을 개설하고 운영하는 데에는 많은 자본이 들게 마련이었다. 명대 소설에서도 이러한 내용이 나타난다. 『金瓶梅』에서 西門慶은 無賴 출신이지만 官商이 되어 막대한 부를 축적한 인물로 二千銀兩을 내어 집 앞에 解當鋪(전당포)를 열었고[22] 『豆棚閑話』에서

---

20) 鄭小娟,「「乾隆十六年黃熾等立闔分合同」所見徽商典當資本研究」, 福建師範大學學報, 哲學社會科學版, 2007-5, 35쪽.

21) 王世華,「明淸徽州典商的盛衰」,『淸史硏究』1999-2, 67쪽.

22) 笑笑生,『金瓶梅詞話』第20回(香港, 中國圖書刊行社, 1986), 240쪽

는 재산을 일군 徽商 汪産이 아들 興哥(汪華)에게 은 3,000냥을 가지고 平江路(蘇州)로 가서 小典을 열도록 한다. 그러나 아들 興哥(汪華)는 겨우 은 3,000냥으로 典當鋪를 여는 것에 대해 불만을 표시하였다. 왕산이 직접 平江路(蘇州)에 가보니 그곳은 화물이 모이는 부두이고 시장에 사람들이 번잡하며 이미 열려 있는 典當鋪도 매우 많았기에, 과연 은 3,000냥만을 가지고 당포를 열기에는 부족하다고 판단하여 아들 興哥(汪華)가 요구한 대로 은 10,000냥을 주어 당포를 열게 하였다.23) 『金瓶梅詞話』와 『豆棚閑話』에서 서문경과 왕화가 전당포를 개설하는 데 드는 비용을 보면 실제로 드는 돈과 다를 수도 있지만 상당한 액수를 필요로 했다는 것을 알 수 있다. 더군다나 汪産과 汪華의 판단을 통해서도 알 수 있듯이 물자와 사람이 모이고 경쟁하는 업종이 많을수록 전당포에 더욱 많은 자본을 투자하여야 했을 것이다.

그들이 많은 자본을 필요로 하고 때로는 도산의 위험도 안고 있었던 전당업에 투자하였던 이유는 전당업 자체가 가지는 매력도 있지만 휘상이 처했던 환경에 영향을 받았기 때문이라고 생각한다. 휘상은 주로 客商으로 활동하였다. 지역적 기반이 없었을 경우, 사적인 관계에 의해 돈을 빌려주는 고리대업보다는 물건을 저당 잡고 돈을

---

23) 艾衲居士『豆棚閑話』第3則,「朝奉郎揮金倡覇」(『中國禁毁小說百部』, 北京: 中國戲劇出版社, 2000), 26-27쪽. 『豆棚閑話』第3則「朝奉郎揮金倡覇」에서 설정된 시대적 배경은 수말 당초이다. 동시에 徽州 汪氏의 시조 격인 越國公 汪華를 商人으로 설정하였는데 이 점은 사실이 아니다. 越國公 汪華는 상인 출신이 아니며 군공을 세워 唐에 의해 월국공으로 봉하여진 인물이고, 게다가 그의 실제 부친은 汪僧瑩이지 『豆棚閑話』에서 말하는 王産이 아니기 때문이다(『新安名族志』前卷, 黃山書社, 2007, 182쪽 汪氏). 따라서 이 소설의 저자인 艾衲居士가 명말 인물이라고 추정되는 만큼 汪華라는 인물이 비록 수말 당초의 인물이지만 이 인물에 명말의 사회와 휘상의 모습이 사실적으로 반영되었을 것이다. 이 때문에 여기에서 나타나는 왕화는 수말 당초의 실제 인물로 보기보다는 명말 휘상의 모습으로 보아야 한다고 생각한다.

빌려주는 典當이 보다 안전한 방법이었을 것이다. 휘상이 전당을 경영하게 된 것은 현물·부동산·동산 등을 저당 잡고 자금을 대출해 주는 안정적 신용확보 때문이었다.

또한 명대 토지에 부과되는 세금의 압박 또한 휘상이 전당에 투자하게 되는 계기가 되었다. 휘주는 1494년(弘治 7年)에 강력한 재정압박을 받게 된다. 원래 휘주는 工部가 요구하는 漆器와 동백기름을 상납하는 대신 地稅를 면제받았는데 1494년부터는 이 地稅까지 내야했기 때문이다. 이로 인해 휘주 지방의 세금은 3,777냥이 증가했다. 또한 嘉靖 年間(1522-1566)에는 잡다한 부가세가 급속히 증가하여[24] 농경지로부터 수입을 얻는 데 드는 비용이 늘어나게 되었다. 이렇듯 토지에 부과되는 세금이 증가하자 토지로 투자되는 자본의 양에 변화가 생겼다.

본래 휘상을 비롯한 명청대의 상인들은 상업으로 번 돈을 토지에 투자하는 특징이 있었다. '상인은 곧 지주'라는 표현처럼 예로부터 상인은 토지를 구매하여 자본을 축적하는 방식을 택했고 명청대에도 여전히 일어났던 현상이었다. 그러나 동시에 명대 상품경제의 발달로 인해 토지에 투자되던 자본이 점차 상업자본으로 투자되는 현상도 나타났다.[25] 휘상 역시 상업자본을 고향의 토지에 투자하는 경향이 있었던 것이 사실이나 이는 휘상만의 두드러진 현상은 아니었다. 黃啓臣의 논문에서는 명청대 상인들이 토지에 자본을 투자한 것을 조사하였는데 이에 따르면 휘주 이외에도 산서, 산동, 사천, 하남,

24) Harriet Zurndorfer, *Change and continuity in Chinese Local Histor; The Development of Hui-chou prefecture, 800 to 1800*. (leiden: E.J. Brill, 1989), 49-50.

25) 陳學文, 「論徽州商業資本的形成及其特色」, 『安徽史學通訊』, 1958-2, 37쪽.

절강, 강소, 광동, 복건 등지에서 상인의 토지구매가 이루어졌으며, 그중에서도 광동에서의 토지구매가 가장 많은 비중을 차지했다. 명대에 토지구매가 가장 활발히 이루어진 곳은 광동이었으며(약 55%) 안휘는 강소와 더불어 토지구매비율이 廣東의 3분의 1(약 18%)에 불과했다.[26] 이러한 현상은 휘주의 상황과 같이 토지에 부과되는 세금이 급증하는 경우에는 더 이상 토지에만 자본을 투자하기 힘들었기 때문이라고 보인다. 또한 가정 만력 연간에 걸쳐 반세기 동안 휘주의 지가가 급격히 하락하는 추세였기 때문에[27] 토지 대신 상업 자본을 투자할 수 있는 다른 방도를 찾게 되어 전당의 운영에 적극적으로 참여하였다고 생각한다.

한편 산서상인도 명대의 대표적인 전당상인으로 꼽히지만 휘상과 차이점이 있다. 嘉靖 22年(1542)에는 겨우 省內에 7곳의 당포가 있을 뿐이었고 다른 지역으로 나가 운영하는 예는 드물었다.[28] 산서상인의 전당이 각지에 분포하게 되는 것은 청대 이후이고,[29] 명대에는 주로 산서성 내에만 분포했다. 명대 산서상인의 省 外 전당 진출이 드물었던 것은 명초부터 염업에 투자하는 비중이 컸기 때문이라고 짐작한다. 산서상인은 명 초 개중법 체제하에서 섬서상인과 함께 鹽의 운송을 맡아 엄청난 부를 획득하고 있었고, 보다 원활한 미곡 유

---

26) 黃啓臣, 「試論明淸時期商業資本流向土地的問題」, 『中山大學學報』 1983-1, 69쪽.

27) 吳承明, 「16與17世紀的中國市場」, 『中國的現代化; 市場與社會』(三聯書店, 2001), 212쪽.

28) 劉建生・王瑞芬, 「淺析明淸以來山西典商的特點」, 『山西大學學報』 25-5, 2002, 13쪽.

29) 劉建生・王瑞芬, 같은 논문, 2002, 13쪽; 張喜琴・劉成虎, 「山西典商的資本來源探析」, 『中國經濟史研究』, 2007-2, 86쪽; 黃鑒暉, 『明淸山西商人研究』(山西經濟出版社, 2002), 158쪽.

통을 위해 변방의 땅을 사서 개간하기도 했다. 이 외에도 茶나 織物 등을 취급하기도 했지만 산서상인에게 가장 많은 부와 명예를 가져다주는 것은 鹽의 운송이었기 때문에 자본을 주로 토지구매나 鹽業에 투자한 것으로 보인다.

이러한 환경적인 원인 외에도 전당을 통해 얻는 높은 이윤 또한 휘주상인으로 하여금 전당을 개설하고 투자하게 했다. 전당업의 기본적인 규칙은 "値十當五", 즉 저당 잡힌 물건(혹은 부동산)의 가치가 10이면 빌려주는 돈은 5였고 빌려주는 돈에 이자가 붙는 것이었다. 전당 잡힌 후에 바로 당일 本錢을 돌려주어도 1개월에 해당하는 이자를 내야 했으며, 약속기한에서 단지 5일이 지나도 2개월에 해당하는 이자를 내야 했다. 일반적으로 18개월의 약속기한을 두었는데 이기간이 지나면 이자와 원금을 가지고 가도 전당물을 되찾아올 수 없었다. 당포의 소유가 된 물건들 중 고가인 것은 다시 판매 상품이 되기도 했으며 당포의 부가적인 수입원이 되었다.[30]

明末 程虛宇 家族의 전당 운영의 예를 보면 전당업을 통한 이윤의 정도를 볼 수 있다. 程虛宇는 休寧人이며 徽州의 大族인 率東程氏 일족의 사람이었다. 萬曆 40年(1612)경, 그의 아버지가 程虛宇의 형제들에게 유산을 분배해주는 데 이들이 가지고 있던 재산 중에 典當鋪가 들어 있었다. 이들 가족의 전당포는 本鄕 이외에도 安慶, 九江, 廣濟, 黃州, 湖廣 등 7곳에 걸쳐 있었다. 程虛宇의 형제들은 번갈아가면서 이 當鋪들을 관리하고 후손에게 물려주었는데 이때의 문서가 「崇禎 二年休寧程虛宇立分書」에 나타나 있다.[31] 그중 정허우의 아들인 孟이

---

30) 王世華, 앞의 논문, 63쪽.

31) 王鈺欣, 周紹泉 編, 『徽州千年契約文書・宋元明』 8卷, 「崇禎二年休寧程虛宇立

운영한 전당포는 萬曆 21년부터 萬曆 28년까지 8년 동안 1,349銀兩
을 투자하였는데, 벌어들인 돈은 24,021銀兩으로 약 17배가 증가하
였고 아우인 仲이 운영한 전당포는 萬曆 24년부터 萬曆 35년까지 12
년 동안 980냥을 들였고 13,120냥을 벌어 13배가 증가하였음을 볼
수 있다.[32]

명대 소설에서도 상인들이 전당을 통해 막대한 이윤을 추구하는
모습이 묘사되고 있다. 『金甁梅』에 등장하는 주인공 西門慶이 2,000
냥을 투자하여 개설한 전당포는 매일 상당한 양의 돈이 나왔고[33] 그
가 죽음에 임박하여 가사를 정리하면서 하는 유언에서는 운영하던
전당포의 자본이 2만 냥, 즉 10배로 뛰었음을 알 수 있다.[34] 그런데
서문경의 활동지인 山東 臨淸은 실제로 "山東臨淸, 十九皆徽商占商
籍"[35]이라는 내용에서 확인할 수 있는 것처럼 주로 휘주상인이 활동
하고 있었다. 이 때문에 소설에 표현된 임청에서의 서문경의 모습은
당시 휘주상인의 모습으로도 추측할 수 있을 것이다. 또한 10배의
이익을 남겼다는 것은 그만큼 전당업이 투자가치가 높은 업종이라

分書」(花山文藝出版社, 1991), 277-396쪽.

[32] 汪崇篔, 「徽州典當資本的增值:以程虛宇家族爲例」, 『中國社會經濟史研究』 2004-3,
43쪽 참고. 程虛宇에게는 아들이 셋 있었는데 그중 孟과 仲이 전당포를 맡아 운영
하였다. 汪崇篔의 표를 이용하여 정리하였다.

序號	기간	本銀(兩)	利銀(兩)	비고
孟	만력21－만력28	1349.3	24021.487	약 17배 증가
仲	만력24－만력35	980	13120.3	약 13배 증가

[33] 각주 21과 같음.

[34] 笑笑生, 『金甁梅詞話』 第79回, 앞의 책, 1,214쪽.

[35] 謝肇淛, 『五雜組』 卷14, 事部2(續修四庫全書. 1130, 子部, 雜家類, 上海古籍出
版社, 1995), 632쪽.

는 사회적 현실을 반영한 것이라고 할 수 있겠다.

즉, 휘상이 전당업에 종사하며 상업자본을 투자하였던 것은 명대 상품경제의 발달과 민간전당업 성행, 토지를 대체할 만한 자본투자처의 필요라는 이유에서였고, 그들은 풍부한 자본력과 수완을 바탕으로 휘주를 벗어나 江南, 江北은 물론 명대의 중국 곳곳에 전당을 운영하는 대표적인 전당상인이 되었다.

4. 휘상 전당의 전국적인 분포와 특징

명대 휘상이 운영하던 전당은 강남, 강북은 물론 전국적인 분포를 보이고 있었고 그 규모와 투자되는 자본의 양이 상당한 수준이었다. 이는 휘상의 전당을 연구했던 이들이 지적한 부분이기도 하다. 그런데 명대 휘주상인의 전당을 평가할 때 전당의 개수나 규모, 자본의 양에만 기준을 둔다면 단순히 수의 많고 적음에 치우쳐 휘주상인의 특성을 놓칠 수 있다고 생각한다. 따라서 휘주상인의 전당포 운영흔적을 통해 전국적인 분포라는 점에서 한 걸음 더 나아가 주로 분포가 집중되는 지역과 특징을 찾아보려고 한다.

휘주에는 歙, 休寧, 婺源, 祁門, 績溪, 黟 등의 여섯 현이 있었는데 같은 휘주상인이더라도 지역에 따라 전문으로 하는 분야가 조금씩 달랐다. 그들은 대대로 쌓아온 상업적인 경험을 가지고 있었고 이를 바탕으로 상업 경영의 전문성을 갖추고 있었다. 『歙事閑譚』, 「歙風俗禮教考」에서는 "典商大都休人, 歙則雜商(茶, 木商)五, 鹺商(鹽商)三, 典僅二焉. 治典者, 亦惟休稱能, 凡典肆無不有休人者, 以業專易精也"[36)]이라고

하였다. 즉, 흡현 출신은 전당업에도 종사하였지만 그보다는 鹽이나
茶・木商인 경우가 많았고, 휴녕 출신은 전당업을 운영하는 경우가
많았다. 또한 "휴녕인 商山吳氏는 邑에서 殷族(명망 있고 부유한 族)
이고 …… 집에 부자가 많으며 商을 業으로 하였는데 모두 典質로 돈
놀이를 하였고 鹺商(＝鹽商)大賈가 되지 않았다"[37]라고 하였다.

이러한 점에서 볼 때 휘주상인 중에서도 휴녕인이 전당에 종사하
는 비중이 컸음을 알 수 있다. 또한 商山吳氏는 소설 『初刻拍案驚奇』
에서도 볼 수 있는데 商山吳氏가 大財産家로 묘사되어 있으며 가산이
백만이나 되는 吳百萬이라고 불리고 있다. 또한 이러한 재산가는 전
당업을 운영하는 大朝奉이라고 칭해지고 있었다.[38] 여기에서 朝奉이
라는 것은 본래 '조정에 봉사한다'는 뜻으로, 명 초 주원장이 강남에
왔을 때 한 휘주인이 자신의 가산을 헌납하여 그를 맞이하자 하사한
명칭이었다. 조봉이라는 단어는 이후 휘주지역에서 '富翁'라는 뜻으
로 쓰이다가 막대한 자본을 가진 典當業主를 가리키는 의미가 첨가
되었다.

그렇다고 해서 휴녕 이외의 다른 지역 상인들이 전당업에 참여하
지 않은 것은 아니었다. 각주 34에서도 말하였듯이 휴녕인보다 비중
은 적지만 歙商 또한 전당업에 참여했다는 것을 알 수 있다. 또한 흡
현의 岩鎭은 대금업자가 모여드는 곳이었으며[近歲多子錢家(대금업
자), 岩鎭則其藪也[39]] 鎭에서 가장 부유한 도시였다고 한다.[40] 岩鎭의

36) 許承堯 외 편, 『歙事閑譚』 第18册, 「歙風俗禮教考」(安徽古籍叢書 徽學研究資
    料輯刊, 合肥: 黃山書社, 2001), 604쪽.
37) (明)金聲 撰, 「金正希先生文集輯略(金太史文集)」 卷7, 「壽吳親母金孺人序」(『四
    庫禁燬書叢刊』 50, 集部, 上海: 古籍書店, 1979), 604쪽.
38) 凌蒙初, 胡明, 『初刻拍案驚奇』 卷2(中國文聯出版公司, 1999), 14-24쪽.

사례를 통해 전당업과 도시의 財富가 관련이 있다는 것을 추측해볼 수 있다. 전당업은 세금이나 수공업 원료를 구하기 위한 수단으로 농촌에서도 성행했지만 자본과 물자의 교류가 활발하게 이루어지던 도시에서 더욱 성행하기 마련이었다.

周汝謨의 상소를 통해 휘상 전당의 도시 집중현상을 짐작할 수 있다. '天啓 연간 戶科給事中 周汝謨가 상소에서 말하기를 "典鋪를 구분하여 징수하는 것은 어려움과 쉬움이 있습니다. 대개 주요 都와 大邑에는 鋪가 많고 자본이 풍족하여 (징수하는 세금이) 白·千을 징수한다고 해도 심하지 않습니다. 그러나 下縣에는 徽商이 나아가지 않아 數金조차 (징수하기) 어렵습니다."[41] 戶科給事中 周汝謨는 下縣에서 典稅징수의 어려움을 토로하고 있다. 여기에서 세 가지 사실을 추측할 수 있는데 첫째는 大邑의 전당포에서는 白·千의 세금을 거두어도 심하지 않고 下縣에서는 數金을 거두는 것도 어렵다는 것으로 볼 때 국가가 전당포의 규모에 따라 거두어들이는 세금이 달랐다. 둘째는 전당포의 財富 정도를 휘주상인과 관련지어 생각했다는 것으로 휘상이 전당을 운영하는 주도 세력임을 국가에서도 인식하고 있었다. 셋째는 명대 후기까지도 휘주상인의 전당포가 주로 大邑, 즉 도시에 세워졌고 大邑에 대비되는 개념인 下縣에는 드물었다는 것이다. 이에 반해 청대에는 도시뿐만 아니라 新興市鎭, 小縣에도 휘주 전당의 개설이 활발했다고 한다.[42] 즉, 명대에 휘주상인의 전당포의 분포는

---

39) 『太函集』卷59, 「明故處士洪橋鄭次公墓志銘」(續修四庫全書1347: 集部 別集類 上海: 上海古籍出版社, 1995), 464쪽.

40) 張海鵬·王廷元 主編, 『徽商研究』, 安徽人民出版社, 1997, 290쪽.

41) 『明熹宗實錄』卷52, 天啓五年三月壬申條(臺北: 中央研究院 歷史語言研究所, 1966).

도시에 집중되어 있었으며 청대에 들어서야 농촌지역으로 광범위하게 확산되었다고 볼 수 있다.

휘상은 徽州 이외의 지역에도 다수의 전당포를 열었다. 소설『二刻拍案驚奇』에서 등장하는 蘇州의 전당은 일명 徽州當으로 불리고 있는데[43] 그만큼 소주에 휘주상인이 설립한 당포가 많이 있었다는 것을 짐작할 수 있다. 蘇州뿐만이 아니라 강남 곳곳에서 휘상 전당의 흔적이 나타난다.

대표적으로 양주와 남경의 예를 들 수 있다. 江蘇省 揚州는 대운하와 양자강이 합류하는 지점이고 鹽業의 유통지가 되어 번영하게 된 도시였다. "揚州의 전당은 토착인이 없고 전부 휘주상인들이 이익을 독점한다"라고 하는 기록이 있다.[44] 휘상은 명 중기 이후에 본격적으로 양주에 진출하게 되는데 사료에서처럼 전당업의 운영도 독점하고 있음을 볼 수 있다.

남경 또한 인구가 밀집되고 명 초에는 都邑이기도 했던 대도시였으며 휘상의 진출지이기도 했다. 『金陵瑣事剩錄』卷3에서는 "金陵(남경)의 당포는 약 500여 곳이 있었는데 복건의 당포가 자본이 적어 3分, 4分의 이율을 취한다. 휘주의 당포는 자본이 많아서 취하는 이율이 1分·2分·3分이며 빈민에게 유익하였다. 人情은 복건상인을 싫어하지만 어쩔 수 없다"[45]라고 이야기한다. 여기에서는 휘주상인 외

---

42) 王世華, 앞의 논문, 63쪽; 常紅萍·王亞軍, 「明淸江南農村典當探析」, 『安徽農業科學』 36-3, 2008.

43) 佐藤次高, 岸本美緖, 『市場の地域史』(山川出版社, 1999, 206쪽).

44) 『揚州府志』 卷20, 風俗志, 明 萬曆29年 刻本, 北京圖書館古籍珍本叢刊 北京: 書目文獻出版社, 1988(張海鵬·王廷元 主編, 張海鵬·王廷元·唐力行·王世華 編, 『明淸徽商資料選編』黃山書社, 1985, 157쪽 재인용). 質庫, 無土著人爲之, 卽十年不贖, 不計易質物. 乃令新安諸賈擅其利, 坐得子錢, 誠不可解.

에 복건상인도 전당상인으로 등장한다. 복건상인 역시 명대에 고리대 및 전당업을 다루었음은 분명하지만 복건상인에게 전당업은 해상활동과 더욱 많은 연관이 있었다.[46] 또한 이자율을 비교해볼 때 복건상인은 휘상보다 높은 이자를 받았음을 알 수 있는데 휘상은 복건상인에 비해 경쟁 우위에 있었다는 점을 알 수 있다. 이자율이 낮다는 것은 전당 운영에 있어서 장점이기 때문이다. 이러한 이자율의 차이는 투자자본의 차이에서 기인하는데 투자자본이 안정적이어야만 이자율을 낮추는 모험이 가능하고, 사료에서도 이자율의 차이를 자본의 차이로 인식하고 있다. 이 사료는 소설 『金陵瑣事剩錄』에서 채용한 것이지만 명청대의 소설이 사회인식을 상당 부분 반영하고 있다는 점을 볼 때 휘주상인의 전당포의 모습을 짐작할 수 있다.

휘상 전당의 활동은 강남 이외의 지역에서도 나타난다. "지금 徽商의 전당은 강북으로 퍼져 있는데 자본이 數 千金이나 課稅는 10냥이 못 된다. 현재 하남에는 汪充 등의 典鋪가 213개나 있다."[47] 명 후기 婺源商 李良朋은 "資本을 가지고 江淮지역으로 가서 전당포를 운영한 지 5년이 되었는데 그 이윤이 매우 높았다."[48] 즉, 강북에서도 휘상이 전당을 통해 많은 자본을 축적했음을 볼 수 있고, 국가가 세금을 부과하였으나 전당의 이익에 비하면 가벼운 것이었음을 알

---

45) 『金陵瑣事剩錄』 卷3(「明代社會經濟史料選編」 中册 200쪽, 재인용).
(金陵)當鋪總有五百家 福建鋪本少, 取利三四分. 徽州鋪本大 取利僅一分二分三分, 均之有益于貧民. 人情最不喜福建, 亦無可奈何也.

46) 傅衣凌, 『明淸時代商人及商業資本』(人民出版社, 1980), 132쪽.

47) 『明神宗實錄』 卷434, 萬曆三十五年六月丁酉(臺北: 中央研究院 歷史語言硏究所, 1966), 8,200쪽.

48) 婺源 『三田李氏統族譜』, 「理田繼山李公行狀」. 明嘉靖44年 刻本(張海鵬・王廷元 主編, 『明淸徽商資料選編』, 169쪽 재인용).

수 있다.

　강남과 가까운 강북뿐만 아니라 다른 지역에서도 휘상의 전당 운영
이 나타난다. 『明季北略』에서 나타나는 汪箕라는 휘주인의 기록이다.
"汪箕는 휘주인으로(休寧人) 京師(북경)에 거주하였으며 家産이 數十萬
이었다. 李自成이 入城하였는데 汪箕는 자신의 가산을 지키기 못할 것
이라고 판단하여 상소하기를 강남으로 내려가는데 선봉에 서서 병사
들을 이끌고 가겠다고 하였다. 自成이 기뻐하며 "汪箕를 보내도 되겠
는가"라고 宋獻策에게 묻자 宋이 "汪箕는 家産이 수백만이고 典鋪가 수
십 곳이며 婢妾이 매우 많습니다. 병사들을 이끌고 가겠다는 핑계는
金蟬脫殻(계략을 서서 몰래 달아남)의 계책입니다"라고 하였다.'[49]

　汪箕는 북경에 거주하면서 전당을 운영하였고 이자성이라는 새로
운 권력자를 맞아 재산을 지키기 위해 강남행을 택하였다. 왕기는
이미 북경에서 기반을 다진 상당한 규모의 재력가였으며 전당이 수
십 곳이라고 여겨지고 있었다. 그 밖에도 汪箕와 같은 종족인 휴녕인
汪海가 산동에서 전당을 운영했다는 내용이 있으며[50] 『休寧名族志』
에서는 휴녕인 程和蔭(號 繼南)이 建昌(지금의 江西省 南城縣)에서 典鋪
를 열었다고 기록되었다.[51] 또한 당시 소설에서 묘사되는 휘주상인
들도 각지에서 전당을 운영하고 있었다. 한 예로 『古今小說』에 등장
하는 휘주인 汪朝奉은 湖廣 襄陽府에 전당을 열었다고 묘사되었다.[52]

---

49) 計六奇, 『明季北略』 下 卷23, 富戶汪箕(中華書局, 1984) 672쪽.

50) (淸)洪昌纂修, 歙縣 『江村洪氏家譜』 卷9, 「明敕贈修職郎提擧松山公墓志銘」,
　　淸雍正8年 刻本(張海鵬·王廷元 主編, 『明淸徽商資料選編』 170쪽 재인용).

51) 曹嗣軒, 胡中生, 王毅, 『休寧名族志』 卷1, 程氏 西館(黃山書社, 2007), 155쪽.

52) 馮夢龍, 恒鶴 等 標校, 『古今小說』 卷1(上海古籍出版社, 1993), 5쪽.

지역	근거
歙縣	『歙事閑譚』 第18册, 「歙風俗禮敎考」 『太函集』 卷59, 「明故處士洪橋鄭次公墓志銘」
浙江	初刻拍案驚奇』 卷2
蘇州	『二刻拍案驚奇』 『豆棚閑話』 第3則, 「朝奉郎揮金倡覇」
揚州	萬曆 『揚州府志』 卷20, 風俗志
金陵(남경)	『金陵瑣事剩錄』 卷3
河南	『明神宗實錄』 卷 434 萬曆三十五年六月丁酉
江淮	婺源 『三田李氏統族譜』 「理田繼山李公行狀」
京師(북경)	『明季北略』 下 卷23 富戶汪箕
山東	歙縣 『江村洪氏家譜』 卷9 「明敕贈修職郎提擧松山公墓志銘」
山東臨淸	五雜俎』 卷14, 事部2
建昌(江西省 南城縣)	『休寧名族志』 卷1, 程氏 西館
湖廣 襄陽府	『古今小說』 卷1
安慶	『徽州千年契約文書・宋元明』 「崇禎二年休寧程虛宇立分書」
九江	『徽州千年契約文書・宋元明』 「崇禎二年休寧程虛宇立分書」
廣濟	『徽州千年契約文書・宋元明』 「崇禎二年休寧程虛宇立分書」
黃州	『徽州千年契約文書・宋元明』 「崇禎二年休寧程虛宇立分書」
湖廣	『徽州千年契約文書・宋元明』 「崇禎二年休寧程虛宇立分書」

<표 1>과 <지도 1>은 이제까지 본 논문에서 인용한 사료 중 전당의 분포와 관련된 것을 정리하여 만들었다. 사료를 통해 휘상의 전당이 멀리는 북경에서 산동・하남・호광・남경・강서・절강에 이르기까지 퍼져 있는 것을 알 수 있고 범위를 지도에 표시하면 지도 1과 같다. 여기에는 몇 가지 공통점이 있는데 이러한 지역이 당시 유통의 중심지였다는 것과 운하 및 강을 끼고 있었다는 점, 대부분 휘주상인의 활동지와 겹치는 곳이라는 점이다. 명대 휘상들은 강남에서 생산되는 생사, 견직물, 면제품을 호광・사천・화북지방으로

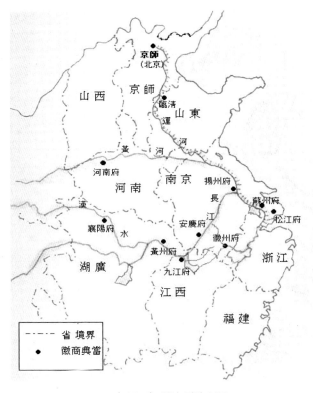

〈지도 1〉 휘상 전당 분포

반출하고 호광지역의 쌀, 안휘의 목재와 차, 강서 경덕진의 도자기를 남경·소주·항주 등으로 운송하였으며 염업에 참여한 이후 淮·揚지역에서 소금을 운반하여 해당 지역으로 판매하였다. 휘상 전당이 위와 같은 지역에 분포하는 이유를 휘상의 상업활동과도 연결해 볼 수 있다고 보인다. 이들의 상업 루트와 전당의 분포 지역이 겹치는 것은, 휘상이 전당업을 통하여 안정적으로 상업자금을 확보하기 위해서 혹은 그러한 상업이윤을 전당업에 재투자하기 위해서였을 것이다.

徽商이 각지에서 전당을 경영하게 된 것은 단지 전당이 많은 이윤을 가져다주기 때문만은 아니었다. 휘상과 같은 客商은 대개 타 지역에서 활동하고 이동을 하기 때문에 짧은 시간 안에 기반을 다지고 새로운 인간관계를 형성하기 어렵다는 단점을 갖고 있다. 휘상은 고리대나 사채와 같이 어느 정도 인맥을 가지고 있어야 지속적으로 돈을 빌려주고 회수할 수 있는 사업보다는 확실한 물건을 담보로 돈을 빌려주는 전당을 택했다. 또한 휘상은 먼 타지에서 상업활동을 해야 했기에 자금을 확보하거나 빌려야 하는 경우 같은 동족 출신의 상인에게 의지하는 경향이 강했고 때로는 직접 전당을 兼營하기도 했다. 물론 전문적으로 전당을 운영했던 休寧 汪氏, 率東 程氏, 商山 吳氏와 같은 상인도 있었지만 자신이 하고 있던 상업활동과 전당 운영을 병행하는 이들도 있었다. 혹은 대대로 전당업을 해왔던 상인도 겸영을 했을 것이다. 다른 상업활동과 전당의 운영(兼營)이 나타나는 이유는 전당운영이 가져다주는 이윤 때문이기도 했지만 한편으로 전당겸영을 통해 자금을 확보하려는 목적도 있기 때문이었다.

휘상은 명 중기 開中法 이후 소금의 운송에 참여하게 되는데 이는 지리적인 유리함 때문이기도 했지만 이들이 지니고 있던 특징도 영향을 미쳤다. 먼저 휘상은 양자강지역에서의 상품 유통 경험이 풍부했다. 또 이들은 鹽뿐만 아니라 棉布, 陶瓷, 米穀 등의 품목을 함께 운송하는 경우가 많았고 종족의 연결고리를 통해 시장 수요에 대한 예측, 가격에 대한 정보 등을 입수하여 활용하였다. 또 이들은 전당을 겸영하는 경우가 많았다. 鹽運의 특성상 行鹽地에서 鹽을 판매하여 얻은 동전을 염운사에 납부 가능한 은으로 환전할 필요가 있었기 때문에 전당을 운영하여 은의 수요를 충당하고자 했다. 그 결과 揚州와 같이 염운사가 위치한 도시에 典當의 수가 더욱 증가했다.[53] 즉, 이들은 전당업과 염업을 겸영하여 鹽과 은의 원활한 유통을 꾀했던 것이다.

16세기 중반기의 흡현 출신 程澧는 가세가 기울어 장사하기로 마음먹고 蘇州에서 松江과 淮·揚지역을 거쳐 북으로 河北지역까지 편력한 이후 각종 재부에 대한 정보를 얻을 수 있었다고 한다. 이를 기반으로 程澧는 가장 돈을 잘 벌수 있는 세 가지 업종을 선택했는데 하나가 강남지방에서의 면포업, 淮·揚지역에서의 염업, 셋째가 南京에서의 전당업이었다.[54] 程澧는 각기 다른 지역에서 상업활동을 하였고 전당업을 겸영하는 형태를 취했다. 歙縣 출신의 潘仕 父子에게서도 겸영의 모습을 볼 수 있다. 아버지 潘仕는 원래 유통업에 종사했는데 江西 景德鎭에 가서 구매한 磁器를 절강과 儀眞지역으로 가서 판매하였다. 이 시기에 휘주상인뿐만 아니라 강서상인과 절강상인도 경덕진에 진출하여 자기 유통과 판매에 참여하고 경쟁관계를 이루고 있었다. 이후 潘仕가 나이가 들어 더 이상 장거리 유통을 하기가 힘들게 되자 그의 둘째 아들이 부친의 가업을 잇게 되었는데 이때 둘째 아들은 磁器 유통업을 포기하는 대신 淮·揚지역에서는 鹽의 유통을, 江浙지역에서는 미곡 유통에 참여하면서 남경에 전당포를 운영하는 방식으로 전환하였다.[55] 앞에서 언급한 명 말 휴녕인 程和蔭은 형제들과 함께 建昌에서 전당포를 운영하였고 南昌에서는 鹽을 취급하였으며[56] 吳無逸은 廣陵(江蘇 揚州)에서 鹽을 다루고 金陵에서 전

---

53) 曺永憲,「大運河와 徽州商人－明末·淸初 淮·揚지역을 중심으로－」, 서울대학교 박사학위논문, 2006, 90쪽.

54) 汪道昆,『太函集』卷52,「明故明威將軍新安衛指揮僉事衡山程李公墓誌銘」, 앞의 책, 391쪽.

55) 汪道昆,『太函集』卷51,「明故太學生潘次君暨配王氏合葬墓誌銘」, 앞의 책, 381쪽.

당업에 종사하고 運漕鎭에서 米·布를 다루어 百萬을 致富하였다.[57] 이렇듯 전당업과 겸영했던 모습은 주로 염업에 관련되어 있으며 그 외에도 곡식이나 布의 판매도 함께 이루어지고 있었다. 즉, 휘상의 전당의 전국적인 분포는 단순히 산발적인 분포에 그치지 않고 집중적인 도시 분포, 운하 및 수로와의 연계성, 전당업과 염업을 비롯한 상업과의 겸영을 나타내고 있었다.

5. 맺음말

본고에서는 명대로 시기를 한정하여 민영전당업의 성행과 휘상이 전당을 운영하게 된 배경 그리고 휘상의 전당 분포에서 나타나는 특징을 다양한 측면에서 살펴보고자 했다.

휘상이 전당을 운영하게 된 것은 명대 상품경제의 발전과 사회의 불안정한 상황 때문에 전당의 수요가 급증했기 때문이었다. 상품경제의 발전은 도시의 번성과 상인 수의 증가를 이끌어냈고 銀의 유통은 상품경제를 촉진시키는 촉매제 역할을 했다. 점차 은경제사회가 되면서 사람들은 은을 구하기 위해 상품작물을 생산하고 상업활동에 뛰어들며 농촌을 버리고 도시로 이주하는 경향이 늘었다. 농민은 세금을 납부하기 위해 화폐경제와 시장에 예속되었고 일반 농민뿐만 아니라 富豪들 역시 부의 개념이 현물에서 은으로 바뀌고 있었기 때문에 역시 은을 필요로 했다. 또는 상업활동에 참여하는 상인의

---

56) 각주 47과 같음.
57) 『中國地方志集成: 鄕鎭志專輯17』,「豊南志」第9册 建置(上海書店, 1992), 505쪽.

증가로 상업 자본을 얻으려는 이들도 늘어났다. 이때 은을 공급해줄 수 있는 곳의 하나가 典當이었던 것이다.

본고에서는 사회의 불안정과 유동성도 전당이 성행하게 되는 요인이라고 생각하였다. 명대는 왜구의 침입, 세금의 중압, 기후의 변화로 인한 흉작 등으로 인해 사회에서 유리되는 빈민들이 많아졌다. 그러나 명조는 사회 구제를 제대로 시행하지 못하여 成化 年間 이후에는 국가의 救荒정책 사업이 와해되기 시작하였다. 자연재해가 발생하거나 흉년이 들었을 때 국가의 대처 능력은 갈수록 떨어졌고 民은 사적인 방법에 의존해야 했다. 그리고 사적인 방법 중의 하나가 전당을 통해 필요한 돈이나 물건을 얻는 것이었다.

이러한 상황들로 인해 명대에는 전당의 수요가 급증하고 전당의 수 또한 늘어났다. 명대 이전만 하더라도 국가에서 운영하는 國營典當과 사원에서 운영하는 寺院典當이 많은 부분을 차지하고 있었지만 명대에는 오직 민간에서 운영하는 전당이 있을 뿐이었다. 그리고 그 중 휘상이 두드러진 활동을 하게 된 것이다.

휘상은 客商이었기 때문에 고리대와 같이 지역적 기반이 필요한 업종보다는, 전당과 같이 물건을 저당 잡고 자금을 빌려주는 쪽이 안전성을 확보할 수 있었다. 주지하듯이 전당을 운영하여 벌어들이는 수익이 막대하였기 때문에 전당을 운영하게 되었고 덧붙여 중기 이후 토지에 부과되는 세금이 가중되고 지가가 떨어지게 되자 상업 자본을 전당에 투자한 것으로 보인다. 본래 상인은 번 돈을 토지에 투자하여 지주가 되는 특징이 있으나 명대에는 상품경제의 발달로 인해 자본을 토지보다는 상업자본으로 투자하는 경향이 점차 늘어났다.

휘상의 토지구매가 감소하게 된 것은 弘治 7年(1494)부터 휘주에 지세가 새롭게 부가되었기 때문이었다. 嘉靖 年間부터는 잡다한 부가세도 급속히 증가하여 토지로 투자되는 자본의 양이 줄어들게 되었다. 이 때문에 휘상은 토지에 자본을 투자하는 것보다 전당이라는 업종에 자본을 투자했던 것이다. 반면, 다른 상인은 전당에 투자할 만한 자본이 부족하여 휘상과 같은 대규모의 전당운영을 하지 못했을 가능성이 있다. 또한 굳이 전당이 아니어도 다른 업종에 자본을 투자할 수 있었다. 한 예로 山西商人은 명대만 해도 開中法으로 인해 엄청난 부를 획득하고 있었고 鹽의 원활한 운송을 위해 변방의 땅을 사서 개간하기도 했다. 산서상인에게 가장 많은 부와 명예를 가져다주는 것은 鹽業이었기 때문에 자본을 토지구매나 염업에 투자했다. 이 때문에 이들의 전당은 명대에 성내 7곳에 그쳤다. 그러나 청대에는 산서상인의 전당 역시 크게 성행하는 모습을 보인다.

명대 은경제가 확산되고 상업활동이 활발해지던 동시에 사회의 혼란으로 인한 불안이 가중되어 전당이라는 업종이 호황을 누릴 수 있었다. 휘상은 이러한 사회적 분위기의 영향을 받았고 이들의 전당은 전국에 걸쳐 분포하였다. 전국적인 분포에서 몇 가지 특징을 발견할 수 있었는데 이들은 주로 사람과 물자가 모이는 도시에 집중적으로 전당을 세웠으며 전당포의 분포가 운하와 강줄기 및 상업활동지역과 겹치고 있었다. 이것으로 보아 휘상이 상업활동과 전당 운영의 겸영을 통해 이익을 도모하여 안정적으로 상업자금을 확보하고 혹은 그러한 상업이윤을 전당업에 재투자하였던 것을 알 수 있었다. 겸영은 대개 鹽業과 이루어지는 경우가 많았고 전당이 집중적으로 분포했던 곳도 揚州와 南京같이 염운사가 위치하고 소금이 거래되는 곳이나 큰 도시였다. 청대의 휘상 전당도 전국적인 분포를 보이고 그 수가 급증하기는 하나 도시 이외의 지역으로 확산된다는 점은 명대와 구별된다고 보인다. 즉, 명대와 비교해보았을 때 훨씬 더 산발적인 형태이다. 명대 휘상 전당의 전국적인 분포는 산발적인 분포라기보다 자신들의 상업영역 안에서 이루어지는 경향이 있고 전당업과 염업을 비롯한 상업과의 겸영을 나타내고 있었던 것으로 보인다.

汪輝祖와 鄭光祖의 인식을 통해 본
18世紀 中國 江南地域의 貨幣와 物價

홍성화

필자는 「18世紀 中國 江南地域의 貨幣使用慣行」[1]라는 논문에서 浙江省 紹興 출신인 汪輝祖와 江蘇省 常熟縣 출신의 鄭光祖가 각각 남긴 『病榻夢痕錄』과 『一班錄雜述』이라는 자료에 입각하여 淸代 乾嘉 年間 강남 지역의 화폐사용 관행에 대해서 고찰한 바 있다. 前稿에서는 주로 銀兩과 銅錢의 소재적 특성에 주목한 것이었는데, 본고에서는 화폐 사용은 지역사회의 물가와 풍속 등에 어떠한 변화를 가져왔는가, 그리고 지역사회의 사대부들은 당시의 경제 변화에 대해서 어떻게 인식하였는가 등을 다루고자 한다.

汪輝祖의 경우, 林滿紅의 연구[2] 이래 이 시기의 물가와 화폐를 연구하는 데에 빠지지 않고 사용되어 왔다. 하지만 아직도 논의되어야 할 여지는 충분히 있다고 생각되며, 특히 乾隆後期와 嘉慶初期의 銀錢

---

[1] 洪成和, 「18世紀 中國 江南地域의 貨幣使用慣行」, 『明淸史硏究』 36집, 2011. 汪輝祖와 鄭光祖의 생애와 저작에 대한 소개는 洪成和, 2011-a 참조.

[2] 林滿紅, 「世界經濟與近代中國農業－淸人汪輝祖一段乾隆糧價論述之解釋」, 『近代中國農村經濟史論文集』, 臺灣中央硏究院近代史硏究所, 1989.

제2부 중국 전통 상업의식의 형성과 변화 215

比價 변동에 대해서 좀 더 세밀한 고찰이 필요하다고 생각된다. 그뿐만 아니라 蘇州 인근의 常熟縣(＝鄭光祖)과 浙江省 紹興府(＝汪輝祖)의 서술이 얼마나 연관성을 갖고 있는지, 각 서술은 과연 어느 정도 타당한지에 대해서 상호 비교해본다면 이 시기의 景氣變動을 설명하는 데 상당히 흥미로운 단서를 제공해주지 않을까 기대된다.

화폐나 物價, 그리고 景氣變動이라는 현상은 매우 복잡하기 때문에 화폐 발행량, 유통량, 회전 속도, 화폐에 대한 수요 등의 여러 가지 종합적으로 고찰할 때 비로소 그 전체적인 모습이 드러나리라 생각된다. 이하에서는 汪輝祖와 鄭光祖 등이 남긴 자료 이외에도 여러 관찬사료 등에 입각하여, 1) 銀錢比價와 물가의 변동 문제, 2) 풍속의 변화와 乾嘉盛世의 의미로 크게 나누어서 고찰하고자 한다. 우선 1절에서는 청대 銀錢比價의 변동 경향과 이에 대한 기존의 연구 성과를 검토해보고자 한다.

1. 淸代 銀錢比價 變動과 通貨政策의 特徵

청대 화폐사에 대한 연구는 1980년대를 기점으로 해서 화폐유통과 화폐정책에 관해서 집중하였으며, 이를 통해서 '폭'과 '깊이'라는 측면에서 많은 진전을 보았다. 우선 '폭'이라고 하면 중국의 화폐 문제를 중국만의 문제로 파악하는 것이 아니라, 동아시아적인 차원 더나가서 세계경제의 차원에서 검토하려는 시각으로서, 아메리카 대륙의 銀이나 일본 은의 중국 유입이 가져온 영향 등을 고찰하고자 하는 측면이다. 한편 '깊이'라고 하면 중국 사회 내부의 시장구조라는 차원에서 화폐 현상에 접근하고자 하는 측면을 말한다.[3] 이러한 문제의식은 명청시대의 화폐유통에 따른 변화를 단순히 '상품경제의 발달'이라든가 '화폐경제의 진전'으로써 파악하는 것이 아니라, 중국 사회 속에서 화폐 현상이 지닌 다양한 측면과 그것을 사회구조와 함께 고찰하고자 하는 것이라고 할 수 있다.

清代를 통해서 중국사회는 주지하다시피 은량(銀兩, bullion)과 동전을 함께 사용하였다.[4] 그리고 기본적으로는 "用銀爲本, 用錢爲末"[5] 이라는 표현에서도 알 수 있듯이 銀은 고액화폐, 동전은 소액화폐로 유통되었다. 그러나 은과 동전의 관계는 매우 복잡한 것으로서, 이를 단적으로 보여주는 것 가운데 하나가 銀錢比價의 문제라고 할 수 있다.

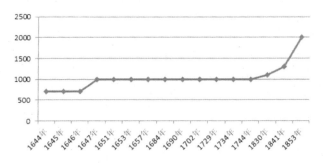

陳鋒, 2008, 579쪽 표를 변형한 것임

〈그림 1〉 淸代 銀錢 法定比價 沿革

[3] 岸本美緒, 「書評: 上田裕之, 『淸朝支配と貨幣政策 − 淸代前期における制錢供給政策の展開』」, 『歷史學硏究』 878, 2011.

[4] 『淸朝文獻通考』 卷13, 「錢弊考」1, "我朝銀錢并權, 實爲上下通行之貨幣."

[5] 陳宏謀, 「申銅禁酌鼓鑄疏」, 『淸經世文編』 卷53.

『清朝文獻通考』에서는 "銀과 동전은 서로 병행해서 상호보조하며 통행되고 있다. 화폐가 [활발하게] 유통되는 것을 도모한다면, 반드시 먼저 동전의 가격을 정해야만 할 것인데, 동전에는 정해진 가치가 없으나, 鋪戶에서 교환할 때에는 그 가격을 [멋대로] 조정하고, 민간에서 사재기 하는 사람들은 그 득실을 엿보고 있다. 錢價에는 정해진 것이 없으니, 물가 역시 그 공평함을 잃고 있다. …… 淸朝가 鼎革했을 초기에, 銀1分으로 銅錢7文으로 정했으나, 이해(順治 4年) 다시 每分 [동전] 10문으로 정하였고, 이를 定例로 삼았다. 그 후에 여러 번 이 명령을 다시 내렸다"[6]라고 하고 있다. 여기에서도 알 수 있듯이 銀錢比價에는 공식적인 淸朝의 규정이 있었지만, 이것이 시장에서도 항상 영향력을 발휘한 것은 아니었고, 고정된 가격이 없이 자주 바뀌고 있었다.[7]

이하에서는 청대 銀錢比價 변동의 대략적인 추세와 청조 통화정책의 특징에 대해서 간략히 정리해보고자 한다. 은(銀)은 고액결제 화폐이고 地金 형태로 유통되었기 때문에 일상생활에 일반적으로 사용되기에는 매우 불편했다.[8] 불편함 없이 은을 화폐로써 사용하기 위해서라도, 소액화폐인 동전은 계속 발행되어야 하였지만, 원래 명조는 동전을 주조하는 데 그다지 열의를 보이지 않았다. 더구나 명 말에는 군사비 지출 때문에 재정이 충분치 않아서 주조차익(seigniorage profits)까지 노려서 악화를 남발하였기 때문에, 시장에서 동전 사용

---

6) 『淸朝文獻通考』卷13, 「錢弊」1. 이에 대해서는 楊端六, 『淸代貨幣金融史稿』(三聯書店, 1962), 181쪽 참조.

7) 石毓符, 『中国货币金融史略』(天津人民出版社, 1984), 114쪽.

8) 洪成和, 2011-a 참조.

은 오히려 축소되었고, 銀一兩＝錢2,000文 이상까지 치솟기도 하였다.[9]

반면, 청조는 入關前부터 이미 '漢文錢'이나 '滿文錢' 등의 동전을 주조한 바 있었다.[10] 그 뒤 1644년 淸朝는 명나라를 대신하여 중국을 지배하게 되자, 그다음 해 1645년에 정국을 안정시키기 위하여 우선 順治通寶를 전국적으로 발행하였다. 다음 해인 順治 3年(1646)에 명나라에서 발행하였던 '舊錢'에 대한 사용을 중지시켰고, 법정 銀錢 比價를 정하여 '銀一分＝錢七文'으로 정하였다. 다음 해인 順治 4年(1647)에 비로소 '銀一分＝錢十文'으로 바꾸었고,[11] 이것이 줄곧 중기까지 정례로 자리 잡았다.

順治 年間을 통해서 점차 국가재정이 호전되었기 때문에 順治 8年(1651), 制錢每文 중량을 1錢2分5釐로 증가시켰고, 順治14年(1657) 다시 더욱 증가시켜서 매 문 중량 1錢4분까지 이르렀다. 즉, 良錢의 발행으로 시장에서 舊錢과 小錢을 구축하여 통화시장을 안정시키고자 하였던 것이다.[12]

그러나 康熙 12年(1673)부터 점차 구리의 시장 가격이 앙등하기 시작하였다. 이러한 앙등의 원인에는 동전에 대한 수요가 증가하였던 것도 있지만, 운남지역[13]에서 구리 생산이 부진하였기 때문이었

---

9) von Glahn, Richard., "Myth and Reality of China's Seventeenth-Century Monetary Crisis", *Journal of Economic History*, Vol.56, No.2. 1996, p.431.

10) 彭信威, 『中國貨幣史』[上海人民出版社, 1965(2版)], 753쪽.

11) 『淸朝文獻通考』 卷13, 「錢幣」1 "更定錢直, 戶部議定, 制錢行使, 原係每七文準銀一分, 錢價旣重, 小民交易不便, 應改爲每十文銀一分, 永著爲令."

12) 鄭永昌, 『明末淸初的銀貴錢賤現象與相關政治經濟思想』(國立台灣師範大學歷史研究所, 1994). 청대 동전 무게의 변화는 다음 표와 같다. 세로축 무게 단위는 錢(一錢＝3.768g)이다.

다. 이러한 銅價 앙등의 시기에는 동전을 녹여서 구리를 얻는 현상, 즉 사소(私銷) 현상이 점차 나타나기 시작하였다. 이에 淸朝는 동전 발행량을 늘리는 정책을 취하였지만 '私銷'현상은 줄어들지 않고 동전의 시장가격은 계속 상승하였다. 결국 청조는 동전의 무게를 1錢4分에서 1錢으로 줄임으로써 동전의 시장가격을 낮추려고 하였다.[14)

1684년 遷界令 해제 이후 康熙 40年(1701)에는 대체로 동전의 가격이 안정을 찾았지만, 北京지역을 중심으로 康熙 56年(1717)을 경계로 다시 동전가격이 원래 공정비가인 銀1兩=錢1000文보다 상승하는 현상('錢貴')이 나타나기 시작하였고,[15) 이것이 전국적인 현상이 된 것은 건륭 초년의 일이었다. 이때까지는 동전을 발행하고자 하여도 청조로서는 만성적인 구리 부족이라는 문제에 직면하고 있었기 때문

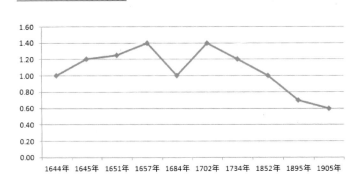

출처: 楊端六, 1962, 13쪽에 의거.

13) 雲南地域의 銅 생산에 대해서는 楊端六, 1962, 25-35쪽; 上田信,『東ユーラシアの 生態環境史』(山川出版社, 2006) 3章「銅をめぐる生態環境史」참조.

14)『淸朝文獻通考』卷13,「錢幣」1 "民間所不便者, 莫甚於錢價昂貴, 定制每錢一千 直銀一兩, 今每銀一兩, 僅得錢八九百文, 錢日少而貴者, 蓋因奸究不法, 毁錢作 銅, 牟利所致, 鼓鑄之數有限, 銷毁之途無窮, 錢安得不貴乎, 欲除毁錢之弊, 求 制錢之多, 莫若鑄稍輕之錢, 毁錢爲銅, 旣無厚利, 則起弊自絶."

15) 楊端六, 181-198쪽.

에, 오히려 인구증가분에도 미치지 못하는 양을 발행할 수밖에 없었고,[16] 이 부족분을 메꾸기 위하여 시장에서는 대량의 사주전이 유통되고 있었다. 이를 해결하기 위하여 制錢(정부발행 동전)을 원활히 공급하고자 했던 청조는 무엇보다도 구리의 안정적인 확보가 관건이라고 여겼다. 그래서 銅器 제조를 금지('造用黃銅器皿之禁')하고 동기(銅器)를 적극적으로 매입하여 다시 各省에서 良錢을 발행·공급하도록 하는 정책을 펼쳤다.

그럼에도 불구하고 특히 옹정 연간[17]에는 북경지역을 중심으로 동전의 시장 가격이 계속 앙등('錢貴')하였다. 이에 따라 만성적인 동전 부족 문제('錢荒')에 부딪치게 되었다.[18] 특히 중앙에서는 관료나 八旗에 대한 급료 지불에 문제를 야기할 수밖에 없었다. 원래 은으로 지불하던 봉급은 은의 구매력 저하로 인하여 실질적인 봉급의 하락을 가져왔고, 그 때문에 팔기의 봉급('兵餉')을 銀과 동전을 함께 섞어서 지불하는 방법('搭放')을 채택하였다. 이에 청조는 특별히 북경지역('京師')의 동전 발행액을 크게 확대하였다.[19] 이와 아울러서 구리의 만성적인 부족 문제를 해결하기 위하여 乾隆 年間에는 일본에 도막부로부터 구리 수입을 대대적으로 확대하기도 하였다.[20]

전체적으로 청조는 그 통치기간 내내 시장에서 안정적으로 양질의 화폐를 공급하고 동전의 가치를 안정시키기 위하여 부단히 노력

---

16) 彭信威, 1965, 821-822쪽.

17) 佐伯富, 「淸代雍正朝における通貨問題」, 『中國史硏究』 2(東洋史硏究會, 1971); 上田裕之, 「雍正の錢貴」はあったのか?」, 『史境』 65, 2013.

18) 杜家驥, 「淸中期以前的鑄錢量問題－兼析所謂淸代 "錢荒" 現象」, 『史學集刊』, 1999-1.

19) 上田裕之, 『淸朝支配と貨幣政策－淸代前期における制錢供給政策の展開』(汲古書院, 2009).

20) 市古尙三, 『淸代貨幣史考』(鳳書房, 2004).

하였다고 할 수 있다. 그 방법은 대체로 다음과 같이 정리할 수 있다. ① 화폐 주조액의 변화, ② 동전 무게의 변화, ③ 동전 성분의 변화,[21] ④ 구리 원료에 대한 입수처의 다각화, ⑤ 종류(大錢과 小錢)의 다양화, ⑥ 법정 은전비가의 변동과 유지, ⑦ 민간에서 구리 제품('銅器')의 제조 금지, ⑧ 舊錢과 구리 제품의 정부 수매, ⑨ 사소(私銷)와 사주(私鑄)에 대한 금지와 처벌[22] 등을 들 수 있다. 전체적으로 청조는 정부의 재정 상태를 고려하면서, 통화시장의 안정을 위하여 어떤 고정적인 수단에 집착하지 않고 다양한 방법을 매우 유연하게 구사했다는 점을 알 수 있다.[23] 그리고 이를 뒷받침하기 위하여 통화시장의 상황을 戶部에 보고하도록 하여,[24] 이에 대한 관찰도 결코 태만하지 않았다. 이 점은 동전 발행량이나 질에서 크게 떨어지는

---

21) 清代 동전의 성분 변화에 대해서는 楊端六, 1962, 16-20쪽. 참조.

22) 黨武彦, 『淸代經濟政策史の硏究』(汲古書院, 2011), 제4장 「乾隆末期における小錢問題」.

23) 岸本美緖, 『淸代中國の物價と經濟變動』(硏文出版, 1997), 제8장 「淸朝中期經濟政策の基調－1740年代の食糧問題を中心に－」 참조.
한편, 마이클 피어슨에 따르면 인도 서북부의 구자라트 왕국의 경우, 국왕은 그 나라의 상인집단과 유대를 갖지도 않았고, 상인들의 사업에도 관심을 갖지 않았다고 한다. 상인을 보호한다든가 하는 행동도 없었고 세금만 바치면 전혀 상행위에 대한 규제가 없었다. 따라서 화폐는 민간에서 비교적 자유롭게 발행되었다[구로다 아키노부, 정혜중 역, 『화폐시스템의 세계사－비대칭성을 읽는다』(논형, 2005, 181쪽)]. 반면, 일본 에도시대에는 실질가치가 작은 화폐를 법폐로 규정하여 발행하였고, 시장에 강제로 유통시켰다. 이는 金貨·銀貨·銅貨 모두에 해당되었다. 이렇게 본다면 銀兩은 銀地金 그 자체로 유지하고, 銅錢에 대하여만 관심을 기울였던 청조의 경우는 인도 구자라트 왕국과 일본 에도시대라든지 양극단 사이에 위치하고 있다고 할 수 있지 않을까 생각된다. 구자라트 왕국에 대해서는 Pearson, M. N., *Merchants and Rulers in Gujarat: The Response to the Portuguese in the Sixteenth Century*, University of California Press, 1979. 에도시대 화폐 발행에 대해서는 東野治之, 『貨幣の日本史』(朝日新聞社, 1997), 151-165쪽 참조.

24) 乾隆 51년(1786)의 覆准에는 "各省市換錢價, 長落隨時, 行令將市換錢價有無增昂, 按月查明, 按季報部, 以憑查覈"(『乾隆會典事例』 卷176)라고 하여, 매달 戶部에 동전의 등락 상황을 보고하도록 하고 있다.

명조의 통화정책[25])과 비교하면 청조 화폐정책이 지닌 특징을 알 수 있을 것이다.

위와 같은 노력에도 불구하고 동전의 시장가격은 다시 변동을 보여서 乾隆初期의 錢貴 현상은 뜻밖에도 오래 지속되지 않고 다시 銀에 비해서 동전가격이 싸지는 錢賤 현상이 乾隆 40年(1775)을 전후로 나타나기 시작하였다.[26]) 이러한 점은 <그림 2>의 江蘇·浙江地域 은전비가 변동을 보아도 알 수 있을 것이다.

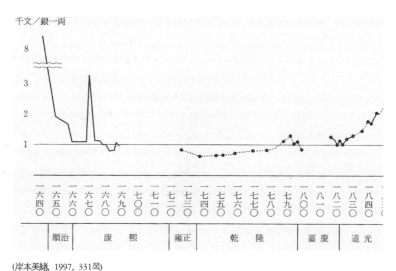

千文／銀一両

(岸本美緒, 1997, 331쪽)

〈그림 2〉 江蘇·浙江地域의 銀錢比價 變動

위와 같은 淸代의 銀錢比價 변동에 대해서 1940년대 小竹文夫의 연

---

25) von Glahn, Richard., 1996-b, pp.251-252.

26) 彭信威, 1965, 852쪽; 陳昭南 『雍正乾隆年間的銀錢比價變動』(中國學術著作獎助委員會, 1966), 48쪽.

구[27] 이래 그 비율의 변동과 그 원인에 대해서 몇 가지 나와 있지만, 사회경제사의 다른 영역에 비해서는 아직까지 해명되지 않은 부분이 많다고 할 수 있다. 이러한 변동에 대해서 기존의 주요 연구를 건륭 연간 전반의 '錢貴現象'과 건륭 40년부터 嘉慶 年間에 걸친 '錢賤現象'에 대해서 검토해보고자 한다.

청대 전반에 걸쳐서 물가와 경기변동의 관계에 대해서 개관을 제시한 연구자는 全漢昇을 들 수 있다. 그는 기존의 경제학 이론인 화폐 수량설에 입각하여 화폐 유통량과 물가의 상관관계에 주목하였다. 그는 아메리카 대륙으로부터의 지속적인 은 유입에 따라서 17·18세기 장기간 물가가 상승하였다고 지적하고 있고, 여기에 인구증가도 큰 역할을 하였다고 서술하고 있다.[28]

그 뒤 Richard von Glahn의 연구는 외국 은의 유입 변동에 따라서 물가가 변화한다는 설, 즉 화폐 유통량이 물가를 좌우한다는 어빙 피셔(Irving Fisher, 1867-1947)의 화폐 수량설에서 한 발자국 더 나아가서 전쟁 시에 개개인이 지닌 화폐에 대한 축장 욕구에 주목하고 있는 점에 커다란 특징이 있다.[29] 그는 특히 1660-1690년에 발생한 미곡의 가격저하 현상('穀賤', 'Kangxi depression')을 주로 遷界令에 의하여 銀流入의 쇠퇴('銀荒')로 파악하였던 岸本美緒와는 달리, 鄭成

---

27) 小竹文夫, 『近世支那經濟史研究』, 「淸代における銀·錢比價の變動」, 弘文堂, 1942.

28) 全漢昇, 『中國經濟史論叢』 第2冊(新亞研究所出版, 1976), 「美洲白銀與十八世紀中國物價革命的關係」; Han-sheng Chuan & Kraus, Mid-Ch'ing Rice Markets and Trade: An Essay in Price History: *An Essay in Price History*, Harvard Univ. Press, 1975.

29) von Glahn, Richard., "Myth and Reality of China's Seventeenth-Century Monetary Crisis," *Journal of Economic History*, Vol.56, No.2. 1996-a, p.446; do., *Fountain of Fortune: Money and Monetary Policy in China, 1000-1700,* Univ. of California Press, 1996-b, pp.234-237.

功 세력이 중국과 일본과의 밀무역에 적극적으로 나섰기 때문에, 은 유입에 대한 遷界令이 가져온 효과는 매우 제한적이었다고 보고 있다.[30] 도리어 세 번의 난이나 정성공 세력 등과의 전란으로 인해서 상품에 대한 수요의 감소, 그리고 리스크 매니지먼트의 일환으로써 화폐 축장에 대한 욕구가 증대했기 때문에 화폐가 퇴장되었고 이것이 '康熙不況(Kangxi depression)'의 원인이라고 설명하고 있다.

나아가서 그는 명말청초의 경기 불황 역시 애트웰과는 달리 은 유입의 부족으로 설명하지 않고, 명청교체의 전란으로 인하여 1630-1640년대 인구가 크게 감소하였고, 이로 인하여 임금은 상승하였으나 소작료는 저하되었기 때문에 토지 경영으로 얻을 수 있는 이익은 크게 감소하였다고 보고 있다. 토지로부터 얻을 수 있는 이익이 줄었기 때문에 고리대에 투자하거나 화폐를 축장하려는 욕구가 대폭 증가하여 이것이 다시 경기를 더욱 불황으로 몰고 갔다고 보고 있다.[31]

건륭 연간 전반의 錢貴現象에 대한 연구를 살펴보면 다음과 같다. 우선 Hans Ulrich Vogel은 인구증가와 경제발전에 의하여 동전수요의 증대, 그리고 아울러서 은 유입의 증대로 인해서 동전에 대한 수요가 증대하였다고 간주하고 있다.[32] 그리고 袁一堂은 상품경제의 발달에 대한 화폐수요의 현저한 증대로 파악하고 있으며,[33] 黨武彦은 동전 유통의 부단한 증가와 銀 증가로 인한 인플레이션을 들고

---

30) von Glahn, Richard., 1996-a, pp.441-444. 물론 모든 연구자가 이 견해에 찬성하는 것은 아니다. 佐藤次高 外編, 『市場の地域史』(山川出版社, 1996) Ⅲ－第3章 永積洋子 「東西交易の中繼地臺灣の盛衰」, 361-364쪽.

31) von Glahn, Richard., 1996-b. pp.239-245.

32) Vogel, Hans Ulrich., "Chinese Central Monetary Policy, 1644-1800" *Late Imperial China* Vol.8, No.2, 1987. pp.6-7.

33) 袁一堂, 「清代錢荒研究」, 『社會科學戰線』 1990-2.

있다.[34] 일찍부터 이 시기에 '錢貴'현상에 주목했던 足立啓二는 명청 시대를 통하여 미곡·면화·대두 등을 교역하는 느슨한 전국시장의 형성이 소농층의 형성을 가져왔고, 소농들은 고액화폐인 은을 사용 하지 않고 동전을 주로 사용하였기 동전에 대한 수요가 증가하였고, 이것이 '錢貴' 현상을 가져왔다고 파악하고 있다.[35]

반면, 黑田明伸은 건륭 연간 초기에는 米貴와 錢貴라고 하는 상반된 현상이 동시에 나타났는데, 그 원인을 常平倉을 비롯한 정부의 곡물 비축정책과 연결해서 설명하고 있는 점이 인상적이다. 즉, 청조는 常 平倉 등 곡물 비축정책을 추진한 결과 다량의 미곡을 수매하게 되었 고, 미곡을 수매하기 위해서 銅錢에 대한 수요 역시 증대하게 되었다. 즉, 米貴와 錢貴라고 하는 상반된 현상이 같이 나타날 수 있었던 이유 는 여기에 있었던 것이다. 이 문제를 대처하기 위하여 淸朝는 대량으

---

[34] 黨武彦, 「乾隆初期の通貨政策－直隷省を中心として－」, 『九州大學東洋史論集』 18, 1990(同, 2011). 수록.

[35] 足立啓二, 「淸代前期における國家と錢」 『東洋史研究』 49-4, 1991[同, 『明淸中 國の經濟構造』(汲古書院, 2012) 수록] 참조. 한편 화폐 유통을 논하면서 足立啓二 는 화폐가 만들어지는 경로에 따라서 '내부화폐(inside money)'와 '외부화폐(outside money)'라는 틀에 입각하고 있는 것도 특징이라고 할 수 있다. 대내적 지불의무로써 시작된 화폐를 '내부화폐'로 정의하고 있다. 그는 중국 화폐사에서 가장 커다란 특 징 가운데 하나는 단일한 화폐인 '동전'이 오랜 기간 사용된 것이라고 하고 있다. 그 는 이 같은 현상을 중국 역대 왕조의 '專制國家'적 특징, 즉 '국가적 지불수단'으로 서의 성격과 연결시키고 있다. 전제국가의 재정은 일면으로 보면 거대한 재분배 시 스템이었고, 錢은 이 경제적 통합체제의 내부에서 국가에 의해서 그 가치에 신용이 부여되어 '경제통합=재정' 가운데 기능하는 것으로서 만들어진 화폐였다고 보고 있 다. 한편 중세 일본이 宋錢을 사용한 것은 일본이 '중국적 내부화폐 시스템에 편입' 된 것으로 간주하고 있다. 원래 외부화폐였던 은(銀) 역시 원대와 명대를 거치면서 점차 내부화폐로 변화되었다고 보고 있다. 이 결과 은은 '가치척도·광역적인 고액 적인 지불수단'이 되었고, 동전은 소상품생산을 위한 화폐로 각각 그 기능이 분화되 었다. 이러한 중국 화폐제도는 봉건제하에서 영역적인 자치가 진전된 결과 공동체 간의 교역 수단으로서, 외부화폐=금속화폐를 중심으로 한 화폐체계가 발달한 서양 및 에도시대의 일본과는 선명한 대조를 이루고 있다고 주장하고 있다.

로 制錢을 공급하게 되었고, 그 결과 銀은 '지역 간 결제'만을 담당하게 되었고, 동전은 '현지통화'로써 기능하게 되었다고 주장하고 있다.[36] 곡물비축 제도의 형성과 화폐비가 변동이라고 하는 전혀 다른 현상을 하나로 설명하려고 한다는 점에서 매우 인상적이지만, 아직까지 사료적 실증이라는 측면에서 논의될 여지가 남아 있다고 생각된다.

그다음으로는 18세기 후반의 '錢賤' 현상에 대한 원인 분석에 대해서 살펴보기로 하자. 이에 대해서 楊端六은 다음과 같이 분석하고 있다. ① "生齒日繁, 費用日廣" 등이라는 당시의 표현에서 알 수 있듯이 인구의 증가와 소비의 확대, ② 錢票가 制錢의 위치를 점유, ③ 국가가 은을 중시하고 制錢을 경시, ④ 小錢 盜鑄의 범람, ⑤ 紋銀의 외부 유출 등을 열거하고 있다.[37] 한편 湯象龍은 銀貴 문제의 난점으로 ① 아편의 대량 유입, ② 국제무역의 영향, ③ 制錢 질의 악화 등으로 꼽고 있다.[38]

한편 彭信威는 乾隆 41年(1776) 大小金川 평정과 같은 다량의 군사비 지출도 그 한 가지 원인이긴 하지만, 더욱 중요한 것으로 아메리카 대륙에서 低價銀의 유입을 그 원인으로 들고 있다.[39] 반면, 陳鋒은 아편 유입에 의한 은 유출을 그 주요 원인으로 꼽고 있다.[40] 陳昭南은 制錢의 대규모 발행과 사주전의 남발, 錢票의 성행 등을 그 원인

36) 黑田明伸, 「乾隆の錢貴」, 『東洋史硏究』 45-4, 1987(同, 『中華帝國の構造と世界經濟』, 名古屋大学出版會, 1994 수록).

37) 楊端六, 199-206쪽.

38) 湯象龍, 劉新渼編, 『中國近代財政經濟史論文選』 제3장 「咸豊朝的貨幣」(西南財經大學出版社, 1987).

39) 彭信威, 1965, 852-853쪽.

40) 陳鋒, 『淸代財政政策與貨幣政策硏究』(武漢大學出版社, 2008), 605-614쪽.

으로 들고 있다.[41]

이러한 연구들은 한 가지 당시의 사회상, 즉 경기변동이나 풍습 등과는 연결 지어 화폐 현상을 분석한 것이 아니라는 약점을 지니고 있다고 생각된다. 아래에서는 이 점에 착안하여 汪輝祖와 鄭光祖의 서술에 근거하여 18세기 강남지역의 풍속 변화와 경기변동을 하나로 묶어서 고찰해보고자 한다.

2. 乾隆後期 銀錢比價와 物價

일단 汪輝祖와 鄭光祖가 남긴 자료 속에서 銀錢比價에 대한 서술을 모두 모은 뒤에, 이를 시대순으로 병렬해보기로 하자. 이를 통하여 이 시기 銀錢比價의 변동 가운데 어떠한 경향성을 읽어낼 수 있을까. 우선 汪輝祖의 서술을 보면 다음과 같다.

> "辛巳年(乾隆 26年, 1761) 以前에 庫平紋銀 1兩은 銅錢 700文 에서 900文이었는데, 丙午年(乾隆 51年, 1786)에 이르러서는 1,000文 이하까지 되었다."[42]
> "이해(乾隆 59年, 1794) 庫平紋銀 1兩은 制錢 1,400文이나 1,500文이었다."[43]
> "(嘉慶 2年, 1797) 紋銀 1兩의 가치는 銅錢 1,020文에서 1,030文 이었다."[44]

---

41) 陳昭南, 1966, 48-54쪽.
42) 『病榻夢痕錄』, 「乾隆57年」條.
43) 『病榻夢痕錄』, 「乾隆59年」條.
44) 『夢痕餘錄』, 「嘉慶2年」條.

"(嘉慶 6年, 1801) 이때 庫銀 1錢의 가치는 制錢 108文이었다."[45)

"(嘉慶 6年, 1801) 庫銀 1兩의 가치는 制錢 1,000文이었다."[46)

"(嘉慶 6年, 1801) 庫紋은 制錢 900文으로 20년 전과 거의 동일하였다."[47)

그다음으로는 鄭光祖가 남긴 서술을 살펴보기로 하자.

"乾隆 40年(1775) 이전에는 銀 1兩은 銅錢 700文이었는데 [이러한 관행은] 수십 년 동안 내내 그대로였다. 그런데 常熟縣의 銀價가 이미 크게 바뀌었다. …… 乾隆 40年 이후에 은가가 조금 올랐고('少昻'), 50年(1785)이 돼서는 1兩은 900文이 되었다. 嘉慶 2年(1797) 은가가 갑자가 올라서 1,300文이 되었고, 그 뒤에는 등락이 거듭되었다. 근 10년래 銀價가 크게 올라서('大昻'), 紋銀(1兩)은 1,600文이 되거나 2,000文까지 올랐다."[48)

여기에서 주목할 점은 銀錢比價라고 할 때, 수많은 銀兩 종류와 단위 가운데 어떤 것이 기준이 되었는가라는 점이다. 汪輝祖의 경우, 6가지 사례 가운데 오직 嘉慶 2年의(1797) 경우를 제외하고 그 기준화폐는 庫平銀[49)이었다. 嘉慶 2年의 경우 역시 '庫平紋銀'의 생략일 수도 있다. 또한 다른 實錄이나 地方志에서 보는 한 銀錢比價의 기준화폐는 庫平銀인 경우가 많았고,[50) 다른 銀兩을 기준으로 해서 銀錢比

---

45) 『夢痕餘錄』, 「嘉慶5年」條.

46) 『夢痕餘錄』, 「嘉慶6年」條.

47) 『夢痕餘錄』, 「嘉慶6年」條.

48) 『一班錄雜述』, 「銀貴錢賤」.

49) 庫平銀에 대해서는 洪成和, 2011-a, 93쪽 참조.

50) 嘉慶 『松江府志稿』 卷21, 「田賦」 "(乾隆)二十四年, 總督尹, 巡撫陳酌定徵收丁章程通行勒石…… 一, 以錢交納, 每條銀一兩完錢八百八十文, 連年錢價不相上下, 如遇過昻過賤, 另行增減詳定. 一, 換錢庫平紋銀一兩價至八百二十文以外

價를 표시하는 경우는 아직까지 발견하지 못하였다. 鄭光祖의 기록에
는 어떤 것이 기준인지 나타나고 있지 않지만, 마찬가지로 庫平銀일
가능성 역시 배제할 수 없다. 한편 동전의 경우는 汪輝祖의 6개 서술
가운데 4개의 경우가 制錢이었다는 점이 주목된다. 위의 사료에 입
각하는 한, 銀兩과 동전은 庫平銀과 制錢이라는 清政府가 정한 기준에
입각해서 주로 환산되고 있다고 할 수 있다.[51]

그렇다면 서로 관련 없이 서술된 汪과 鄭의 두 가지 사료는 銀錢比
價에서 과연 얼마만큼 일치하고 있을까. 우선 汪輝祖보다 더 장기간
을 다루고 있는 鄭光祖의 서술을 표로 나타내면 다음과 같다.

〈표 1〉『一斑錄雜述』,「銀貴錢賤」에서의 銀錢比價

年號	西曆	銀錢比價	備考
① 乾隆 40年 以前	1775	銀1兩＝700文	"數十年無所變更"
② 乾隆 40年	1775		"銀價少昂"
③ 乾隆 50年	1785	銀1兩＝900文	
④ 嘉慶 2年	1798	銀1兩＝1,300文	"銀價忽昂……後仍有長落"
⑤ 道光 年間	1820・30	銀1兩＝1,600-2,000文	

아래에서는 마찬가지로 汪輝祖가 서술한 銀錢比價를 표로 작성하
였다.

者, 詳明候示.";『清高宗實錄』卷220 "廣東按察使張嗣昌奏稱 …… 廣東需錢甚廣,
每庫銀一兩, 換錢七百餘文至八百一二十文不等."

[51] 黑田明伸은 "(庫平兩과 海關兩은) 민간에서 사용된 여러 가지 銀兩 단위와 직접
호환성이 없었"다거나 "(다양한 虛銀兩에 대해서) 고의로 독립시킨 銀兩制度에 의
해서 호환성이 단절되었다"라고 주장하고 있는데(同, 1994, 第1章「銀錢二貨制」),
위의 사료에서 보는 한 실제로는 그렇지 않았으며 도리어 지극히 복잡다단한 민간의
銀兩이 그나마 庫平銀兩에 의해서 환산됨으로써, 좀 더 호환성을 높였다고 생각된다.

〈표 2〉『病榻夢痕錄』과『夢痕餘錄』에서의 銀錢比價

年號	西曆	銀錢比價	備考
□ 乾隆 26年	1761	銀1兩＝780-790文	
□ 乾隆 31年	1766	銀1兩＝略1,000文	"不及一千"
□ 乾隆 59年	1794	銀1兩＝1,440-1,450文	
□ 嘉慶 2年	1797	銀1兩＝1,300文	
□ 嘉慶 5年	1800	銀1兩＝1,800文	
□ 嘉慶 5年	1800	銀1兩＝1,000文	
□ 嘉慶 6年	1801	銀1兩＝900文	

비교적 단순하면서도 장기간을 다루고 있는 鄭光祖의 서술을 다른 형태로 나타내면 다음과 같다.

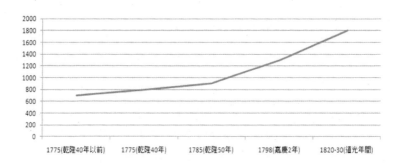

〈그림 3〉『一班錄雜述』의 銀錢比價 그래프

鄭光祖와 汪輝祖의 서술을 서로 비교해보면 다음과 같다. 실제로 乾隆40年(1775) 銀錢比價가 대체로 1兩＝700文 내지 800文이었다는 점(사례 ①과 □)은 양자가 공통적이다. 사례 乾隆 31年(1766) □의 경우는 예외적으로 약 1,000문까지 달했다. 그 뒤 역시 乾隆 40年 (1775) 銀價가 "少昻"하기 시작하였다(사례 ①).

그리고 乾隆 50年代의 경우 확실히 예전과는 다른 銀錢比價를 보여준다. 사례 ③ 乾隆 50年(1785)의 경우 1兩=900文이었다면, 사례 ㅁ 乾隆 59年(1794)의 경우 이보다 더 錢價가 떨어져서 1,440-1,450文에 달했다. ③과 ㅁ의 사례에 9년의 기간이 차이가 있으므로 그 사이에 변동이 있었다고도 충분히 추측할 수 있다.

두 사례의 銀錢比價가 서로 다르긴 하지만, 乾隆 40年代의 경우 1兩=700-800文이었다면, 乾隆 50年代 확실히 900文, 혹은 1,440文 내지 1,450文까지 폭등하였다. 흥미롭게도 嘉慶 2年(1798)의 사례(④와 ㅁ)는 정확히 1兩=1,300文으로 일치하고 있다. 그다음 시기의 경우, 두 자료가 서술하는 시기가 서로 일치하지 않고 있지만, 일단 汪輝祖의 사례를 보면 ㅁ, ㅁ, ㅁ의 경우 각각 1,800文, 1,000文, 900文으로 그 진폭이 컸다. 이 경우 역시 鄭光祖의 嘉慶 2年에 관한 서술 "銀價忽昂…… 後仍有長落"과 상당히 일치한다. 이 두 자료는 약간의 차이를 드러내고 있다고도 할 수 있지만, 오히려 서로 다른 지역에서 이 정도 가격차이가 발생하는 것은 지극히 당연하다고 할 수 있다.

부분적인 수치는 차이가 발견되지만, 전체적인 銀錢比價의 경향은 상당히 일치하고 있다. 즉, 乾隆 40年代 이전에는 銀1兩=700文 내지 800文이 안정적으로 유지되던 시기였다면, 乾隆 40年代부터 점차 변동이 발생하여서 900文 내지 1,000文 이상, 그리고 嘉慶 2年에는 모두 1,300文이며 嘉慶5-6年 시기에는 변동 폭이 컸던 것이다. 그리고 道光 年間에는 銀1兩=1,600文 내지 2,000文의 시기로 銀價가 "大昂"하는 시기였던 것이다. 물론 이 시기야말로 아편무역에 의해서 銀貴錢賤 현상이 벌어져서 淸朝에 큰 타격을 가져다준 시기라는 점은 두말할 나위가 없다.

이러한 전체적인 변동에 대해서 다른 사료들 역시 대체로 같은 경향을 서술하고 있다.[52] 그다음으로는 물가의 변동에 대해서 살펴보기로 하자. 우선 米價의 변동부터 확인해보면 다음과 같다.

<표 3> 米價의 변동

時期	米價(單位 1斗)	備考
乾隆 10年代 初(1745?)	90文, 100文 間至 120文	
乾隆 13年(1748)	160文	기후로 인한 일시적 현상
乾隆 20年(1755)	300錢	기후로 인한 일시적 현상
乾隆 40年代(1775) 以來	160文	"常價"
乾隆 50年(1785)	無錫 1斗=4,300錢 丹陽 1石=4,800錢 宿遷縣1石=1,200文	無錫縣과 丹陽縣: "流凶載道."
乾隆 57年(1792)	制錢280文 내지 290文	
乾隆 57年(1792)	200錢	"賤價"
乾隆 59年(1794)	330文, 340文	
嘉慶 7年(1802)	春夏: 310-320文 冬初: 260-270文	
嘉慶 9年(1804)	420-430文	기후로 인한 일시적 현상
嘉慶 10年(1805)	秋收豊稔, 1斗=300文	

그다음으로는 鄭光祖의 이 시기에 관한 서술을 표로 나타내 보았다.

---

52) 王應奎, 『柳南隨筆』, "乾隆近時錢賤銀貴, 每元銀一錢易制錢自七十文起, 漸增至一百一, 二十文, 一百三十文矣."

〈표 4〉 鄭光祖의 서술

時期	米價(單位 1斗)	備考
雍正－乾隆 初	140文	
乾隆 20年	350,360文	"千里蟲荒……餓殍徧地"
乾隆 21-49年	100文	"後連年豊稔, 米價復舊. 石不出千. 後價漸增"
乾隆 50年	160文, 170文 → 560,560文	"大旱……民難堪矣"
乾隆 50年 以後	200文	自後升米以二十爲常
嘉慶 初米		價已漸增
嘉慶 13年	春: 350-360文 夏秋: 600文	

아래에서는 汪輝祖의 수치를 다시 그래프로 작성해보았다.

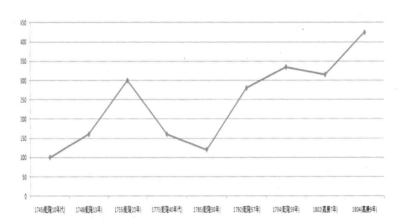

〈그림 4〉『病榻夢痕錄』과『夢痕餘錄』에서의 米價變動

米價는 앞서 銀錢比價보다 풍흉과 계절적인 변동, 수급 등의 문제로 인하여 그 변동 폭이 크고, 지역 간의 차이도 더 심한 편이라서 비교하기는 더욱 용이하지 않다. 미곡이 지닌 공급의 비탄력적 성격에 기인한다고 생각된다. 하지만 전체적인 경향은 汪輝祖나 鄭光祖의 경우도 모두 대체로 같은 현상을 보여주고 있다. 즉, 대체로 乾隆 20 年代까지는 1斗＝100文 정도가 대체적인 "常價"였지만, 乾隆 40年 (1775)이 되면서 갑자기 米價가 인상되는 경향을 보여주고 있다.[53] 汪輝祖의 경우 乾隆 40年에 160文이었는데, 鄭光祖의 경우 乾隆 50年 에 160文이라고 각각 기록하고 있다. 이러한 추세는 점점 강해져서 乾隆 59年에는 330文, 340文이 되었고, 다시 嘉慶 初에는 두 자료 모 두 유례없이 350文에서 400文 정도의 가격으로 인상되었다고 적고 있다.[54]

참고로 여기에서는 번거롭게 일일이 적지 않았고, 일률적으로 斗

---

[53] 蘇州府 崑山縣 출신인 龔煒(1704-1769)는 順治 年間과 乾隆 年間의 미가를 다음 과 같이 비교하고 있다. 『巢林筆談』 卷6 「災年米價」 "順治四年丁亥 …… 是歲 大饑, 米石價四兩, 八年辛卯, 大水, 米石價四兩二錢. 今本地米價至五兩矣." 汪 輝祖와 鄭光祖의 기록과 동일하게 모두 乾隆 年間의 米價 앙등 상황을 서술하고 있다.

[54] 18세기 廣東의 米價 변동을 보면 약간의 차이는 있지만, 전체적으로 상승하는 경향 을 보여주고 있다. 陳春聲, 『市場機制與社會變遷 - 18世紀廣東米價分析』(中山大 學出版社, 1992) 148쪽 참조. 彭信威는 청대 미가 변동에 대해서 "청조 200여 년 간 미가의 상승은 5배에 달한다. (이는) 미곡 생산의 감소에 의한 것은 아니고, 인구 의 증가나 동전 가치의 감소에 따른 것"(同, 1965, 844쪽)이라고 분석하고 있다.

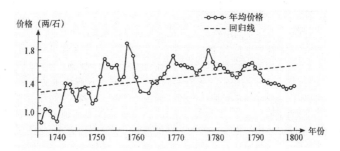

출처: 陳春聲, 1992, 148쪽.

로 환산해서 米價를 표시하였으나 실제 각 사료에서는 다양한 도량
형 단위가 사용되었다. 각 자료마다 약간 차이가 있지만, 흥미로운
점은 乾隆 初期에서는 대용량 단위인 石을 일반적으로 사용하였지만,
시간이 지날수록 그 하위 단위인 斗나 升을 사용하는 경향이 강해졌
다는 점이다. 앞서 서술했듯이, 고액화폐인 銀兩 대신에 소액화폐인
동전을 사용하는 화폐사용 관행과 점차 하위 도량형을 사용하는 관
행에는 어떤 유사성이 느껴진다.[55]

아래에서는 田産의 변동에 관한 汪輝祖의 서술을 살펴보기로 하자.

> 내가 소싯적에 나이 든 어르신은 다음과 같이 말씀하셨다. "中人
> 之家에 100무가 있으면 생활이 가능하다고 한다. 이때 좋은 경지
> ('上田')의 가격은 불과 13兩이나 14兩 정도였으며, 1兩當 銅錢
> 700文이나 740文 혹은 750文 정도할 때였다. 그렇기 때문에 (上)
> 田 1畝라고 해봤자 겨우 銅錢 1,000文 남짓에 불과했다." 오늘날
> 上田의 가치는 制錢 35,000文에서 36,000文에 이르고, 심지어는
> 40,000文에 달하기노 한다.[56]

---

[55] 廣東地域 역시 가격을 표시할 때 시간이 지날수록, 은량으로 표시하는 비율보다 동
전으로 표시하는 경우가 증가하였다.

연 대	합 계	銀兩으로 가격 표시한 경우		銅錢으로 가격을 표시한 경우	
		수 량	비 율	수 량	비 율
順治	98	62	63.27%	36	36.73%
康熙	98	68	69.39%	30	30.61%
雍正	67	38	73.08%	14	26.29%
乾隆	121	33	27.27%	88	72.73%
嘉慶	25	5	20.00%	20	80.00%

출처: 陳春聲, 1992, 167쪽.

[56] 『夢痕餘錄』「嘉慶4年」條.

여기에서 '少'라는 것은 그가 20세였던 乾隆 14年(1749)을 기준으로 생각해도 무방하지 않나 생각된다. 1740-1750년대에 좋은 경지 ('上田')의 경우, 13兩 내지 14兩 정도로 당시 制錢의 가치는 1兩當 700-740文 정도였다. 당시 1畝의 가격은 1,000餘文에 불과하였으나, 嘉慶 4年(1799)의 경우 3萬5千 文이나 3萬6千 文이고, 4萬 文에 달하는 경우도 있었다.

특히 田産의 경우 制錢으로 환산할 때 30여 배로 폭등하였다는 점을 알 수 있다. 銀錢比價나 米價의 변동보다도 그 폭이 훨씬 더 컸다는 점이 주목된다. 그리고 田産 역시 동전을 기준으로 해서 표기하는 것에 주목할 필요가 있다. 乾隆 年間 후기에는 동전이 가장 유동성이 높았기 때문에, 田産에 대한 가치 표기 역시 동전으로 이루어졌던 것이다. 일종의 '유동성 선호 현상(liquidity preference)'이라고 할 수 있다.

다음은 鄭光祖의 서술인데, 그는 米價 이외에도 麥價와 棉花價 등을 자세히 서술하고 있으나 여기에서는 일단 田價에 관한 부분만 비교해보기로 하자.

> 本朝 順治 初年에 良田은 불과 2, 3兩이었으나, 康熙 年間에는 4, 5兩이 되었고, 雍正 年間에는 (地丁) 倂徵으로 말미암아 오랫동안의 欠田 등으로 인하여 田價는 또한 하락하였다. 順治 年間의 경우처럼 乾隆 初가 되면서 田價는 다시 점차 높아져서, 높은 지대('高郷')의 경우 4, 5兩, 낮은 지대('低郷')의 경우 7, 8兩이 되었다. 이어서 나날이 높아져서 嘉慶 20年(1815) 이후가 되면 해마다 풍년이 들어서 高郷의 경우 1무당 1천 냥이 되었고, 低郷의 경우는 심지어 2천 냥에 이르기도 하였다. (蘇)州의 斜塘橋 일대에는 3천 냥이나 4천 냥에 이르기까지 하였다.[57]

본디 常熟縣은 高鄕에는 棉花를 심기에 적당하고, 低鄕에는 水田에 적합했기 때문에 低鄕 쪽이 가격이 높았다.[58] 順治 年間에는 良田이 불과 2, 3兩에 불과하였으나, 강희 연간에는 4, 5兩으로, 다시 옹정 연간에는 低落, 乾隆 年間부터 점점 가격이 오르기 시작하였다. 그 결과 嘉慶 20年(1815)에는 高鄕이 1萬 兩, 低鄕은 2萬 兩까지, 심지어 州塘斜橋 일대는 3萬 兩에서 4萬 兩까지 폭등하였다고 적고 있다. 이 경우도 확실히 銀錢比價나 田價의 변동 폭보다도 훨씬 더 변동 폭이 컸다는 것을 알 수 있다. 그 폭은 汪輝祖의 쪽보다 鄭光祖의 쪽이 비교할 수 없이 컸던 것은 아마도 紹興府보다는 확실히 蘇州府 소속인 常熟縣 쪽이 선진지역이기 때문은 아닐까 생각된다. 아래에서는 이 시대의 풍속의 추이에 대해서 살펴보고, 이와 아울러서 2절에서 살펴본 내용을 어떻게 해석할 것인가에 대해서 고찰하고자 한다.

3. 風俗之變 – 乾嘉盛世와 景氣變動

본고에서 주 사료로 이용하였던 두 저자의 자료 가운데 화폐나 물가에 대한 자료는 비교적 상세한 편이지만, 風俗의 변화에 대해서는 그다지 언급되어 있지 않다. 다만 汪輝祖의 서술 속에서 몇 가지 단편적인 언급이 있는데, 특히 嘉慶 10年에 쓰인 「乾隆 59年」條에서는 의복의 변천[59]에 대해서 비교적 상세히 적고 있는데, 이를 다음과

---

57) 『一班錄雜述』 卷6 「田價」.

58) 小林一美, 「太平天國前夜の農民鬪爭 – 揚子江下流デルタ地帶における –」, 東京敎育大學アジア史硏究會, 『近代中國農村社會史硏究』(東京, 大安, 1967). 참조.

59) 청대의 복식과 그 색채에 관해서는 금기숙・정현, 「중국 청대 복식에 사용된 색채에

같이 연대기 순으로 정리해보았다.

乾隆 11年(1746): "내가 17살 때 單紗衫 입은 사람을 몹시 부러
워하였다."

乾隆 14年(1749): "외삼촌께서 裘衣를 주려 하셨으나, 나는 사절
하였다."

乾隆 20年(1775): 후에 胡公 밑에서 막우를 하게 되었을 때, 다만
高麗布로 만든 袍褂를 입었을 뿐이다. 고려포사라는 것은 날실은
목면으로 하고 씨실은 매우 촘촘하게 하여 마치 벌레 껍질 같은
주름이 있는 것을 말한다. 그러나 지금은 오랫동안 찾아볼 수가
없다. 그때의 막우들 간의 풍기는 매우 소박하여 重裘는 오히려
적었다. 그리고 복색에 청색이나 홍색은 아직 없었다.

乾隆 24年(1759)·25年(1760): 乙卯와 庚申年 사이에, 反裘馬褂
를 입으면 사람들이 일제히 쳐다보곤 하였다.

乾隆 26年(1761): 辛巳年에 막우인 孫先生이 나에게 羊皮로 만든
袍褂를 선물하였는데, 내가 평생 처음으로 重裘를 갖게 되었던 것
이다. 그러나 모두 盛服으로 감히 일용복으로는 할 수 없었다.

乾隆 33年(1768): 戊子年에 진사시(進士試)에 응시하였을 때, 산
양피로 만든 袍褂로 과거 수험복으로 하였다. 그 나머지는 면으로
짠 夾衣로서 紅靑褂도 없었다. 북경에 와서는 검은색 바탕의 옷
을 입었다. 大人先生을 찾아뵈었을 때는 紅靑褂를 沈靑齋에게
버렸는데, 沈靑齋 역시 다른 뜻 없이 친구를 위해서 紅靑褂를 마
련해서 내주었으니, 지금 생각해보니까, 친구의 우정을 (다시금) 느
낄 수 있다. 돌아보건대, [그 당시에는] 擧人 역시 反裘를 입은
사람은 열 명에 한두 명에 불과하였고, 乙未年(乾隆 40年, 1775)
이 되면서 反裘가 없는 사람이 없었다. 官界의 복식이 화려하게
된 것은 戊子年(乾隆 33年, 1768) 때부터 시작되었다.

乾隆 50年(1785): 우리 마을은 본디 간소하고 소박한 것에 정평이
나 있는 곳인데, 20년래에 모두 현란해졌다. 오늘날 賓友가 모여

관한 연구」『복식』54-4, 2004 참조.

서 잔치를 열 때, 겨울에는 모두 反裘를 입고 오고 여름은 모두
비단옷이다. 羊皮나 山羊皮는 모두 말할 가치도 없고, 거친 갈옷
은 이미 못 본 지 오래되었다. 심지어 부녀자들은 열 명 가운데 6,
7명은 衣裘 · 衣羽 · 毛緞 등을 입고 있다.
嘉慶 10年(1805): 乙丑年, 점점 더 화려해졌다.

맨 처음에 나오는 乾隆 11年의 기사. 그가 '單紗衫'을 부러워했다는
것이나 乾隆 14年 '重裘'를 사절했다는 대목은 비교적 빈한한 집에서
태어난 그의 출신이나 화려한 것을 꺼리는 편이었던 그의 성격을 드
러내는 것이어서, 세태를 반영한다고까지는 할 수 없다. 다만 乾隆
20年부터는 확실히 幕友가 된 뒤에 官界에 들어가서부터 점차 당시
세태를 보여주는 기록을 남기고 있다. 일단 乾隆 20年에는 당시 幕友
의 풍습이 소박해서 重裘는 상당히 적었고, 의복도 화려하지 않았다
는 것을 알 수 있고, 이 점은 乾隆 20年代의 기록들도 공통적이다. 당
시는 高麗布袍褂를 입었다고 하는데, 사료에 보는 한 그다지 고급 옷
은 아니었던 듯하고, 嘉慶 10年 당시는 이미 찾아볼 수 없었다고 한
다. 乾隆 24年에 "或衣反裘馬褂, 群耳目之"라는 점은 아직도 호화로운
옷이 그다지 많지 않았다는 의미이고, 乾隆 26年 그는 비로소 '重裘'

〈그림 5〉 清代의 袍褂

를 갖게 되었으나 이는 일종의 禮服 같은 것으로 아직까지는 늘 입는 옷은 아니었다.

의복의 변화는 乾隆 30年代에 비로소 본격화되었다. 그에 따르면 乾隆 33年(1768) 과거시험 볼 때의 수험복으로 山羊皮로 만든 袍褂(禮服의 일종)를 추천받았으나, 그 나머지는 '縣夾衣(폭이 좁은 면으로 만든 옷)'을 입었고 홍색이나 청색의 마괘자는 없었다고 한다. 都門(=京師)에서도 元靑(짙은 남색)을 바탕으로 한 옷을 입고 있었다고 한다. 그는 上官을 만나기 위해 지인에게 紅靑褂를 빌려 입었을 정도로 당시 사대부들이나 하급관료들은 소박했다는 점을 알 수 있다. 한편 당시만 하더라도 그는 擧人(=孝廉)들도 모피 옷을 입은 자가 열 명에 한두 명 정도에 불과했지만, 乾隆 40年이 되면서 모피 옷을 입지 않은 자가 없었으며, 관리들의 복장이 화려하기 시작한 것은 乾隆 33年(1768)이라고 적고 있다. 확실히 乾隆 30年代의 변화는 하급 관리나 사대부에서 시작된 것으로 小民들의 변화는 아니었던 셈이다.

의복의 변화가 일반인들에게 미치기까지, 즉 宦途가 화려해지기 시작해서 일반 紹興人들까지 화려해지기까지 약 17년이라는 기간이 소요되었다. 乾隆 50年대에 이르러서는 여름에는 비단옷을 입고, 겨울에는 反裘를 입는 것이 당연하게 되었으며, 羊皮나 山羊皮 같은 옷은 이제 쳐다보지도 않게 되었고, 거친 베옷(葛布)은 못 본 지 몇 년 되었다고 하는 시대에 접어들게 되었다. 그리고 왕휘조가 자신의 年譜를 기록한 마지막 嘉慶 10年까지는 계속 그 화려함이 점점 가중되었던 것이다. 한 가지 흥미로운 점은 맨 마지막에 婦女들까지도 고급 옷을 입게 되었다고 서술하고 있는데, 그렇게 본다면 실제로 압도적으로 남성 쪽부터 화려함이 시작되었던 것이고, 그 마지막에 가서야 부녀들의 옷까지 화려해졌던 것이 당시의 변화상이 아닐까 생각된다.[60]

〈표 5〉銀錢比價와 奢侈의 시대적 연관

乾隆 30年代 (1765-1774)	乾隆 40年代 (1775-1784)	乾隆 50年代 (1785-1794)
관리와 사대부 층의 화려함이 시작되는 시기	錢賤 현상이 나타나고 물가가 앙등하던 시기	일반인들의 화려함이 시작되는 시기

이를 앞서 살펴본 銀錢比價의 문제와 비교해보면 흥미로운 사실을 유추해볼 수 있다. 銀錢比價가 乾隆 40年代 이전에는 1兩=800文이었고, 이는 상대적으로 안정된 비율을 오랫동안 유지하고 있었다. 이른바 '錢貴'의 현상이라고 할 수 있다. 그러다가 乾隆 40年代가 되면서 은전비가는 은에 비해서 동전의 가치가 상대적으로 저하되는 현상이 나타났고, 풍속의 변화에서도 분명한 조짐이 나타나기 시작하였다. 또한 米價를 비롯한 다른 여러 가지 물가도 일제히 등귀하였고, 특히 田産의 경우 '버블'이라고 할 정도로 높은 가격을 형성하였다. 모든 면에서 경기호황의 증거라고 할 수 있을 것이다. 실로 풍속의 변화와 경기변동은 상당히 밀접한 관련을 맺고 있었던 것이다.

그렇다면 이 시대를 살았던 사람들의 소득도 그만큼 변화가 있었던 것일까. 아쉽게도 위의 사료들 속에서 이 물음에 답을 줄 만한 구

---

[60] 江蘇省 崑山縣 출신인 龔煒(1704-1769)는 그의 『巢林筆談』(卷5「吳俗奢靡日甚」)에서 "吳俗奢靡爲天下最, 日甚一日而不知反 …… 予少時, 見士人僅僅穿裘, 今則里巷婦孺皆裘矣. 大紅線頂十得一二, 今得十八九矣"라고 하고 있는데, 여기에서도 18세기 초에는 화려하지 않았는데, 18세기 중엽 이후부터 강남지역의 풍속이 매우 화려해졌으며, 의복의 화려함이 사대부에서 시작되어 최종적으로는 부녀자들에 이르렀다고 서술하고 있다.

절은 찾기 힘들다. 다만 몇 가지 단편적인 것들이 남아 있다. 역시 汪輝祖의 『病榻夢痕錄』, 「乾隆 50年」條에는 다음과 같은 구절이 있다.

> 내가 처음 막우 생활을 하였을 때, 1년 수입은 刑名幕友의 경우 260餘 兩, 錢穀幕友의 경우 불과 220餘 兩에 불과했다. 錢穀幕友의 경우는 220兩이면 매우 풍족한 것이었다. 송강부의 董氏는 300兩을 주지 않으면 막우가 되려고 하지 않아서, '董三百'이라는 별명이 붙을 정도였다. 壬午年(乾隆 27年, 1762) 이후, 점차 증가하여 甲辰年(乾隆 49年, 1784)이나 乙巳年(乾隆 50年, 1785)에 이르러서는 800兩까지 증가했다.

위의 사료 가운데 첫 구절은 각 막우들이 얼마나 받았는가를 보여주는 사료로서 淸代 幕友 연구에서 애용되어 왔지만[61], 실로 더욱 흥미로운 서술은 뒤에 숨어 있다고 할 수 있다. 그가 처음 막우 생활을 했던 乾隆 17年(1752), 松江府에 사는 董某라는 幕友는 연봉(歲脩) 300兩이 아니면 막우로 가지 않았기 때문에 그의 별명이 '董三百'이라고 하였다고 한다. 그런데 壬午年, 즉 乾隆 27年(1762)이 되면서 그가 요구하는 연봉은 점차 높아지기 시작해서, 甲辰·乙巳年, 즉 乾隆 49年(1784), 乾隆 50年(1785)에는 800兩에 이르렀다고 하고 있다. 즉, 이 1752년에서 1785년까지 약 33년 동안 연봉이 약 2.7배 인상되었다고 할 수 있다. 당시 銀錢比價의 변동 폭과 상당히 일치하기 때문에 흥미롭긴 하지만, 이 하나의 사례만으로 일반화시키기에는 무리가 있을 것이다.

한편 汪輝祖는 일상적인 돈의 사용처까지 꼼꼼하게 적기도 하였는

---

[61] 홍성화, 「官箴書를 통해서 본 淸代 幕友와 法律運用－汪輝祖의 사례를 중심으로－」 『東洋史學硏究』 115, 2011-b.

데, 예를 들면 「乾隆 51年」條에는 경조사비에 대해서 다음과 같이 서술하고 있다.

> "경조사비는 예전에 銀3錢이나 5錢 정도였고 가장 높았을 때도 2兩에 불과하였다. 지금은 5錢은 겨우 찾아볼 수 있으며, 2兩을 보통 내고 있다."

예전에는 銀3錢이나 5錢이었고, 가장 많을 경우에도 2兩을 넘지 않았지만, 지금은 3錢을 내는 경우는 없고, 5錢을 내는 경우도 적으며, 2兩이 그 표준이 되었다고 적고 있다. 물론 예전('向')이 언제인지 구체적으로 적고 있지 않지만, 경조사에 관한 금액은 이제 4배 내지 7배 정도 상승하였다는 것을 알 수 있다. 같은 年條에 "留別敬二十四金"라고 하면서 당시 전별금(餞別金)이 24兩에 달했다고 적고 있다. 당시로서도 상당한 액수였다고 짐작이 된다. 이렇게 본다면, 물가인상에 비해서 경조사비의 진폭이 더 컸던 것은 아니었을까.

이상 3절에서 서술된 내용만을 보더라도 乾隆後期가 경기활황의 시대였다는 점은 부인할 수 없으리라 생각된다. 이는 '乾嘉盛世'라는 종래의 이미지와도 부합된다고 할 수 있다. 乾隆後期부터 왕휘조를 비롯한 幕友나 관료뿐만 아니라, 일부의 '小民'들의 실질소득까지도 분명히 상승하고 있었다.[62] 예를 들면 앞서 인용한 미가 변동에 관한 사료를 다시 살펴보면, 乾隆 20年(1755), 米價가 1두에 300文이었

---

62) 清代의 임금 변화를 간접적으로 시사해주는 자료로서 우선 蘇州 踹布業 노동자('踹匠')의 비단 가공비를 기록한 碑刻資料를 들 수 있을 것이다[蘇州歷史博物館他合編, 『明清蘇州工商業碑刻集』(江蘇人民出版社, 1981)]. 이 工價는 銀을 기준으로 하고 있었는데, 銀을 당시의 은전비가를 기준으로 해서 동전으로 다시 환산해보면 대략 다음과 같은 변화를 보이고 있다.

을 때 길에는 빌어먹거나 굶주린 사람이 가득했다고 한다. 반면, 乾隆 59年의 사료를 보면 "예전에 미가가 150文 정도 되면 바로 굶주려 죽는 사람들이 나왔지만, 오늘날은 항상 (미가가) 비싼" 것이 현실이라고 하고 있다.

그 뒤에도 미가는 계속 올랐지만, 그로 인해 굶주린다는 서술은 발견되지 않는다. 鄭光祖의 경우에도 乾隆 50年에 관한 서술에서 "自後升米以二十爲常"이라고 하고 있고, 嘉慶 4年(1799)에서도 "食用百物, 俱比往歲更昂"라는 구절이 있지만 굶주린다거나 이로 인해 사회문제가 발생했다는 구절은 찾을 수 없다. 즉, 米價의 꾸준한 상승에도 불구하고 굶주리는 사람이 없다거나 그것을 "常價"라고 여겼던 것은 그만큼 小民들 역시 구매력, 즉 실질소득이 상승했기 때문이라고 할 수 있다. 다시 말해서 乾隆後期는 물가변동 폭만큼 상당수 소민들의 실질소득까지 상승하던 경기활황기라고 할 수 있다.[63]

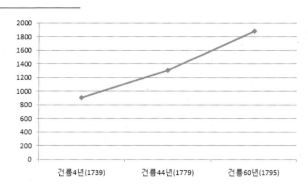

63) 岸本美緒는 16세기부터 18세기의 경기변동을 다음과 같이 정리하고 있다. 제1기: 16세기-1630년대의 활황기, 제2기: 1640-1680년대 전반. 明淸交替의 혼란이 계속되고, 海禁이 이루어져서 해외무역이 급속히 퇴조했던 시기. 제3기: 1690-1750년대 해금해제를 수반하여 외국무역의 회복이 이루어졌던 시기. 제4기: 1750년대 이후 대외무역의 급속한 성장기(同, 1997, 第5章「淸代前期の國際貿易と經濟變動」)라고 하고 있다. 이 점은 彭信威의 청대 물가 분석(同, 1962, 850-851쪽) 결과와 대체로

그렇다면 위와 같은 活況相은 당시 士大夫들에게 어떻게 비추어졌던 것일까. 물론 이를 항상 환영한 것만은 아니었다. 『夢痕餘錄』, 「嘉慶 7年」條에는 다음과 같이 서술하고 있다.

"이른바 시골에서 살면('鄕居') 일용할 것들에 대한 비용을 조금 줄일 수 있다. 그런데 뜻하지 않게 집안과 마을의 식비 역시 오르고야 말았다. 나머지 집값 역시 2,000냥을 필요로 하다. 薄田 수십 畝를 사서 생계로 삼길 바랐건만, 뜻하지 않게 반년 동안 이미 모두 써버리고 말았다."

이를 보면 물가의 등귀가 城市와는 떨어져 있는 향촌까지 미치고 있다는 점을 알 수 있다. 식료품 이외에도 가옥의 가격까지 등귀하여서 그것이 상당히 우려스러운 수준이었다고 할 수 있다. 汪輝祖는 예전에 약 2,000兩 정도의 재산이면 향촌에서 數十畝를 구입하여 족히 생활할 수 있었지만, 이제는 그 정도의 재산은 반년 동안에 사라질 수 있다고 적고 있다. 결국 물가 앙등과 일종의 자산 버블이 결국은 유동성(liquidity)을 지나치게 증대시켜서 생활의 안정을 위협하는 수준까지 이르렀던 것이다.

이들 두 사람과 거의 같은 시대를 살았던 江蘇省 출신인 洪亮吉(1746-1809)과 龔煒는 당시의 세태에 대해서 다음과 같이 각각 서술하고 있다.

수입은 점점 미미해지고 지출할 곳은 점점 더 늘어나기만 한다. 이에 士農工商은 그 모자란 [수익]부분을 [채우기 위해 시장] 판

일치한다.

매에 의지하게 되고, 布帛粟米를 [물가 앙등으로] 증가된 가격으로 시장에 내다 팔고 있다.[64]

집에는 한 섬의 저축도 없으면서도 흰 布衣 입는 걸 부끄럽게 여긴다. …… 음식으로 말하자면 千錢을 쓰더라도 풍족하다고 여기지 않고 기나긴 밤 흥청망청 쓰면서도 취할 줄 모른다. 물가는 점점 오르지만 [사람들의 경제적] 능력으로는 [생활하는 데] 점점 더 어려움을 느끼고 있다.[65]

앞서 서술하였듯이 乾隆 年間에 대폭 늘어난 制錢 발행액은 시장에 인플레이션(물가 상승)을 가져오게 되었다. 이런 의미에서 건륭 연간 제전 발행 증가는 오늘날의 '양적 완화(quantitative easing)'에 해당된다고 할 수 있다. 인플레이션으로 인하여 일정한 토지자산이나 관직을 보유하고 있는 사람들로서는 더 많은 이익을 얻게 되었지만, 반대로 토지 자산이 없거나 관직을 보유하지 않은 이들로서는 커다란 타격을 입은 것이나 마찬가지였다. 즉, 건륭 연간의 제전 발행은 사회에 인플레이션을 초래해서 경기 활황을 가져온 것은 분명하지만, 여기에는 양극화를 수반할 수밖에 없었다. 즉, 인플레이션으로 인하여 사회의 밝은 부분과 어두운 부분이 더욱 뚜렷해졌던 것이다.

이하에서는 앞서 2절과 3절에서 살펴보았던 銀錢比價와 물가의 문제를 함께 고찰하여서 여기에서 어떤 것을 읽어낼 수 있을까 생각해 보고자 한다. 우선 汪輝祖는 미가와 錢價의 관련에 대해서 다음과 같이 적고 있다.

---

64) 洪亮吉, 『洪北江詩文集』 「意言」 「生計篇」 "所入者愈微, 所出者愈廣, 於是士農工商, 各減其值以求售, 布帛粟米, 各昻其價以出市."
65) 龔煒, 『巢林筆談』 卷5 「吳俗奢靡日甚」.

작년 봄과 가을에 오랫동안 비가 내렸는데, 수십 년 동안에 없던 일이다. ……米糧의 가격이 앙등하였고, 다른 물품들 역시 가격이 올랐는데, 錢價 역시 가격이 올랐으니, 매우 우려할 만한 일이다.[66]

이를 보면 ① 기상 악화 → ② 수확타격 → ③ 곡가와 기타 물가("諸物") 앙등 → ④ 동전 수요의 증가 → ⑤ 동전 가격의 앙등으로 나타났다는 점을 알 수 있다. 그렇다면 왜 銀兩에 대해서는 언급하지 않았을까. 이는 필자의 다른 논문[67]에서 이미 설명하였듯이 미곡 판매는 동전을 기준으로 이루어졌기 때문이다. 즉, 특정 상품의 가격이 오르면 그에 따른 특정 화폐수요도 증가하게 되며 그에 따른 특정 화폐의 가치도 상승하게 되는 것이다. 이때 그 특정화폐의 재고분이 충분하지 않을 때 이른바 '錢荒'이 발생하는 것이다. 이를 보아도 특정 상품의 수요와 특정 화폐수요는 연동되고 있었다는 점을 알 수 있다.

이 점은 앞서 銀錢比價의 변동과 米價 변동을 비교해보면 쉽게 알 수 있다. 즉, 乾隆 26年(1761) 1兩=780-790文이었던 은전비가는 乾隆 57年(1792) 銀1兩=1,800-2,000文으로 31년간 2.3배 내지 2.56배 인상되었다. 반면, 米價의 경우 乾隆 10年代 初(1745) 약 90-100文 정도였던 것이 乾隆 57年(1792)의 경우 280-290文으로 인상되었다. 요컨대 1745-1792年 47년 동안 2.8배 내지 2.9배 인상되었던 것이다. 즉, 米價의 변동은 은전비가 변동과 밀접한 상관관계를 맺고 있었던 것이다. 그리고 이른바 乾嘉盛世의 시기에서 은전비가의 폭이 크면 클수록 景氣好況의 모습이 강해졌다.[68] 즉, 동전 가치가 낮아지는 경향

---

66) 『夢痕餘錄』「嘉慶7年」條.

67) 洪成和, 2011-a.

68) 銀賤錢貴 현상이 두드러졌던 康熙60年(1721)에 대한 서술에 따르면 錢價가 높아짐

과 호황의 경향은 뚜렷하게 일치하고 있었다.

그렇다면 이러한 銀錢比價의 변동은 어떠한 이유에서 일어났던 것일까. 애석하게도 이 두 저자들은 그에 대한 정보를 제공하지 않고 있다. 다만 그들은 공통적으로 銀價가 올랐기 때문이라고 지적하고 있다. 즉, "少昻(汪)"이라거나 "忽昻(鄭)"이라고 하고 있다. 그렇다면 당시 中國의 銀流入에 어떤 변동이라도 있었던 것일까. 이에 관해 역시 아직까지 충분하다고는 할 수 없을 것이나, 아직까지 銀의 유입량이 두드러질 만큼 감소했다는 증거는 찾기 힘들다.[69]

도리어 라틴아메리카 등으로부터의 은 유입량은 크게 확대되고 있었다.[70] 이 점은 海關에서 징수한 關稅額으로부터도 확인할 수 있다.[71] 따라서 은 유입의 대폭적인 감소에서 원인을 찾을 수는 없고, 동전량의 증가에서 그 원인을 찾을 수밖에 없을 것이다. 만일 銀流入이 대폭 감소했다면 앞서 살펴보았던 호경기의 모습은 결코 나타날 수 없었을 것이다. 아래의 사료를 살펴보도록 하자.

　"乾隆 50年(1785) 이후, 평화로운 시기가 오래되었다. 간교한 자
　들이 몰래 늘어나기 시작했다. …… 小錢이 물이 솟아나는 것처
　럼 많아졌다. …… 小錢을 파는 자들은 말이나 노새에 잔뜩 싣거

에 따라서 경기가 나빠졌다고 서술하고 있다. 『大淸會典事例』 卷1110 「戶部錢法錢
價」 "康熙六十年議准 …… 京城制錢, 向來市價每銀一兩易錢八百八十文, 今易
錢七百八十文, 錢價日貴, 民用日艱." 이 점은 雍正 年間 역시 마찬가지였다. 『淸
世宗實錄』 卷32 「雍正2年5月癸丑」 "京師錢局每歲鼓鑄, 則制錢應日加增, 今雖
不致缺乏, 而各省未得流布, 民用不敷."

[69] 彭信威, 1965, 852-853쪽; 黑田明伸, 1994, 93쪽.

[70] 全漢昇, 1976, 502쪽.

[71] 百瀨弘, 「淸代に於ける西班牙弗の流通」 『社會經濟史學』 6-2・3・4, 1936(同, 『明
淸社會經濟史硏究』(硏文出版, 1980) 수록); 岸本美緒, 1997, 第5章 「淸代前期の國
際貿易と經濟變動」.

나, 혹은 선박에 몰래 쌓아놓고 있다. …… 城門이나 關門 그리
고 나루터의 吏胥들은 그 간사함을 발각하고도 뇌물을 받고 즉시
풀어주고 있다."[72]

"(乾隆 59年 上諭) 雲南이나 湖廣 등의 지역에 이르러서 小錢이
매우 많아서, (長江) 하류의 江蘇·浙江 등도 역시 錢價가 매우
싸다."[73]

"(乾隆 60年 上諭) 北京이나 各省의 錢價가 나날이 싸지고 있으
니, 이는 小錢이 매우 많기 때문이다."[74]

이를 보면 지방 사대부들보다는 중앙정부 쪽이 당시 경제상황을
훨씬 더 정확하게 파악하고 있다고 할 수 있다. 청조에서는 당시 銀錢
比價의 변동ㄱ가운데 銀價 쪽이 아니라, 동전 유통량의 증가[75]에 있다
고 파악하고 있었던 것이다. 반면, 지방 사대부들에게는 같은 현상을
거꾸로 銀價가 상승해서 일어나는 현상으로 비추어졌던 것이다.

앞서 1절에서 서술하였듯이 乾隆初期 시장에는 심각한 '錢荒' 문제
가 만연했는데, 이에 乾隆 年間에는 동전부족현상을 정국의 현안으로
파악하고[76] 어떻게 하면 錢價를 낮출 것인가('錢賤')에 골몰하였고,
그 결과 대량의 동전주조('乾隆通寶')가 이루어졌던 시기였다. 그 결
과 각 지방의 錢局에서 주조가 본격화되었고 연간 주조액은 數百滿串
에 달했다. 이에 필요한 막대한 銅原을 뒷받침한 것은 雲南銅鑛이었

---

72) 『清經世文編』 卷53 「岳震天興安郡志食貨論」.

73) 『清高宗實錄』 卷1454 「乾隆59年6月丙寅」.

74) 『清朝續文獻通考』 卷19 考7686 「乾隆60年」.

75) 乾隆 年間 광동지역에서도 역시 동전유통이 점차 증가하는 정황이 확인된다. 陳春
聲, 1992, 167쪽.

76) 『清經世文編』 卷53 「陳廷敬奏稱杜制錢銷毀之弊疏」 "(乾隆23年) 今民間所不便
者, 莫過於錢價甚貴. 定制每錢一千直銀一兩, 今則每銀一兩僅得八九百文. 其故
由於制錢之少. 夫國家歲歲制錢, 宜乎錢日多而賤."

고, 대체로 年 1,000만 근 이상의 銅原을 공급했다고 한다.[77] 또한 小
錢[78]의 대량유통 역시 이러한 변동에 커다란 영향을 끼쳤다. 즉, 앞
서 서술하였듯이 청대의 시장에서는 制錢뿐만 아니라 良質의 사주전
역시 지불기능을 수행할 수 있었다.

京師를 중심으로 주목된 錢貴가 이 시기에 일거에 전국화하고, 그
에 대응하여 대량의 鑄錢이 전국적으로 진행되었다. 錢貴에 대응해서
京師에서는 乾隆 5年 雲南解京錢의 정지를 기해서 增鑄가 시작되었고, 乾
隆 16年(1751), 21年(1756)과 增卯가 이어져서, 25年(1760)에는 寶泉・寶
源局을 합쳐서 匠工物料錢도 포함하여서 145萬餘 貫에 달하였다. 지방에
서도 전국 공급의 시점에서 주전이 이어져서 鑄錢이 이어진 운남 등
에 이어서, 乾隆 4年의 복건, 5년의 강소・절강에서부터 14年의 산서
등까지의 각지에서 開鑄가 이어져서, 乾隆 20年代 후반에는 지방의
주조도 크게 이어졌다. 京師를 포함하여 工料를 합산하여 額定鑄錢數
는 350만 관을 넘었다고 생각된다.[79] 이러한 광범위한 制錢과 私鑄錢
의 유통에 따라서 지역시장과 소농층의 안정적인 성장을 뒷받침해
줄 수 있었고 경기 활황의 기틀을 마련해줄 수 있었던 것이다.

중국이 16세기 중반 이래 은경제에 편입된 이래, 두 시기의 호황
이 지닌 역사적 성격을 다음과 같이 요약할 수 있다. ① 明 末의 경

---

77) 黑田明伸, 1994, 44쪽.

78) 小錢이란 制錢, 즉 京師나 지방의 鑄錢局 이외의 품질이 나쁜 동전, 즉 私鑄錢이
다. 葉世昌, 「淸乾隆時的私錢和禁私錢政策」, 『中國錢幣』, 1998-3; 薰武彦, 156쪽.
洪成和, 2011-a, 83쪽. 制錢이라고도 하더라도 그 가치라는 것은 銅地金 가치에 의
한 것인 이상, 私錢小錢을 제전과 구별할 필요는 없다. 小竹文夫, 1942, 80쪽. 乾隆
年間 청조의 私鑄錢 수매에 대해서는, 鄭永昌, 「淸代乾隆年間的私錢流通與官方因
應政策之分析－以私錢收買政策爲中心」『國立臺灣師範大學歷史學報』 25期, 1997
참조.

79) 足立啓二, 2010, 461-462쪽.

제활황이 군사나 무역거점을 중심으로 한 것이고, 광대한 농촌에서는 불황 양상이 현저하였던 데 비하여, ② 淸代 中期의 활황은 오히려 농촌을 중심으로 한 것이었다. 경제활동의 활성화와 농민의 생산의욕의 증대가 주목되던 시기였다.[80]

이러한 두 가지 활황을 본고의 논의와 결부지어서 호황과 불황을 다시 해석하자면 다음과 같은 모습이 될 것이다. 明 末의 활황은 분명 福建을 중심으로 한 日本 銀의 유입으로 말미암은 것이었다. 그렇지만 銀兩 자체를 小農들이 수령하고 사용하기에는 문제가 있었다. 오히려 銀兩이 지닌 휴대 용이성 때문에 한 지역의 부가 손쉽게 다른 지역으로 운반됨으로써 지역 간 내지 계층 간의 불균형도 초래했던 것이다.[81] 반면, 명조는 동전 발행에 소극적이었고 민간에서는 악화가 남발되었기 때문에, 사회적으로는 은이 지닌 유동성을 제어할 장치를 가지고 있지 않았다. 이러한 불균형은 바로 明朝滅亡에 하나의 원인으로 작용하였다.

반면, 명조와는 달리 청조는 동전 발행에 애초부터 상당히 적극적이었고, 이는 안정적인 소액결제 화폐를 갈구하던 시장으로서는 마른하늘에 단비를 내리는 조치가 아니었을까 생각된다. 한편 이를 통해서 은이 지닌 유동성을 어느 정도 제어할 수도 있었다. 그러나 順治·康熙 年間의 동전주조에도 불구하고 민간에서는 소상품경제의 발달로 인해서 동전에 대한 수요는 더욱 높아졌기 때문에, 도리어 동전 부족 현상('錢荒')에 빠지게 되었다. 즉, 동전 발행이 아이러니하

---

80) 岸本美緒, 1997, 202쪽.

81) 黃宗羲, 『明夷待訪錄』「財計」一 "故至今日而賦稅市易, 銀乃單行, 以爲天下之大害."; 同, 『明夷待訪錄』「財計」二 "有明欲行錢法而不能行者."

게도 동전 부족 현상을 불러왔던 것이다.

1684년 천계령이 해제됨으로써 다시 은 유입이 재개되었지만, 동전이 부족한 상황 속에서는 이러한 銀兩流入이 가져다준 富를 小民의 富로 전환시킬 매개체가 부족할 수밖에 없었다. 이를 해결한 것이 바로 乾隆 年間의 대량의 制錢과 私鑄錢의 유통이었다. 이로 인해서 통화시장에 안정적인 '유동성'이 공급됨으로써 상품생산이 활발해지게 되었고, 더 나아가서 인플레이션과 자산버블까지 발생했던 것이다. 즉, 건륭 연간의 제전과 사주전 유통으로 인하여 해외무역과 원격지 무역에서 얻어진 막대한 양의 富가 비로소 小民들의 富로 전환되어서 농촌지역까지 활황의 모습을 띠게 될 수 있었던 것이다.

반면, 인플레이션은 소득의 양극화를 가져와서 자산을 소유한 계층은 많은 이익을 볼 수 있었지만, 그렇지 못한 계층은 커다란 타격을 받게 되었다. 즉, 대대적인 동전 발행(quantitative easing)이 가져온 인플레이션, 그리고 이 인플레이션으로 인한 양극화의 심화, 이것이 바로 '乾嘉盛世'의 경제사적 의미라고 할 수 있다.

4. 結論

결론에서는 앞서의 논의를 되풀이하지 않고 몇 가지 추가적인 언급을 함으로써 마치고자 한다. 중국사연구에서는 1950년대부터 明朝 멸망의 원인으로 유럽에서의 은 유입이 순조롭지 않았기 때문이라는 지적[82]이 이루어졌을 만큼 銀 流入의 문제는 近世 중국사회의 명

---

82) Atwell, W. S., "Some Observations on the Seventeenth-Century Crisis in China and

운을 좌우하는 중대한 문제였다. 다만 당시 국내 정치적·경제적 안정을 보다 중시할 수밖에 없는 중앙정부의 입장에서 볼 때, 小民들이 사용하는 동전에 대한 관심이 훨씬 더 높을 수밖에 없다. 이 점은 중앙정부뿐만 아니라 관료와 士大夫들 역시 마찬가지였다. 심지어 黃宗羲와 唐甄 역시 공통적으로 銀을 사용하지 말고, 동전만을 사용할 것을 주장하기까지 하였다.[83) 이러한 분위기 속에서 청조는 銀流入量에 관심을 기울이기보다는 制錢 확보에 전력을 기울일 수밖에 없었다. 그 결과 대량의 乾隆通寶 발행은 경기활황으로 인한 급등한 동전수요에 부응할 뿐만 아니라 은 유입이 가져다준 부를 농촌의 富로 전화시키는 역할을 했고, 그로 인해 '盛世'라는 단어에 걸맞은 경기활황의 시대를 맞이하는 역할을 수행했던 것이다. 이러한 의미에서 적어도 통화문제에 관한 한, 건륭시기 청조의 역할은 그 나름의 역사적 역할을 해냈다고 할 수 있지 않을까 생각된다.

위의 모습을 시대를 잠시 내려가서 1830·1840년대와 결부지어 생각해보도록 하자. 앞서 서술하였듯이 鄭光祖는 乾嘉時期의 銀錢比價 변동에 대해서는 '少昻'이라고, 道光 年間의 변동에 대해서는 '大昻'이라고 표현하고 있다. 두 시기 모두 銀貴錢賤 현상이라는 점에서는 어느 정도 공통된 속성을 지니고 있었다. 보통 현재 상식이 된 銀1兩= 1,500文 이상의 '銀貴錢賤'은 道光 年間인 1820年代에 시작된다고 하고 있지만, 그 이전에도 '錢賤' 현상은 이미 시작되고 있었다. 그런데 어째서 乾嘉時期의 錢賤 현상은 활황을 가져다주었는데, 道光 年間의

Japan", *JAS* 45-2, 1986; do., "A Seventeenth-Century 'General Crisis' in East Asia?", *Modern Asian Studies*, 24-4, 1990.

83) 黃宗羲, 『明夷待訪錄』「財計」二 "誠廢金銀, 使貨物之衡盡歸於錢."; 唐甄, 『潛書』「下篇上」「更幣」 "救今之民, 當廢銀而用錢, 以穀爲本, 以錢輔之."

현상은 사회와 정부에 파괴적인 영향을 주었던 것일까. 물론 이 양자 사이에는 두말할 나위 없이 커다란 차이점이 있다. 첫 번째는 錢賤 현상('少昻')은 안정된 은 유입이 뒷받침되었던 것이고, 거꾸로 두 번째 銀貴錢賤 현상('大昻')에서는 은 유출이 있었던 것이다.

道光 年間의 은 유출이 일어나기 이전에, 이미 청대 중국에는 늘어난 은 유입량을 상회할 정도로의 제전과 사주전을 비롯한 동전이 충분히 확보되어 있었다. 이러한 청조의 制錢確保 노력 덕에 銀과 銅錢의 균형을 이루게 되었던 것이다. 그런데 어느 날 銀流出로 인해서 이 균형이 무너지게 되었다. 역으로 만약 道光 年間 이전에 동전량이 충분하지 않았다면, 아편무역으로 인한 은 유출은 銀錢比價에 별반 문제가 되지 않았을지도 모른다. 하지만 사회에서 상당한 양의 동전이 축적이 된 상태하에서 銀의 작은 유출도 銀錢比價에 상당한 영향을 줄 수밖에 없었던 것이다.

즉, 아편무역으로 인한 은 유출이 중국사회에 심각한 타격을 주었던 것은 은 유출 그 자체의 문제라기보다는 지속적인 은 유입을 상정한 상황에서 정부가 制錢發行을 통해 애써 맞춰놓은 銀錢比價의 균형을 급격하게 무너뜨렸다는 점에 있는 것이다. 바꾸어 말하자면 乾隆 年間 대량의 동전주조야말로 훗날 道光 年間 은 유출을 보다 심각한 문제로 만들었던 결정적인 배경이며, 이 점이 바로 '少昻'과 '大昻'의 본질적인 차이가 아닐까 생각된다.

〈표 6〉 '少昻'과 '大昻'

時期	乾隆後期・嘉慶初期	道光 年間
銀錢比價	1,300-1,400文("少昻")	1,800文("大昻")
銀의 움직임	流入	流出
景氣	活況	不況

청대 통화체제의 연구자들은 청조의 화폐정책과 통화시스템에 대해서 낮은 평가를 하는 경우가 많다. 또한 그 때문에 아편무역을 통한 은 유출을 제대로 막지 못했다고 서술하는 경우를 자주 발견할 수 있다. 그러나 통화의 발행주체를 국가로 한정하고 통화의 모든 면에 대한 통제를 당연시하는 현대 국가의 시점[84]에서 볼 때, 銀兩의 규격에 대한 규제를 방임하고 심지어 자신들이 발행한 制錢의 통일도 이루어내지 못한 청조의 모습은 일견 이해하기 힘들지도 모른다. 그러나 은 유출이 있기 전까지, 동전 부족을 메꾸기 위해 동전을 대량으로 주조해서 시장을 안정시키고자 했던 청조의 노력이 오히려 훗날의 화를 불러일으켰다고 하더라도, 그 시기까지의 노력은 그 시기까지의 시점에서 평가해주는 것이 좀 더 온당하지 않을까 생각된다.

---

[84] 벤저민 J. 코헨, 박영철 역,『화폐와 권력』, 시유시, 1999. 코헨은 "19세기 전에는 자국의 영토에서만 화폐를 주조하고 통용할 수 있다고 생각된 적은 거의 없었다. 자국의 주화들이 자기 영토 내에서 독점적으로 사용될 것으로 기대한–혹은 심지어 원칙적으로 주장한–국가는 거의 없었고 화폐 주권이란 최근의 산물이라고 지적하고 있다.

박기수

성균관대학교 사학과 교수
성균관대학교 현대중국연구소 부소장
전공: 중국 명청시대 사회경제사

「淸代 廣東行商 怡和行 伍秉鑒(1769-1843)의 활동과 그 위상—英國東印度會社와의 관계를 중심으로—」(2015) 외 다수

이화승

서울디지털대학교 중국학부 교수
전공: 중국근세사(명청)

『중국 경제사 연구의 새로운 모색』(2006) 외 다수

정혜중

이화여자대학교 사학과 교수
전공: 중국근대사

「청말민초 중국 여성의 일본·미국 유학」(2009) 외 다수

이호현

성균관대학교 현대중국연구소 연구교수
전공: 중국현대사

「중국 회사법의 변천과 근대성」(2014) 외 다수

강용중

성균관대학교 현대중국연구소 연구교수
전공: 어휘학(중국어사)

「조선시대 유해류 역학서 상업어휘 수록 양상과 대비」(2009) 외 다수

최지희
중국 난카이(南開)大學 사학과 박사과정
전공: 중국 명청시대사

홍성화
부산대학교 역사교육과 교수
전공: 중국 명청시대 사회경제사

「청 중기 전국시장과 지역경제」(2015) 외 다수

중국
전통 상업관행과
상인의식의
근현대적 변용

초판인쇄 2016년 1월 30일
초판발행 2016년 1월 30일

지은이 박기수 외
펴낸이 채종준
펴낸곳 한국학술정보㈜
주소 경기도 파주시 회동길 230(문발동)
전화 031) 908-3181(대표)
팩스 031) 908-3189
홈페이지 http://ebook.kstudy.com
전자우편 출판사업부 publish@kstudy.com
등록 제일산-115호(2000. 6. 19)

ISBN 978-89-268-7192-8 93320